池田寿［著］

日本の文化財

守り、伝えていくための理念と実践

勉誠出版

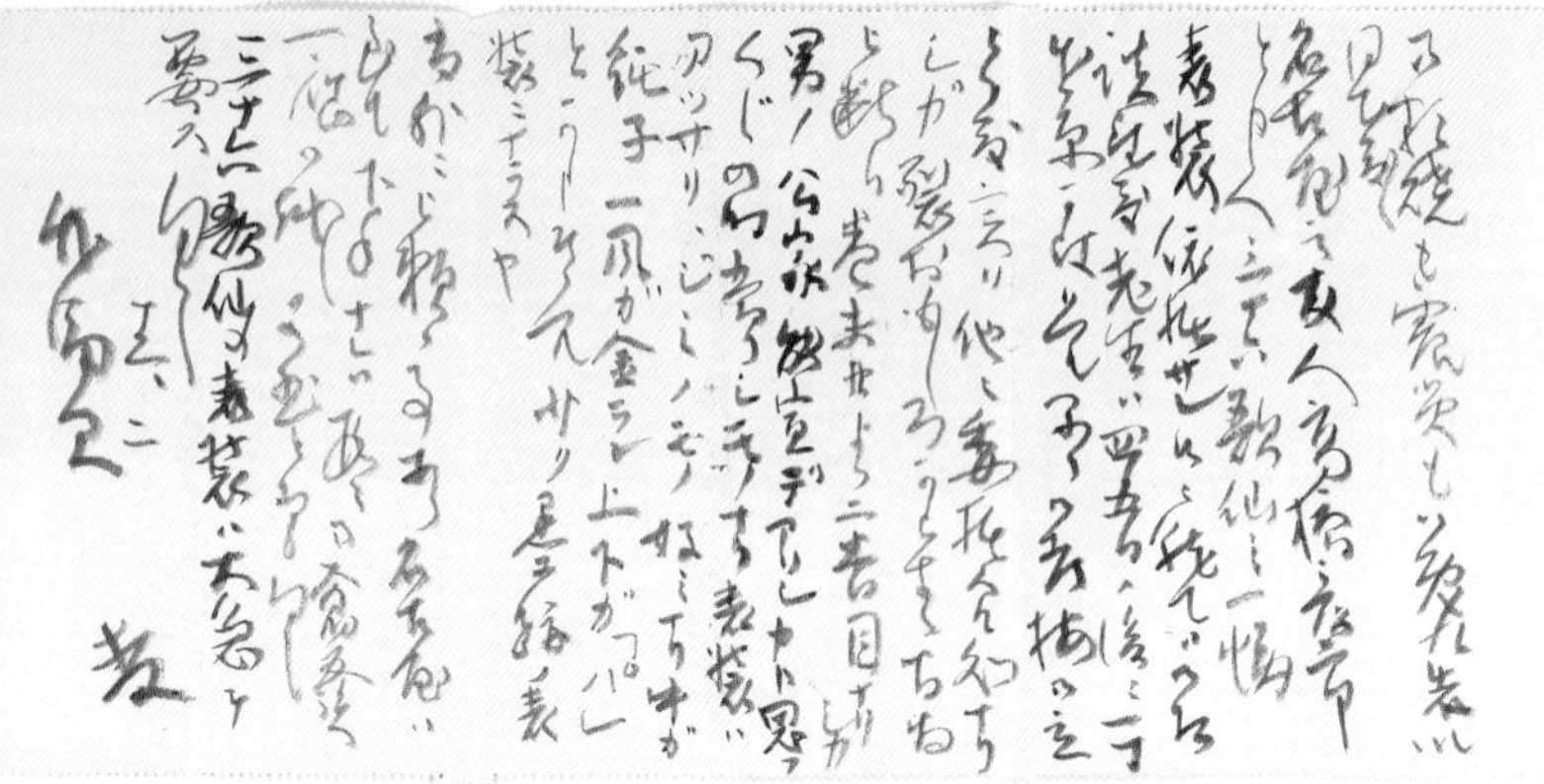

口絵1　益田孝（鈍翁）書簡（美吉竹馬宛）

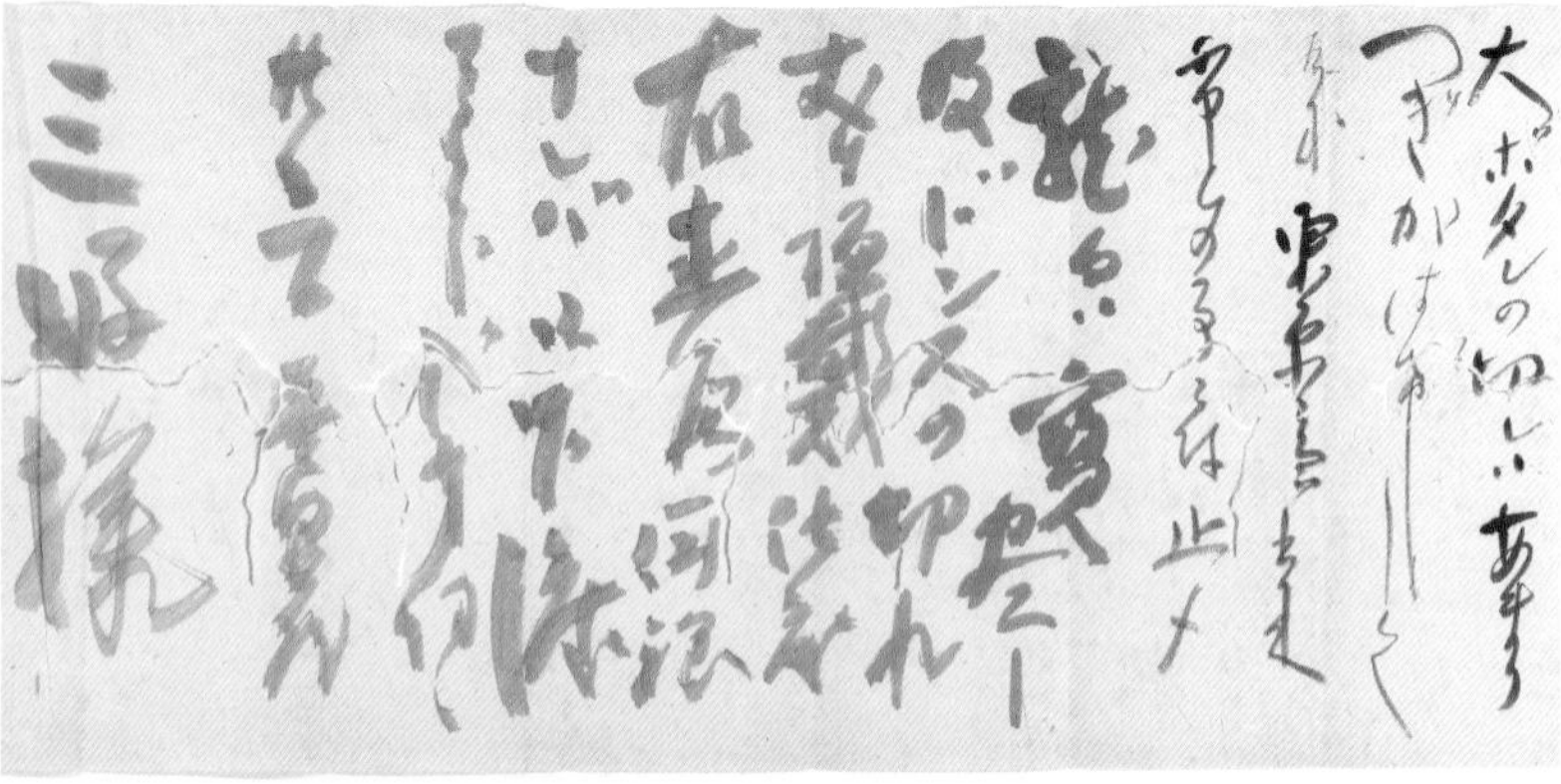

口絵2　益田英作書簡（美吉竹馬宛）

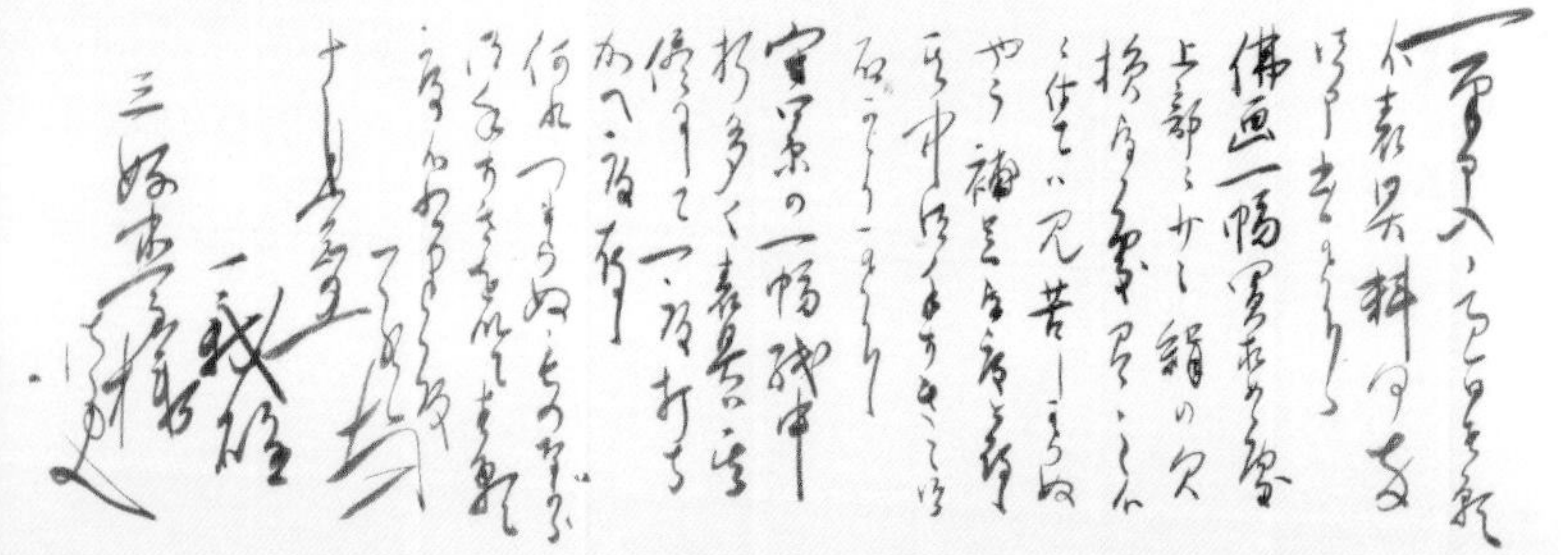

口絵3　高橋義雄（箒庵）書簡（美吉竹馬宛）

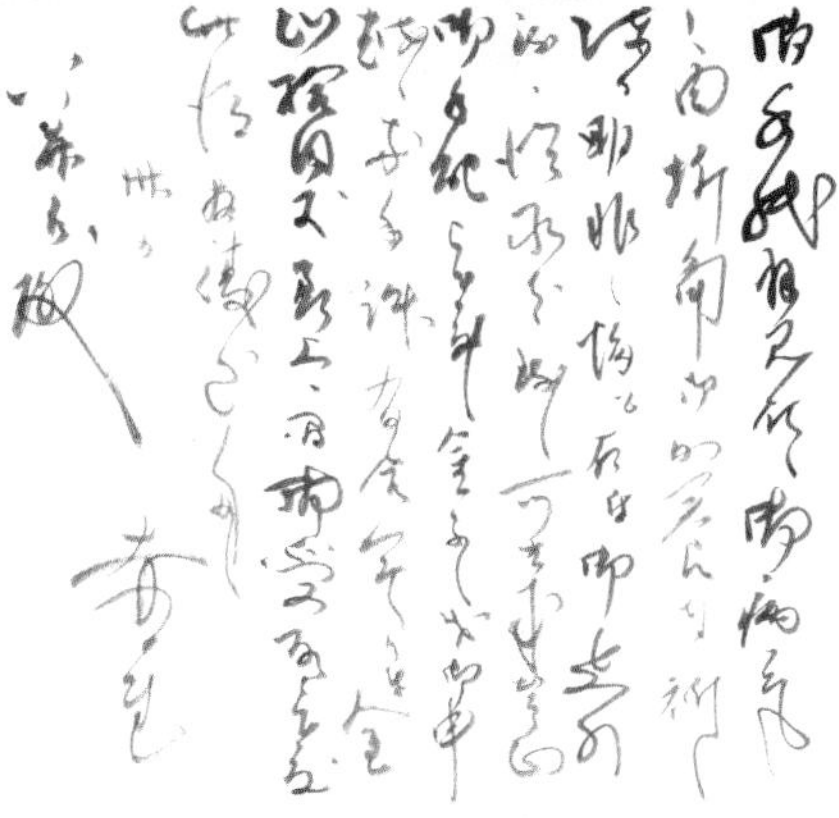

口絵4　赤星弥之助書簡(美吉竹馬宛)

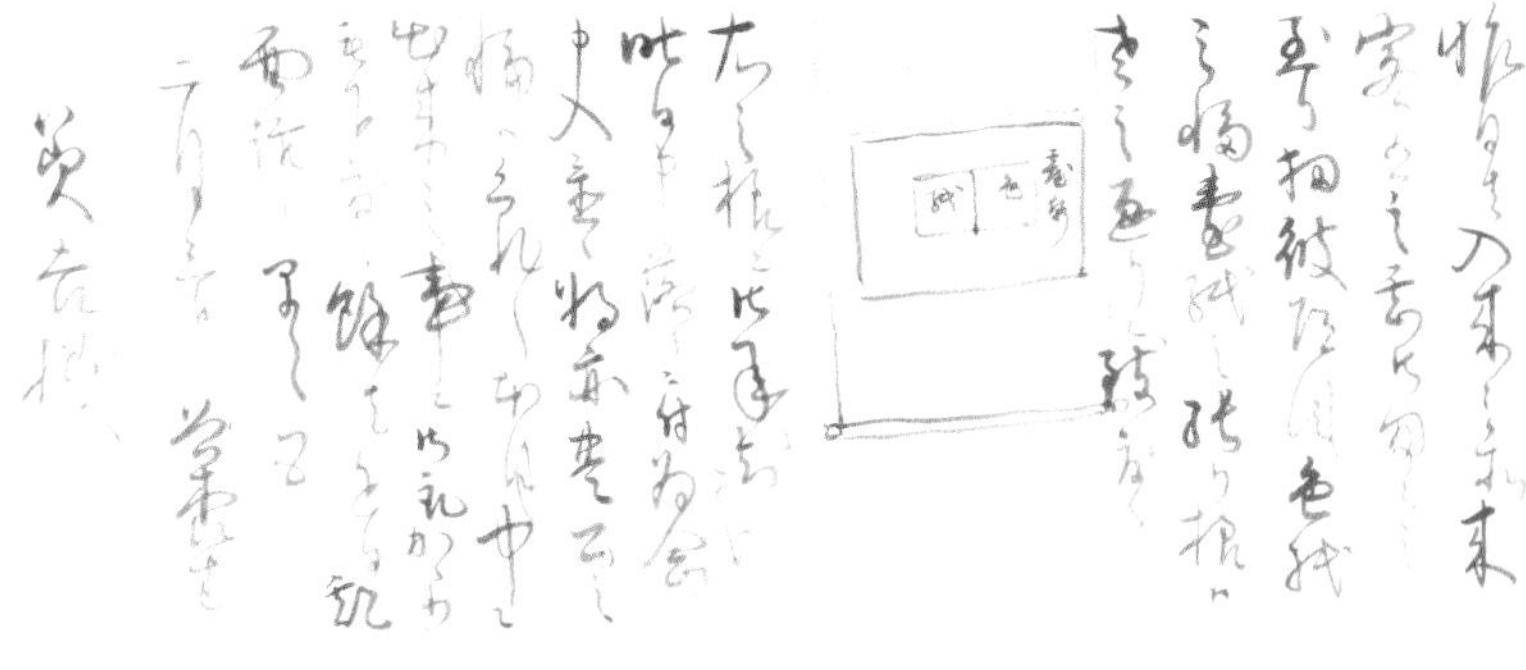

口絵5　谷森真男書簡(美吉竹馬宛)

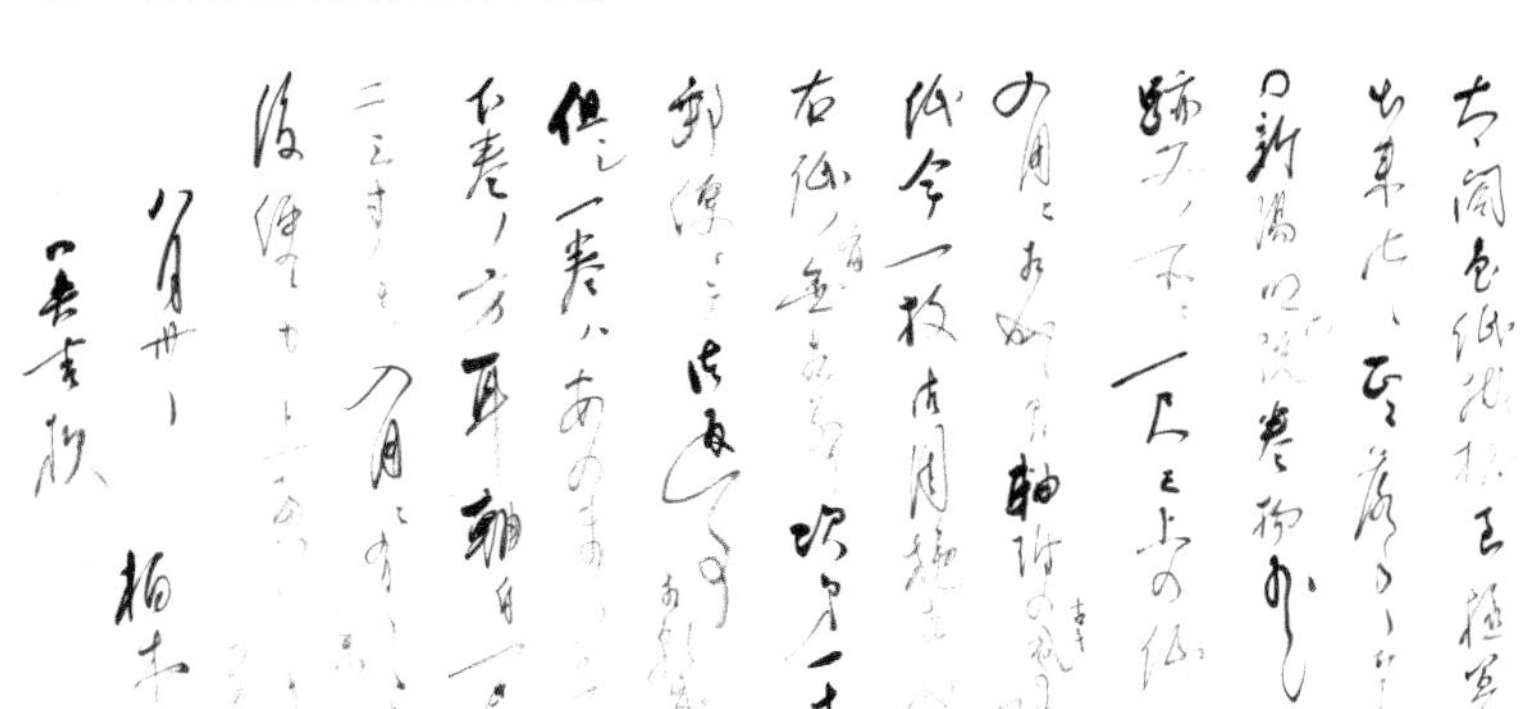

口絵6　柏木貨一郎書簡(美吉竹馬宛)

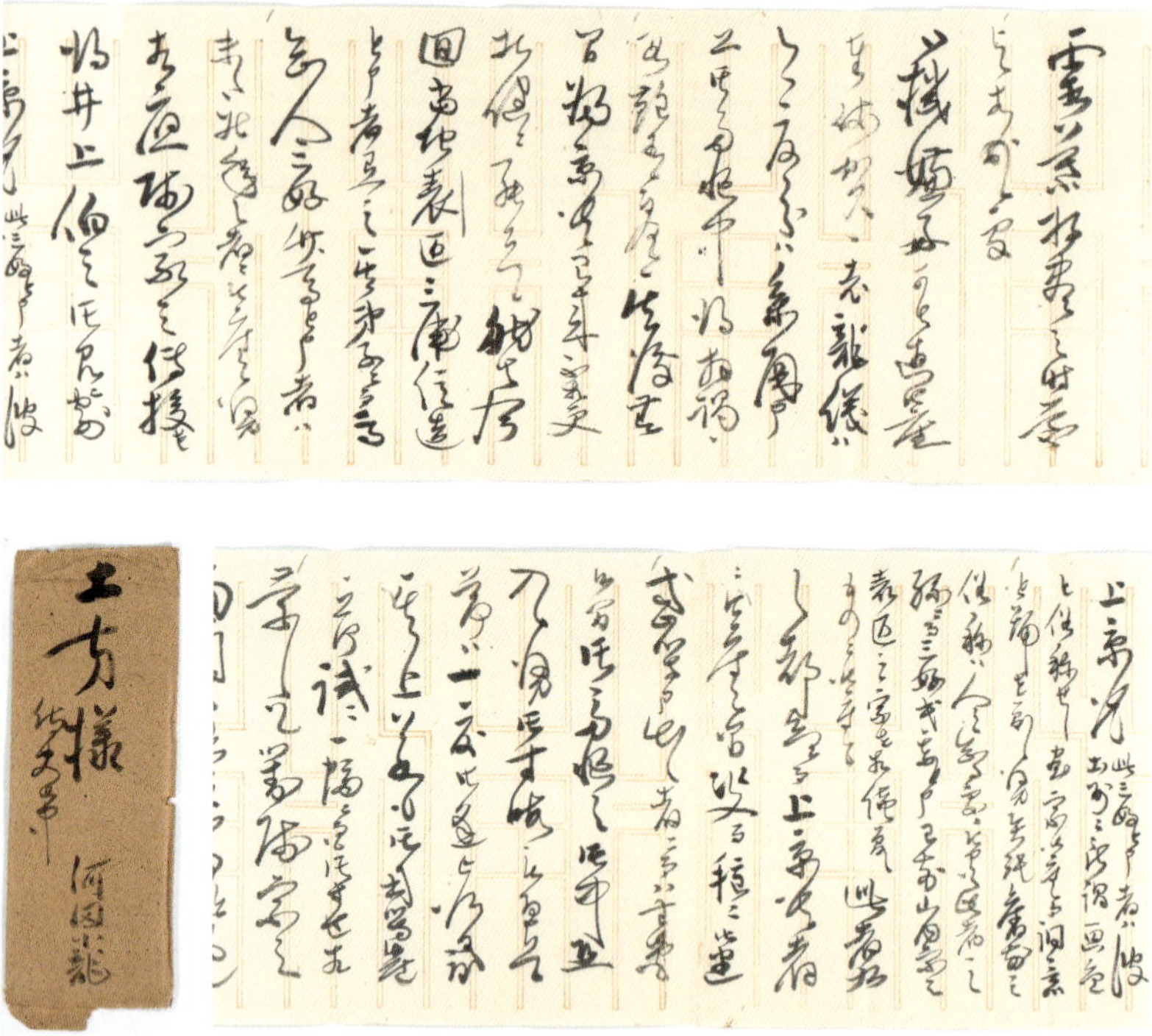

口絵7　河田小龍書簡（土方秦山宛）

口絵8　修理用材料・道具の見本集（伝統技術伝承者協会製作）

はじめに——文化財は新しい文化を生み出す大切な資財——

文化財とは、我々にとっていったいどのようなものであるのか。昨今の文化財を取り巻く状況からは、そのことを改めて認識すべきであるという思いを禁じ得ない。日本の伝統文化の発信と称し、文化財を観光資源とし、外国からの観光客を呼び込むために文化財を活用するという文化政策が進行している。この経済優先の価値観には、くみすることはできない。日本の文化財の特質を正しく理解せず、軽視するような文化行政がこのまま行われるならば、文化財破壊の暴挙と言わざるをえない。そして、この文化財の破壊がそのまま人間の破壊であることを正しく認識すべきである。

日本の文化財は強いものではない。その特質は、紙や絹を主材料とするものが多く、また日本特有の高温多湿の気象条件下にあって湿気やカビによる腐食や虫害による損傷が起こりやすく、文化財にとって恵まれた環境にあるとはいえない。そのため、原状のままに伝来する文化財は稀である。和紙と糊によって補強された巻子装《かんすそう》、掛幅装《かけふくそう》、屏風《びょうぶ》、襖《ふすま》など、様々な表具《ひょうぐ》の形態に仕立てられて、文化財は千数百年から数百年の長い年月を経て、今日に伝わってきたものである。そして、それら文化財が守り伝えられてきたのは、各々の形態、材質特性を良く理解し、周期的な修理が施されて維持が図られてきたからである。文化財は不断の敬虔《けいけん》な思いやりで大切にされて生き生きと伝来しているのである。

このように、文化財は長い歴史の中で生まれ、はぐくまれ、今日の世代に守り伝えられてきた貴重な財産であり、日本の歴史、伝統、文化などの理解のために欠くことができないものである。と同時に、将来の文化の発展の基礎をなすものでもある。文化財の喪失は伝統の基盤を失うことであり、文化が伝統なしに自力で発展することが不可能であることを肝に銘ずるべきである。文化財は人類の歴史文化遺産であり、知的情報源である。その文化財を文化的あるいは社会的その他の様々な目的のために生かすためにはしっかりと保存していくことが求められている。

昭和二五年（一九五〇）五月には、文化財保護法が制定され、国宝と称していたものが重要文化財という名称に変わった。明治以来永く使われてきた国宝という言葉が、そのものずばり国の宝であり、何よりも大切な価値のあるもの、世界にも誇るべく子々孫々に受け継いで保存していくべきもの、といった印象を人々に与えてきた面はあろう。

そのため、国宝の名称が良かったということで、今でもなお旧国宝と称している場合も見受けられる。

それでは、なぜ重要文化財という名称にしたのか。文化財が、ただ単に日本の宝物だというのであれば、すべて国宝でもいいと思われる。しかし、文化財としての宝物は、いわば今日までの文化を生み出してきたものであると同時に、新しい文化を生み出すための大切な資財になっているという意味を含んでいる。この「財」は次の文化を生み出すための生ける財産としての財である。価値あるもので重要なものが、重要文化財なのである。

例えば、江戸時代から残る古い家の手紙や、古い商家の帳簿などは、今日一般の目から見ると、重要であるとはあまり思えないかもしれないが、それは次の文化を生み出すための資財であるという考え方からすると、身の回りにあるすべてが文化財ということになる。そうした文化財の中から特に重要なものを選び出したのが、重要文化財である。さらに、その重要文化財の中から美術的にも、歴史的にも、世界的に匹敵できる文化財を取り上げたものが国宝なのである。

そして、長い歴史の変遷と自然的な風霜の中に伝世《でんせい》された文化財が、次第に損傷してゆくのは免れにくいところであるが、これに対処して文化財の保護・保存のために努力した古人の業績も決して少なくない。つまり、文化財の保護は、文化財を大切にした先人の努力に負うところが大きく、また伝統的な修理技術によるところも大きかったといえる。文化財修理に際しての修理に対する基本的な考え方を確認し、見つめ直してみることは、文化財の保存と活用のあり方、ひいては文化財保護について見直す機会ともなる。本書が届けるそのような声によって、何らかの新生面《しんせいめん》が開けてくることを期待したい。

目次

II　文化財修理の実践

参考　文化財の構造と名称（『装潢文化財の保存修理　東洋絵画・書跡修理の現在』国宝修理装潢師連盟、二〇一五年より）

掛軸の構造

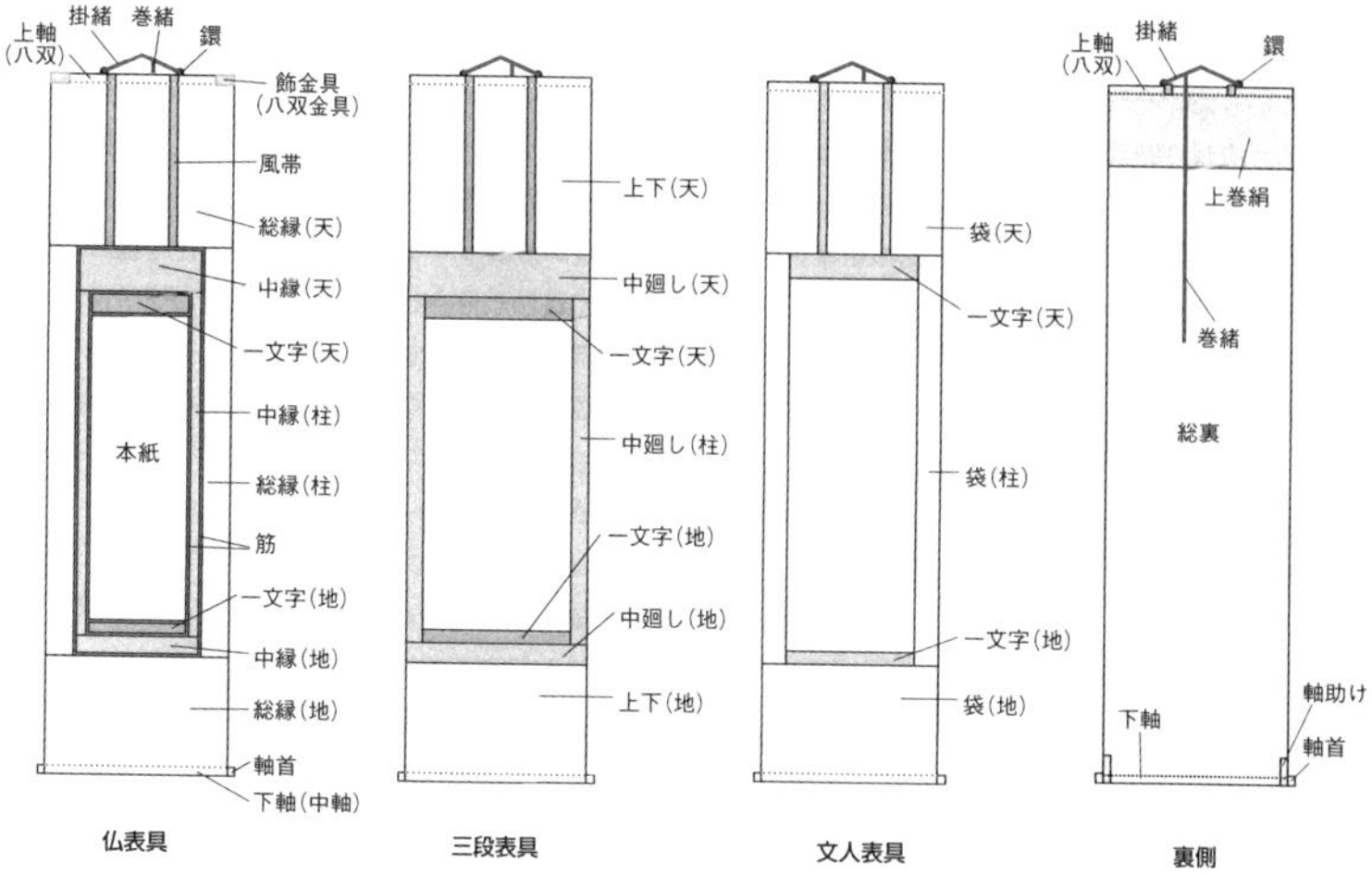

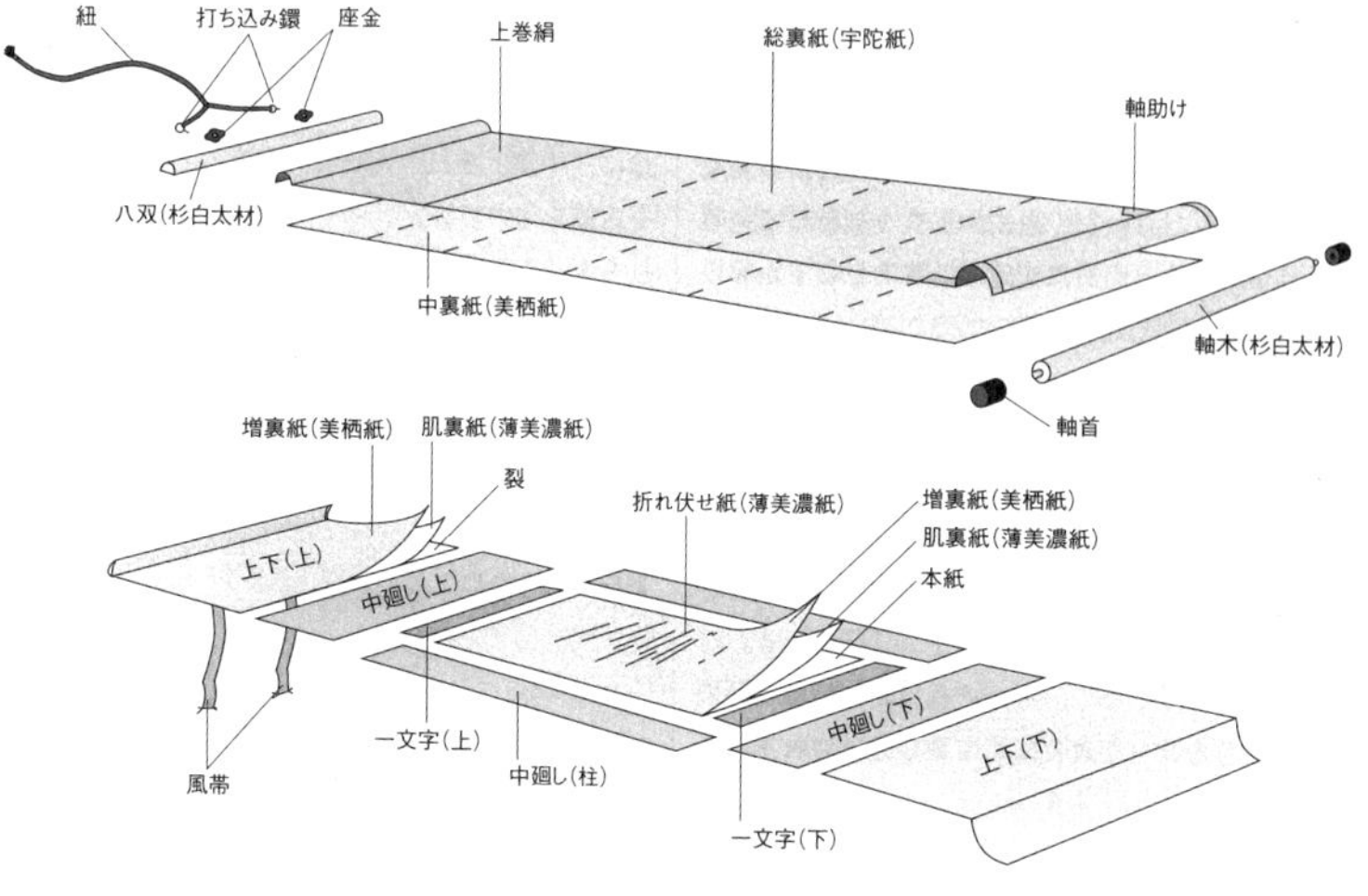

屏風の構造

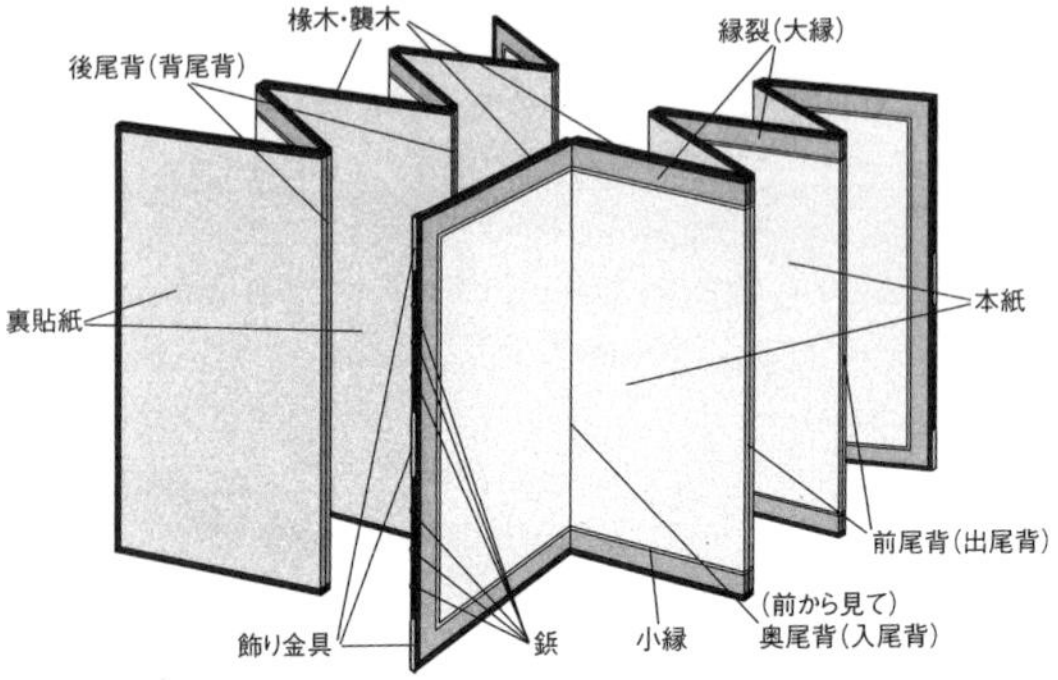
椽木・襲木
後尾背（背尾背）
縁裂（大縁）
裏貼紙
本紙
前尾背（出尾背）
（前から見て）
奥尾背（入尾背）
飾り金具
鋲
小縁

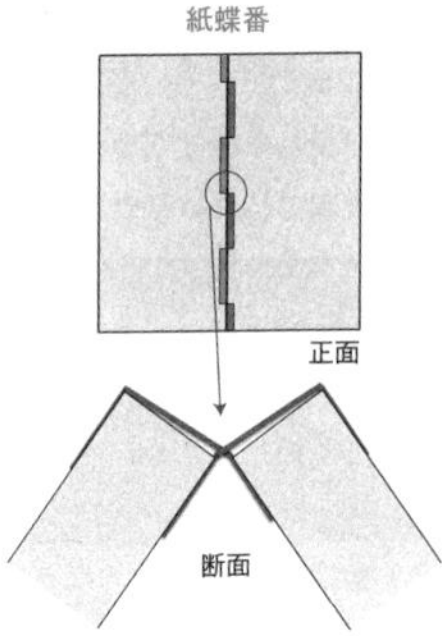
紙蝶番
正面
断面

巻子の構造

表紙
題箋
八双
表紙裂
肌裏紙
見返し
紐

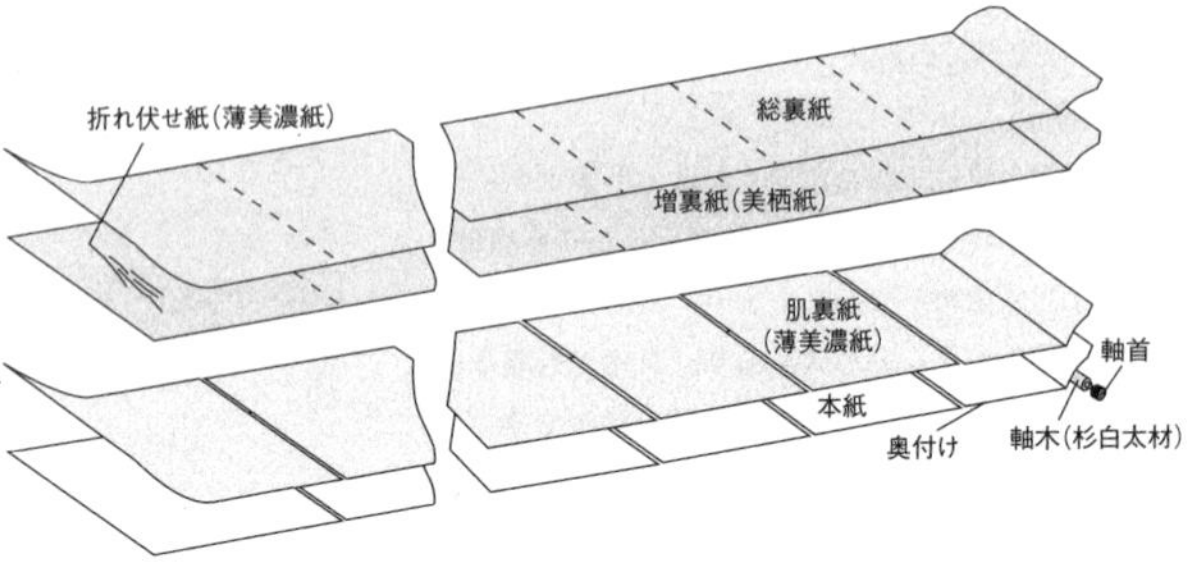
折れ伏せ紙（薄美濃紙）
総裏紙
増裏紙（美栖紙）
肌裏紙
（薄美濃紙）
軸首
本紙
奥付け
軸木（杉白太材）

冊子本の構造

折本

折本(おりほん)

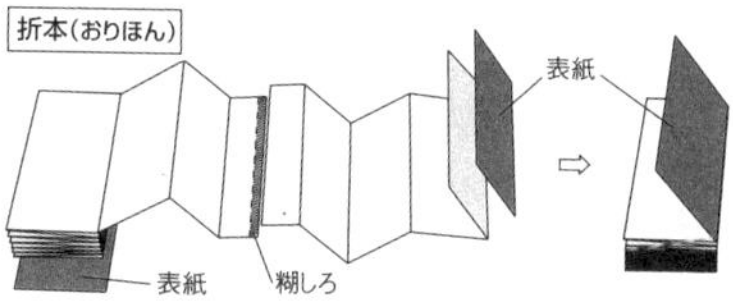

工程

1. 料紙を継ぐ(巻子装を改造する場合もある)。
2. 一定の幅で山折り、谷折りをする。
3. 表裏にそれぞれ表紙を取り付ける。

旋風葉(せんぷうよう)

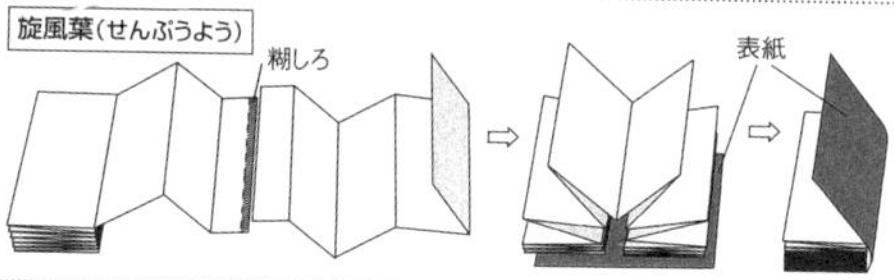

工程

1. 料紙を継ぐ(巻子装を改造する場合もある)。
2. 一定の幅で山折り、谷折りをする。
3. 表裏をまたぐように表紙を取り付ける。

過渡的形態

旋風装(せんぷうそう)

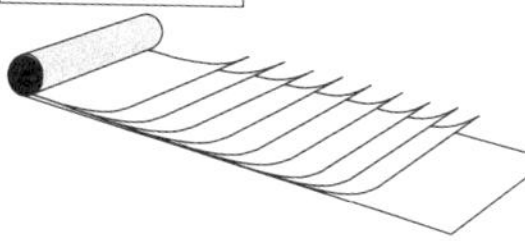

工程

1. 台紙を継いで巻子を作る。
2. 継いだ紙の上に料紙の左辺にのみ糊を付け、ずらしながら貼っていく。
3. 巻頭に表紙を取り付ける。

糊綴じ

粘葉装(でっちょうそう)

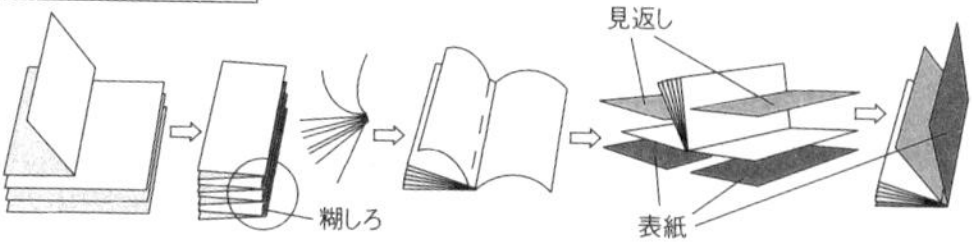

工程

1. 料紙を折って重ねる。
2. 糊しろ部分に糊を付け、貼り合わせていく。
3. 天地、ノドの部分(三方)を裁って整形する。
4. 表裏に見返しを付けた表紙を取り付ける。

糸綴じ

綴葉装(てっちょうそう)

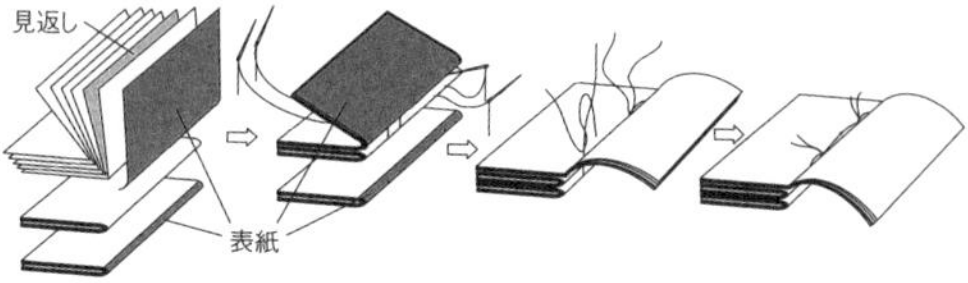

工程

1. 料紙を内折りにして、一括分を重ねる。
2. 谷折りの上側2箇所、下側2箇所に綴じ穴をあける。
3. 表・裏表紙を入れて、すべての括り(折丁)を糸で綴じ合わせる。

袋綴じ(ふくろとじ)

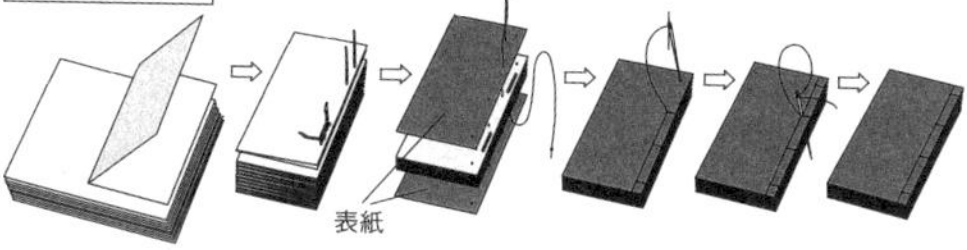

工程

1. 料紙を外折りにして1冊分を重ねる。
2. 背側の外から2~3分あたりに、上下各2箇所に綴じ穴をあけ、紙縒で仮綴じする。
3. 表・裏表紙をそれぞれ組み立てる。
4. 表表紙、本文(仮綴じ済み)、裏表紙を合わせて綴じ穴をあける。
5. 綴じ糸で綴じる。

大和綴じ(やまととじ)

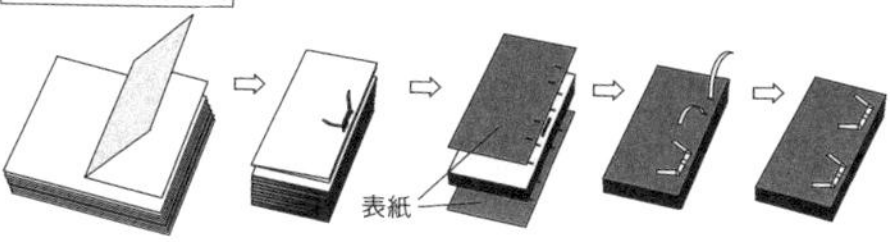

工程

1. 綴葉装や袋綴じのように、紙を重ねて紙縒などで下綴じをする。
2. 表裏の表紙を合わせて端から少し内側に、縦に二つの綴じ穴を2箇所あける。
3. 組紐や色糸の束などで飾り結びなどして綴じる。

I　文化財修理の思想

第1章　文化財の保存と活用

第1節　文化財の社会的環境

デービット・アトキンソン氏は『新・観光立国論』『国宝消滅』などで、日本の文化財行政が大きな転換期を迎えているとし、観光立国を実現するためには文化財を観光資源にしないと生き残れないと主張している。その中でも、文化財への強すぎる保護行政や保護精神が時代に合わないこと、文化における経済合理性の観点の欠如、文化財専門家の功罪などを問題視している。つまり、文化財による収益化と産業化が不可欠であり、文化財を保護すべきものから「稼げる」観光資源にすることが文化財の保護に繋がるとする。また、文化財修理の予算が世界的にみて圧倒的に少ない現状では、ＩＲ（統合型リゾート）は修理のみならず文化財を維持するために必要な職人技術の継承や地域の伝統文化の継承にも有効な手段であるとする。そして、こうした現実的なビジネスの視点からすれば、これらの改革を否定する考え方は文化財を活用するための大きな障壁であると糾弾している。

しかし、文化財を保護することは、単なる過去の文化遺産を保存するだけの営みではない。歴史と風土とに培われた文化的所産を保存し、これを未来に伝えるとともに、文化財に宿された創造的な精神や思想をくみ取り、新たな文化を築くための基盤とすることこそが文化財保護の使命であるといえる。

どちらが正しくてどちらが誤っているとか、どちらが優れていてどちらが劣っているとかということを論ずるつもりはないが、価値観が多様化した時代である現代にあって、一人の見識が芸術と文化に対する国の基本政策を左右していくことになるのは危機感を覚えざるをえない。また、提示されている数値が持つ意味は一定ではなく、数値を扱う者の考え方や捉え方次第で自在に変化することを指摘しておきたい。

青柳正規《あおやぎまさのり》氏は『文化立国論』で、「文化は、私たちがささえ、つたえ、ひろげ、そしてつくるものである」と定義している。そして、有形・無形文化財について保存もしくは保護することに重点をおいてきたのは、放置したままでは消滅しかねない価値あるものを文化財に指定しているからであり、保存・保護につとめるのは当然であるということを前提にした上で、文化財の「活用」へと積極的な一歩を踏み出さなければならないとする。つまり、文化財保護という現状維持の文化行政から、成長性をもった積極的な文化行政への転換を目指す「文化立国」を提言している。祭り、伝統行事、民俗芸能、歴史的建造物、景観など、各地に残る伝統文化は、文化立国にとって有力な観光資源になる可能性を秘めているとする。

時々の政治勢力の変動に伴って文化財保護行政の方針が浮動したり、時の政治勢力に左右されて保護の対象が変わることがあれば、到底文化財の保護は一貫性を保つことができなくなる。文化に理解のある、また政治的な中立性を堅持した文化財保護行政の万全を期することが必要なのは、誰の目からみても明らかな真理であろう。

文化財は、それが生まれた、作られた所でじかにみると、日常の暮らしの中のあるべき姿になり、格別な味わいがある。文化財を売りものにする、あるいは文化を食いものにする時代、つまり観光を中心とする方向に動いている文化行政の中で、いま、文化財保護がどの程度の、どのような役割を果たすべきかということは極めて重要な問題である。そこで、以下では、今日の文化財保護における修理の役割と、それに伴う文化財修理の理念などについて歴史を通して考えていきたい。

第2節　保存の処置なくして活用なし

文化財を悪用するような、あるいは文化財の本質を毀損《きそん》するような、さらには文化財そのものを破壊するようなことがあってはならない。文化財の活用はあくまでも文化財あっての活用であって、文化財そのものを失っては保存も活用もありえない。文化財を死蔵し、保護の手も加えないで腐朽荒廃に任せることはもちろん保存とも活用とも縁のないことであるが、それにもまして最近一層憂慮されるのは、活用に名を借りた観光等による文化財の悪質な利用である。

一見、文化財と観光の関係は、文化財の保存と活用の関係によく似ている。しかし、現在、文化財の保護と観光はそれぞれ独自の趣旨のもとに別途な道を歩んでいる。真の意味の文化財の保護なくしては文化財の観光はありえないし、また正しい意味の観光なくしては文化財の活用はありえない。観光の基本的な目的の一つが知的、美的、文化的なものへの接触にあるとすれば、その質と量とにおいて文化財が最大の観光資源であることは疑いの余地はない。その点で、正しい観光と文化財とが結び付くことは当然なことであると言わなければならないし、そこに高い文化が築かれ、両者の文化的意義が果たされるものであろう。他方で、無知による文化財の破壊または汚損の事例が起こっている。細心の注意が足らなかったという批判や非難もあるが、文化財に対して無関心であったことにも遠因があると思われる。

文化財を保存し、それを活用するためには文化財を理解し、尊重する精神すなわち文化財保護の思想を浸透させる必要がある。文化財を保護することは、国民全体の協力があって初めてできることなのである。また、保存とはそのものをできるだけ長く現状のままに残し伝えることであり、そのために行う必要なすべての処置を意味する。

世界には多様な文化や文化財が存在している。そのことを認識した上で、日本の様相をみてみよう。伝来する文化財のうち美術工芸品には、絵画、彫刻、工芸品、書跡・典籍、古文書、考古資料、歴史資料がある。各々に用いられる材質は紙・絹・木・土など多種多様で、しかも脆弱なものが多く、長い年月を経てきたことによる痛みや傷などを受けて、当初の姿が損なわれているものも少なくない。虫やカビの害などによる虫穴《むしあな》や汚れ、また亀裂や錆《さび》が発生し、文化財の一部がなくなっている場合さえある。

このような文化財の損傷に対して、書画や歴史資料では糊離れ、折れ、裂け、虫喰《むしく》い、顔料の糊浮き等の補修や剥落止めを、彫刻では材質の破損・腐損、はぎ目の緩み等の補修および防虫・殺虫等の処置を、工芸品、考古資料では金属類の折損、鎧《よろい》の威糸《おどしいと》や小札《こざね》の朽損・欠失、刀剣類の錆《さび》、染織品の破れ、繊維の劣化等の補修というようなことが行われる。傷んでいる文化財を正しく、美しく、見やすく、統一感のある方法で仕上げるのが修理である（図版1・2・3）。それは、永く将来にわたり守り伝えるための手作業であるともいえる。現在では、各文化財の材質に関する科学的分析によって、修理に最適な材料を用いることができ、また伝統的な修理方法や技術についても、その科学的裏付けによって安全性が保障されている。適切な保存の処置を行うことで、文化財の有効活用が可能となるのである。

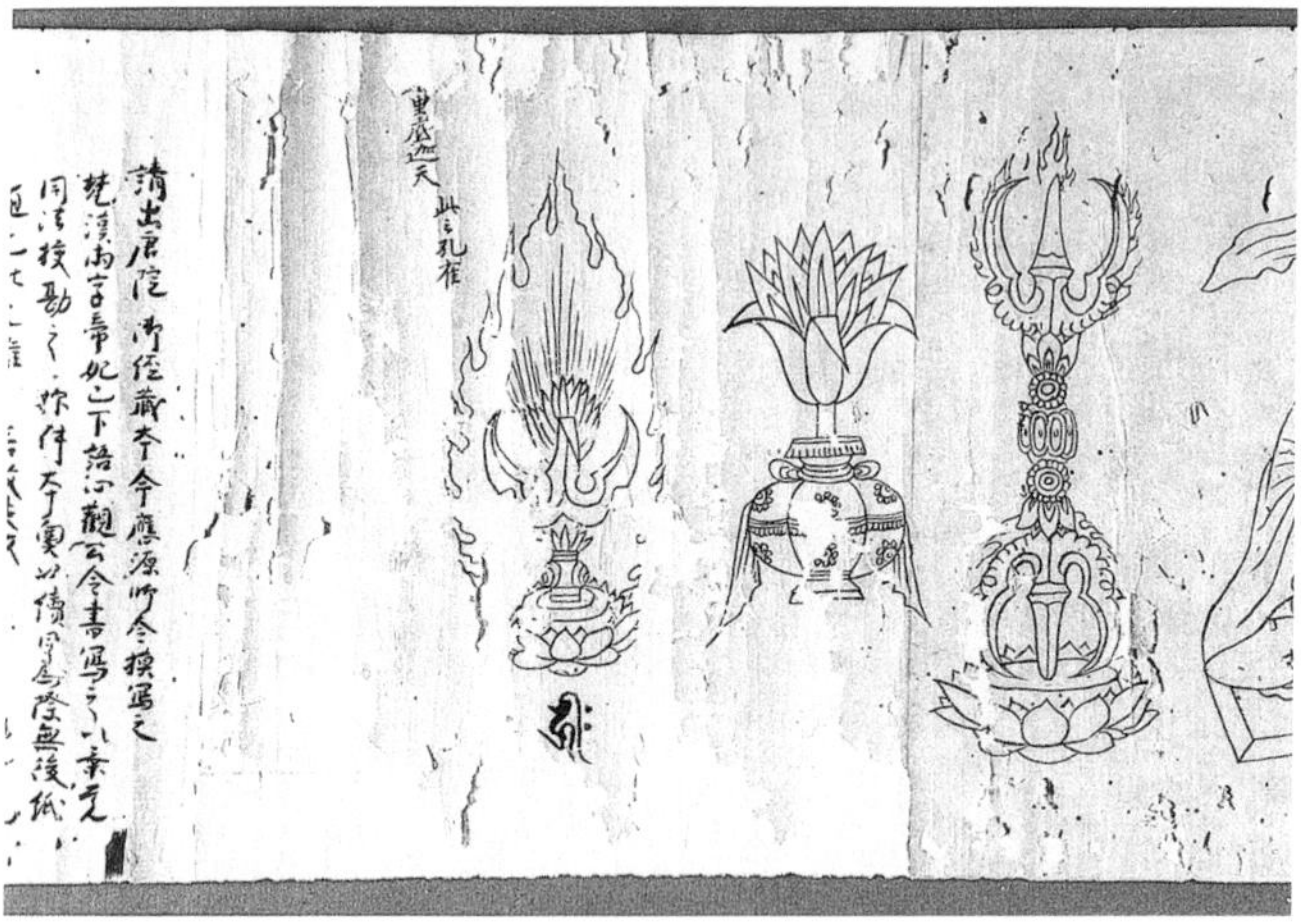

修理前

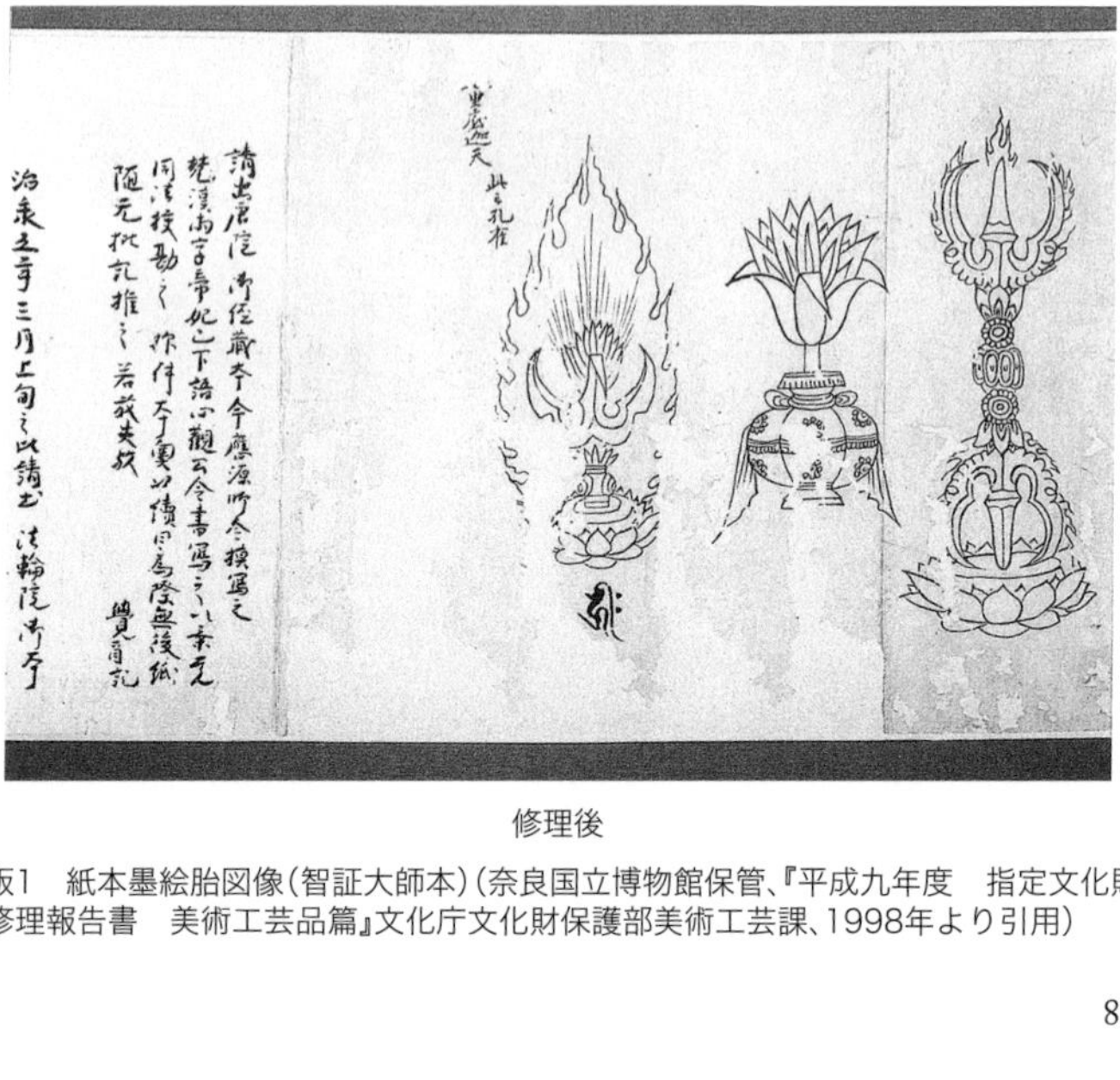

修理後

図版1　紙本墨絵胎図像（智証大師本）（奈良国立博物館保管、『平成九年度　指定文化財修理報告書　美術工芸品篇』文化庁文化財保護部美術工芸課、1998年より引用）

修理前

修理後

図版2　絹本著色一遍上人絵伝（静岡・清浄光寺蔵、『平成九年度　指定文化財修理報告書 美術工芸品篇』文化庁文化財保護部美術工芸課、1998年より引用）

修理後

修理前

図版3　白地松鶴亀草花文繍箔肩裾小袖 一領（大阪・泉大津市立織編館保管、『平成九年度　指定文化財修理報告書　美術工芸品篇』文化庁文化財保護部美術工芸課、1998年より引用）

日本の文化財は信仰などの人の力によって、伝え、守られてきたものが多い。外国の文化財は、日本のものよりも随分と古いものもあるが、地中などから発見されたもの、すなわち自然の力によって伝えられてきたという特徴がある。日本の人力による伝来と保存は、古来は人に見せず、秘するようなかたちで伝えてきたものが多いが、今後は、学問的にも研究の対象としても広く後世に伝えるべきものである。そのためには保存の処置が、不可欠であり、科学的な保存法なども積極的に取り入れなければならない。

文化財に劣化がおこるのは、何かしらの作用が加わるからである。劣化・損傷の原因は、文化財の存在する周囲の状態に影響されることが多い。その要因には、経年劣化による内的要因、環境の変化や虫・カビなどの害による外的要因、取り扱いによる人為的要因が考えられる。こうした諸要因を排除し、保存環境を適正にたもてるとするならば、文化財の劣損はおこらず、寿命を無限とする可能性が見つかるかもしれない。その意味では、保存環境は文化財にとって重要な要件となってくる。

しかし、実際には簡単に理想的な保存環境の設計を定められるものではない。文化財は死蔵すべきではなく、広く活用・公開すべき文化遺産であるという使命を有しているからである。こうした保存と活用の関係を両立させるためには、保存の処理をないがしろにして、活用が殊更に優先されてはならない。したがって、文化財を直接取り扱う学芸員などの人々の役割は、文化財の保存にとって極めて重要であるといえる。文化財の存在はそのような人々による様々な調査、保存、修理、記録という仕事によって支えられているのである。私たちは先人から引き継いだ文化遺産を未来の人たちに、できるだけ現状のまま引き渡す責任がある。そのためには、文化財の保存のための基本台帳を常備する必要がある。この基本台帳とは、「もの」の存在を過去・現状・将来にわたり、一貫して把握するカルテであり、しかも通時的記録としての役割を果たすものである。

保存のための台帳の記載事項には、①名称、②員数、③寸法、④形態・装丁、⑤材質・技法、⑥作者・銘文、⑦時代、⑧附属品、⑨損傷状況、⑩修理歴（脱酸・燻蒸《くんじょう》等の処理を含む）、⑪展示歴、

⑫撮影歴、⑬収納場所、⑭収納方法、⑮特記事項などがある。⑤材質・技法は「もの」の特質を知ることで、最適な保存管理の資料となる。⑨損傷状況では、全体としての劣化の度合い、個別的には虫損、汚損、破損や黴《かび》、フォクシング（紙に生じる茶褐色の斑点）、褪色・変色、亀裂などの症状を具体的に把握することになる。

文化財の特性によって項目は異なってくるが、基本的には文化財の目録的情報、物理的情報、保存状態情報、展示・閲覧情報、保管情報、輸送情報になる。文化財の保存状況を明確に把握することで、周到な注意をはらい、適切な修理計画を樹立し、良識ある対応に努めることが大事である。文化財は、ひとたび失われれば永久にこれを再現することができない特殊性をもつものであることを認識し、その保存、活用のための文化国家にふさわしい条件を整える必要がある。つまり、文化財保護における保存と活用のあり方と、それを支える文化財修理のあり方を如何に実践していくのかが、いま、まさに問われているといえよう。

第3節　文化財修理の現状

日本における文化財修理は、国立の博物館・美術館をはじめ、公立・私立の博物館などには、専属の修理を行う施設がほとんどなく、また修理技術者もいないのが実状である。そのため、各

図版4　昭和30年代の修理技術者養成講習会(『国宝修理装潢師連盟50周年』国宝修理装潢師連盟、2009年より引用)

館の所蔵品などを修理しているのは、民間の修理工房であり、この点が海外と大きく異なっている。

日本における表装に関する最初の修理技術の後継者養成は昭和三三・三四年（一九五八・五九）度に行われた（図版４）。国宝や重要文化財に指定されているかけがえのない貴重な文化財の修理は、誰にでも簡単に任せられるものではなく、繊細かつ専門的な技術と、技術を生かし得る長い修練と経験とが必要とされることなどから、施工者も限定されている。修理技術者には専門的な知識が要求され、特に伝統的な技術・技法について熟知していなければならず、また歴史的な知識と造形美に関する感覚や見識までもが求められる。しかし、縁の下の力持ちのような地味な仕事であるがゆえに、修理技術者の真価はあまり認められていないように思われる。十二分の努力と責任と配慮のもとに修理が立派に完成したとしても至極当然のように扱われる反面、施工上に万一僅かの誤りでもあったとしたら、今までの努力が水泡に帰すばかりか、修理技術者としての生命に終止符を打つことになりかねない状況にある。そのため、修理技術者には平素の戒心、人間としての信用が、他の仕事以上に厳しく要求されているのである。

国の指定品である国宝や重要文化財を対象とした修理事業は、文化財保護法あるいは国の予算措置に基づいて実施する国費による補助事業などで行われており、その意味で決して一工房の私的な事業などではなく、公の仕事である。こうした認識は、文化財そのものが国民共有の公共財であるという考え方に立てば、個人や寺社などの違いに関係なく、全ての所有者にも同じように求められるものであるといえる。

文化財の修理事業を公の事業であると認識し、実践していくためには、次のような点に注意しながら、修理に対する姿勢を常に確認していくことが必要であろう。

①修理技術者においては、社会的責任・責務を負っていることを自覚した修理事業への取り組みが必要であること

②事業の透明性を確保するための情報公開法が施行されており、修理設計書・修理記録等の公

開が求められる場合にはすべてを開示していくこと
③工房において事業の公共性・透明性や社会的責任・責務を確実に果たしているかどうか、自らがその評価を行う必要性があること
④修理において仕上がりのみを評価の対象とするのは間違いであり、適切な作業工程の積み重ねこそを評価しなければならないこと
⑤評価の方法には、内部評価と外部評価とがある。内部評価では修理担当者による自己評価、修理責任者による評価、工房全体による相互評価などがある。外部評価では所有者による評価、地方公共団体による評価（作品を預かったままで、修理の経過の連絡や報告が行われていないことがないかなど）、他工房による評価（一作品に対する行程ごとの検討会）などがあり、実際に評価を実施しなければならない
⑥いずれの評価においても、施工上の問題点などの整理、その後の行程における仕様の確認を行うとともに、評価はすべて記録として残していくことが大切であること

こうした点を意識し、実践することが修理技術者に必ず求められており、また実践できないという状況は許されないということを強く意識しなければならないことは言うまでもない。

修理現場にあっては、いかに文化財に対処すべきかという現実的な問題に直面するはずである。例えば、

①近代の趣味に応じて変えてもよいのか
②原状の状態に戻すべきなのか
③時間の経過やその後の変更の跡を尊重すべきなのか

などがある。こうした現実的な問題を解決していくためには、文化財の「価値」という概念をより多元的かつ総合的にとらえる必要性がある。すなわち、「芸術的価値」「歴史的価値」「現代的価値」「古さの価値」「新しさの価値」「機能上・使用上の価値」などの概念の適用である。これら多様な価値観に基づいて修理を行っていくためには、修理技術者個人の専門性だけでは限界があり、学際的な広がりとつながりの中で文化財を把握していくことが求められている。

なお、現在、国指定文化財の修理に携わっている工房は、いずれも「国宝修理装潢師《そうこうし》連盟」という任意団体に属している。この「国宝修理装潢師連盟」は、伝統的な修理保存技術を有することから、国の選定保存技術団体として認定され、その技術の保持伝承を図っている。

第4節　伝統的な修理技術

さて、和紙、糊を用いる伝統的な修理技術いわゆる装潢修理技術は、今や東洋に限らず西洋美術の修理にも必要不可欠なものとなっている。無形文化遺産でもある伝統的な修理技術は、時代や文化の要請により変化している。修理技術の変遷は、有形文化遺産である美術工芸品の鑑賞の歴史と密接不離な関係にあった。脆弱《ぜいじゃく》な素材が用いられている文化財を後世に維持、保存していくためには、装潢修理技術の伝承と美術品鑑賞の歴史とを融合することが大切である。そして、日本の文化財の姿は、美術品として利用される建築空間と深く結びついており、世界的にも類例稀なこととして注目されている。これらの文化財を保護するためには、保存する路線と活用する路線との二つの路線を並行して走らせることが大事である。文化財保護法の第一条に文化財の保存と活用とを掲げ、それをもって国民文化と世界文化とに寄与せんとする意義を改めて肝に銘ずるべきである。

絵画や書跡・典籍、古文書などの修理は、紙が発明されたとき以来行われてきた。日本では、既に奈良時代に経典などの修理が行われていた。当時、修理を行う職人を「装潢師《そうこうし》」と呼んでいる。「装」とは経巻などを仕立てる、「潢」とは紙を染めるという意味である。装潢師による修理には、虫損などによって穴の開いた箇所を埋めるための修理用の紙を作る、補修用の紙を似た色に染める、紙を貼り付けるための糊を作る、といった技術が必要であった。

こうした修理技術は今日の修理においても伝統的な技術として継承されている。色を染めて、糊の濃度を加減するなど、数値化できないものは長年の経験による確実な技術にたよる必要がある。例えば、虫損などの欠損箇所よりも糊代分だけわずかに大きくちぎった紙を裏側から糊で貼り付ける「繕《つくろ》い」という作業は、修理を行う上での手作業の基本である。

また、現在行われている書画と彫刻における修理では、これまでに培われてきた装潢師と仏師《ぶっし》とによる伝統的な技術を基礎に継承しながらも、各々の損傷状況に応じて最新の保存科学や科学的技術などを修理の現場に導入してきている。最新の技術は伝統的な方法と異なり、その安全性をいかに長い期間にわたり確保できるのかという問題があり、修理技術そのものの伝承のあり方までを規定しかねないといえる。安全性の問題は有形文化財の保存のあり方とともに、伝承すべき技術とは何かを視野にいれて論じられなければならない課題でもあるのである。

なお、修理によってのみ知り得る新たな情報として、美術工芸品の構造や製作技法などがある。それらが具体的に解明されることは、そのまま有形文化財の更なる価値を高めることにつながる。しかし、一方で誤った修理の考え方や技術・方法は、有形文化財の価値そのものを損なうのみならず、破壊という行為を伴うことさえあるということも強く認識しておく必要がある。

修理は過去の伝統的な修理技術を正しく認識し、伝承する時と場であるとともに、新たな技術的な課題を見つけ出し、革新すべき技術を確認するところにもなっている。装潢、彫刻修理において、各々が技術的な課題に立ち向かっていくことは当然である。しかし、それらの修理技術や方法に関する交流は少なく、独自の技術などを守り通しているのが実情である。

彫刻修理について紹介すれば、彫刻の修理は解体と組み直し、表面の下地や彩色等の剝落止め、材質強化等の処置によって損傷の拡大を防ぐと同時に、文化財としての価値を最大限明らかにすることを目的としている。仏像や神像など宗教像として信仰の対象となっている場合が多いとはいえ、修理に当たっては文化財としての芸術的あるいは資料的価値の確認・保存が優先されることはいうまでもない。作品は多かれ少なかれ損傷を被り、後世の補作や表面の塗り直しにより、製作当初の姿が損なわれている。多くの作品に関しては、製作時の造形内容に対する評価が文化財指定の理由となっている以上、修理に際して当初性の復元に妨げとなる箇所は除去もしくは修整を行い、作品の原状に近づけることが原則となる。欠失・亡失箇所の復元は、何らかの根拠によって正確に当初の形状を復旧し得る場合にかぎり行っている。また、本体の造形にそぐわない補作の部分は形状に修整を加えるか、場合によっては新補したものに取り替えることがある。さらに、表面仕上げについては、下層に当初のものが残存していることが確かめられ、あるいは彫刻面を甚だしく鈍くみせていて、かつ除去が容易に可能な場合には除去することにしている。後世に施された修補にも、作品の経てきた歴史的経緯を物語る資料としての価値を認めるべき場合があることを考慮しなければならない。後補部分の除去に当たっては詳細な記録を作成することはいうにおよばず、除去自体の当否について、常に慎重な判断が要求されている。

なお、近年における彫刻修理の傾向として、合成樹脂の使用頻度が増大したことが挙げられる。一つは既指定品の大半について解体を伴う大規模修理がほぼ終了したため、現在の修理物件の多くが合成樹脂による剥落止め主体の施工内容となっていることにも関係する。例えば、京都・妙法院《みょうほういん》（三十三間堂）の千体千手観音像は昭和四八年以来、剥落止め修理が続けられている。もう一つは合成樹脂の改良に伴い、その有効性が増したことがある。京都・教王護国寺《きょうおうごこくじ》（東寺《とうじ》）千手観音像は、昭和五年（一九三〇）の食堂火災によって焼損以来三五年を経て、炭化した表面を硬化する樹脂の開発によって修理（昭和四〇～同四二年）が可能となった事例である。現在では表面地固め層の硬化、彩色や漆箔層の接着、虫蝕孔の穴埋め、木質硬化等、様々な目的に合成樹脂が用いられ、損傷の度合いや個別的性質に応じた使い分けや、伝統的な修理材料との併用の仕方に工夫が重ねられている。

有形文化財の保存のための取り組みである修理には、修理技術の観点を含みつつ学際的な広がりをもつ文化財学体制の創出が希求される。つまり、個別・分散化している文化財に対する体制や価値観の総合的な把握を、修理技術と有形文化財との関係から再構築していく必要性が強く求められているのである。これら他分野との技術的な意見交換や有形文化財の価値観に対する研究者との対話などの広範囲に及ぶ交流を促進することは、新たな価値の発見になるとともに、可能性を広げる重要な契機ともなるといえる。

なお、美術工芸品の修理の場合、仕事はあっても技術者がいない、あるいは技術者がいても生活してゆくだけの仕事がないということは、これまでも、あるいはこれからも付きまとう深刻な問題である。知識や理解を次世代に継承していくためには、技術者の教育が不可欠である。そのためにも、制作物はそれだけで完結するのではなく、技術によって持続して保守していく必要がある。この維持努力を含めて持続可能なものを制作する責任を、技術者は持たなければならない。さらに、制作活動及びその制作物は、技術と技術者が模倣する連続性を壊すような危険で有害なものであってはならないといえよう。

第2章　文化財修理の理念

第1節　修理の理念と哲学

本章では、修理に対する心構えや基本的な姿勢など、つまり修理の理念あるいは哲学について考えてみたい。文化財修理を考えたり、行ったりする際には、修理に対する理念や哲学がなくてはならない。修理が文化的な営みである以上、それなしに決して行われるべきではないことをはじめに確認しておきたい。

修理理念・哲学は、各人の修理における経験や認識の相違から当然各々別個のものである。それでも共通するのは、修理において最も大事にすることが何であるのか、またその大事なことをどう考え、どのように実践していくのか、ということであり、それが基本理念としてある。

そこでここでは、「コンサベーションの現在――資料保存修復技術をいかに活用するか――」と題する国立国会図書館主催の資料保存シンポジウムから、木部徹氏による図書館資料学的な考え方を保存修理に取り入れた理念と哲学を紹介してみよう。

第2節　文化財保存修理の新しい考え方

(1)　文化財保存と修理の関係

現物保存の立場からみると、修理はやらない方がよい、むしろ修理をやらないように考えるべきである。また修理は行うが、いろいろな保存技術との組み合わせで選択すべきもので、いつも最良の選択肢であるとは限らない。修理は最初の選択肢ではない。つまり、その前に様々な優先すべき選択肢があることを確認しておく必要がある。それら選択肢に、対象となる文化財を照らし合わせて、最後に必要であると判断した場合に修理を施すべきである。総合的な判断の下で、修理を最小限に留めるという考え方である。

こうした考え方は、半世紀くらい前に出てきたもので、理解を得られるようになったのは最近のことである。長い歴史の歩みの中で文化財保存の考え方が変化するのは、当然である。しかし、あまり短い期間に激烈な変化を起こすと、文化財保存の阻害をもたらすことに注意すべきである。まず、修理は原物の尊重とその維持とを第一にしなければならない。これまでの「もの」としての貴重な文化財への修理は、原物のもっている歴史的価値を破壊・損傷してきたという反省がある。修理をしないことが、文化財の保存であること、すなわち修理を選択しないという道のあることを確認する必要がある。

次に、文化財保存の基本は、直すことよりも防ぐことにある。治療よりも予防を先行させる。文化財が劣化・損傷しないようにする対処こそ、最初に行われなければならない保存対策である。被害が生じた後の処置を中心とした考え方から、被害を未然に防ぐ予防中心の考え方（総合的有害生物管理、IPM）への移行が求められる。

例えば、この予防の考え方は正倉院宝物の奈良時代からの保存のあり方、つまり宝庫である正倉・校倉と宝物の修理と点検とにみることができる。建物の雨漏り点検などの破損状態の調査と建物の大・小修理、開封に伴う庫内の湿温調査と防虫・防黴対策、容器としての唐櫃・長持の製作・収納、宝物目録による整理・確認点検などは、予防の考え方に基づいている。

(2) 保存修理技術を複合させる

文化財を取り巻く環境は様々であり、その劣化の原因は複合的な要素が考えられる。そして、その対策もいろいろな技術を複合させて行われなければならない。保存修理技術をどのように選び、どのように適用すべきなのか、次節以降に示してみる。

第3節　保存の必要性と保存技術

(1)　全体像の理解

保存の実施を具体的に適用していくときには、予算、他の業務との関係、責任者の選定などの検討課題があり、簡単にはいかない場合が多い。しかし、こうした問題に見通しが得られたならば、技術を選び、どのように文化財に適用するのか、その考え方は明確である。

例えば、ジグソーパズルは最初に全体の絵柄がわかっていないと難しい状態になる。絵柄がわかれば、バラバラのピースを置いていくことができる。保存も全く同じである。保存の全体の構図、そして選択と適用の筋道を明らかにしていくことが大切である。

(2)　必要十分な技術

最も基本的な考え方としては、目の前にある文化財が必要としている十分な技術を選ぶということに尽きる。そのためには、文化財は公開活用に耐えうる状態であるのか、そうでなければどういう問題があるのか、を見極める必要がある。これがその文化財の保存の必要性である。また、選択肢として、様々な保存技術がある。考え方の筋道としては、文化財が求めている要求に即したふさわしい技術を選んで適用することである。

これまでの修理でも理屈的には前述のように必要性をつかみ、その要求に見合うような技術の選択が行われてきた。しかし、文化財の必要性や要求の把握が不十分であり、技術の選択が場当たり的である場合が多くみられ、この技術がどうして適用されているのか、逆に適用されていないのか、疑問に思うことがあった。場当たり的ではなく、体系的・組織的に考える必要があるといえよう。

第4節　保存の必要性をつかむ

「もの」の劣化を遅らせて、文化財の価値や内容などを変えないで伝えていくためには、「もの」としてどのように保持していくのかを考えることが必要性の第一にあげられる。「もの」の状態の的確な把握とその利用頻度の状況とを組み合わせてみることで、多様な保存のあり方や方法論が見つけ出されるはずである。

（1）　現物保存の必要性の基準

①必ず現物として残す。
②できるならば現物を残す。
③代替物でもよい。

（2）「もの」としての状態の基準

①通常の利用には問題がない、あるいはほとんど問題がない。
②多少の損傷はあるが、取り扱いに気を付ければ利用に問題がない。
③かなりの損傷があり、そのままでも、あるいは利用により損傷状態が広がっていくおそれがある。

（3）利用頻度の基準

①かなり頻繁に利用される。
②たまに利用される。
③利用されることは、まれである。

文化財は利用頻度が極端に偏るものである。博物館・美術館などで行われている展覧会の出品をみれば、一目瞭然である。いわゆる見た目の美しい作品の利用頻度が多いことは理解されるであろう。利用頻度の高い少数のものは極端に多く利用され、あるところから利用度数は極端に低くなって、頻度のまれなものはほとんど使われることはない。典型的なL字型の分布となる。

現物を残すのは、原形の持つ情報を維持するためであり、その「もの」にとって大事なことである。現物の保存を重視する場合には、状態を維持する予防的な対処や代替物の作成などの方策が考えられる。また、現物の原形を維持する場合には、利用による損耗にどのように対応するのかが課題となる。保存と利用との調和をはかるためには、利用に供することができるマイクロフィルムや写真による複製品の作成やデジタル化などの代替物の活用を配慮すべきであろう。

適切な保存のための様々な技術の選択は、適切な保存の必要性の把握を前提としている。それゆえ、そのためには、前述の三つの要素を重ね合わせる必要がある。文化財の保存は、（1）①必ず現物として残すことが大前提である。そして修理対象としては（2）「もの」としての③の状態であり、（3）利用頻度による相違は関係ないということになる。

第5節　保存技術を選ぶ

修理が必要と思われる文化財のうちには、「防ぐ技術」などの四つの技術を適用することで、通常の保存で問題のないケースも多く存在する。保存のための方策には「あえて直さない」という選択肢があることは前述した通りである。

四つの技術には、以下のものがある。

（1）防ぐ技術

①保存環境と保存条件を整える、つまり文化財を保存する収蔵庫の環境を制御することである。文化財がどういう環境にあるのか、温度・湿度を測り、判断材料になるデータを集積

して保存条件を確定する、これが最初の技術である。保存環境づくりには、文化財を劣化させる要因を明らかにし、対処すべき要因の優先順位をつけて改善することになる。

②保存容器に入れることで、小さな保管環境を人工的に作り、その中に文化財を収める。中性紙など安定した品質の素材を用いた保存容器に入れることで、劣化要因から保護し、傷みが広がることを防ぐ。

③取り扱いに注意すること。

④防ぐ技術としての展示技術を考えること。

①保存環境づくりの基本は、温湿度・光（照明）の制御、空気汚染、生物被害の防止である。温湿度などの制御や環境データ管理を機械にすべて任せることなく、常に人による確認を最終判断とすべきである。②に関しては、中性紙はその性質が永続的でないことを理解しておくことが大事で、定期的な確認が不可欠である。①②ともに文化財の劣化を問題にしている。③と④は「もの」を扱う人の技術向上が求められる。防ぐ技術はすべて人によることを第一義として考えるべきことを意味している。

また修理を行う工房の環境（温湿度の管理、温・湿度計の有無）、作品の管理（作品が保管されていた場所の環境、作品を保管する場所の環境、調湿剤の有無）、作業と環境（午前と午後の環境、夏季と冬季の環境）、材料（糊、水）など、「もの」としての文化財をどう保管・管理するか、について考えるには、文化財そのものの成り立ちを考えることが必要不可欠である。

（2）　直す技術

直さなくてもよい文化財を直していないか、直す技術が本当に直す技術として機能しているのか、壊す技術として機能してしまっているのではないか、を考える必要がある。

①直す技術を見直す。

②直さなくてもよい、直さない方がよい文化財があることを認識する。段階的な保存を計画し、実践する。

③直す技術には、三原則がある。技術が「もの」を壊さない非破壊性、後からでも元の状態に戻せる可逆性、直す過程や直すための材料などを記録として残す記録化である。

④三原則に即さなくても、直すべき文化財があることを柔軟に理解する。

⑤修理技術者でなくても、三原則に即して直すべき文化財もある。ただし、決して無理はしない。できなければ何もしないでおくのが最善の選択である。

文化財修理では、①直す技術と修理技術との関係を明確にしておくことが大事である。②修理の可否の判断は独断的ではなく、総合的な判断による。また所有者ごとに保存計画を策定する必要がある。③直す技術の三原則はそのまま文化財修理の原則と一致する。④選択する判断基準を明らかにする。⑤専門性を優先させて修理技術者による技術を第一にすべきである。修理技術者の判断を仰ぐ必要がある。

（3）　取り替える技術

①現物を現物で取り替える。

②現物を別の「もの」で取り替えることがある。マイクロ化や複製による代替化で、利用の簡便性を図る。

文化財保護においては、①文化財の取り替えはない。②代替物は文化財の特性や材質あるいは利用目的などに基づいて、最適な手法が判断される必要がある。試行錯誤の段階にあるデジタル画像やクローン文化財など最新の復元方法を視野に入れていくことが求められる。

（4）　点検する技術

①年に一回は記録を基にして「もの」としての状態と保管環境や点検すること。

②借用時などの際のコンディションチェックを記録用紙の点検項目に従って記入する。

③点検項目を明確にしておく。

④「もの」が置かれていた環境（温湿度）を確認する。運搬時、修理時の環境維持にも注意する。調湿剤使用の有無も含まれる。

この（4）点検する技術は、「もの」の出納などを含めた古くから行われていた曝涼《ばくりょう》に通じるもので、系統的に保存管理を徹底する体制作りでもある。

修理すべきかの判断には、何をどのように修理するのか、その修理の必要性、利用状況などを考慮しながら、今どうしても修理する必要があるのかをはっきりと認識した上で、どのような保存状態にしたいのかを明確にして、処置可能な修理の方法を選択しなければならない。

このように、保存の必要性をつかむ三つの要素と基準、そして文化財を直すよりも防ぐことを優先させる四つの技術とを、相乗効果のある組み合わせにして、文化財の保護を図っていく新しい考え方が大切であり、文化財の多様性と専門性に対する総合的な発想が必要であろう。

第3章　文化財修理の歴史

綴じ違えにより、本文を正しい順序で読むことが出来ず、深刻な影響を何百年にもわたって与えた菅原孝標《たかすえ》女の『更級《さらしな》日記』の錯簡《さっかん》の例を挙げるまでもなく、修理そのものと修理周辺にある問題は決して少なくない。

また、かつて修理を終えたものは商品であった。売り立てられる品々は、良く直されたものであり、修理を終えたものは、見違えるばかりのものに変わってしまった。例えば、江戸時代に行われた正倉院宝物「鳥毛篆書屏風《とりげてんしょのびょうぶ》」の修理では、「鴨毛屏風《かもげびょうぶ》」と呼ばれていたことから、剥落している部分を手元の鳥毛を用いるとともに黒の絹糸で補修、屏風の縁に紫地《むらさきじ》唐花文錦《からくさもんにしき》の天平裂《てんぴょうぎれ》を用いるなど、見た目や雰囲気に大きく問題がなければ原状の再現でなくとも良いとするものであった。当時は、本来の姿を残すことよりも、奈良時代の精華としての文化を残すことに重きが置かれていたといえる。

近代の文化財修理の歴史は、明治四年（一八七一）の太政官布告・古器旧物《こききゅうぶつ》保存方《ほぞんほう》、同三〇年六月五日附で施工された古社寺保存法《こしゃじほぞんほう》にさかのぼる。その後、大正八年（一九一九）の史跡名勝天然紀念物保存法、昭和四年（一九二九）に国宝保存法となり、さらに昭和二五年に文化財保護法が公布され、社会的環境を反映した数字の改正を経て現在に及ぶという、これらの文化財保護行政の歴史と軌を一にしているのである。

この文化財保護法には、文化財の保存と活用によって我が国の文化の向上発展を図り、普遍的な価値のある日本文化を創造発展させ、世界文化の進歩に貢献するための不可欠な基本的な立場が明示されている。

第1節　明治時代の修理

古器旧物保存方は、慶応四年（一八六八）の神仏分離令《しんぶつぶんりれい》による行き過ぎた廃仏毀釈《はいぶつきしゃく》と寺宝の散逸を阻止する必要からの立法であった。

正倉院宝物の修理の考え方として「修理ヲ致スノハ御物ヲ保存スル為ノ御修理デ有リマシテ、徒《いたず》ラニ上ツ側デ古色ナドヲツケ、接合ノ場所ヲ粉飾スル様ナ手段ハ決シテ行ヒマセン」という当時の正倉院御物整理掛をつとめた木内半古《きうちはんこ》の言葉が知られている。修理では現状維持を図り、古色を付けたり、改竄しないという姿勢を読み取ることができよう。他方、江戸時代の職人気質を伝える修理には、素晴らしい出来栄えで奈良時代の当初の状態なのか明治の修理なのか判断するのが難しいものもあるという。そのため、どこを、どのように修理したのかを記録した修理記録が求められるのである。

静岡・鉄舟寺《てつしゅうじ》蔵の『久能寺経《くのうじきょう》』修理を明治時代の修理事例として見てみよう。最新の修理事例として個人蔵の『久能寺経』があり、修理のあり方を比較することができるからである。

鉄舟寺蔵の「寺籍調査表」には「明治三十三年五月一日、当寺二世円応代、内務省へ出願、御下賜金壱千六百四拾五円四十銭ヲ以テ修覆ス」とあり、また『温故集要』には「内務省ヨリ御修繕料金一千六百三拾五四拾四銭ヲ御下賜セラル」とみえる。

修理は『久能寺蔵妙典考証及重修之記』（明治三四年、古社寺保存会委員・前田健次郎誌）に詳しい。それによれば「安政五年、紀の新宮の水野家にて調査したる記文には、鳥羽上皇をはしめ廿四巻存すといひ、元治元年板橋貫雄の実見せし手記には又五巻を減したり、されは、其後四十年ちかきあひたに、弐巻散佚したりとみえて、現在するもの拾九巻とはなれるなりける、おのれら古寺社保存会の委員として、廻国のをりゆくなく、此経をみいてゝ、国宝の指定を仰き、またこれか修繕を日本美術院の担当することゝなれるに、おのれまた同院にちなみまゝに、其監督をゆたねられて、つく〳〵と見ることを得たるまゝに、聊其よしを記しつけて添ふることゝせり。此巻のはしめに貼付せるは、心なき人の修繕せられたるをり、表紙裏なとの古様を失ひあるは、いたくそこなへるなともありし類にて、表紙のもとのまゝなるは、方便品、譬喩品、神力品、本事品の四巻に過す。夫も前の修繕には裏に用ゐたりしものなれと、羅をかけたるは、表紙のふるき例なれは、こたひの修繕には、かく改めつ。又、表紙のうらは信解品の右の上の方、二寸四分はかり残れるをもとにして、余は悉く新に補へり。また授記品の下の右かた、縦二寸はかり、横三寸二分はかりのうち、流水のかたへに人ふたり対ひ坐せる図は、もとの表紙のうらの残れるにて、三尊仏より山水のさま、木草のかたちまで、此ころの筆つかひ、図様のありさまにならひて補ひたり。他もまたおほかた同し心はへもて改め造れり。上に貼付したるは、此時代のふりをもわきまへす、古き下絵あるうへに、みたりに砂子をまきわたしあるは、心なく洗ひて保存にたへぬまでにそこなへるなとのみ。されと其もとのさまを残しとめさらむと、くちをしけれは、よそに散らさす、かくものしつ。」と記されている。古社寺保存法に基づく修理で、日本美術院が施工したことが知られる。この時の、具体的な修理内容は、次のとおり。

①表紙・見返絵の取り外しが行われ、信解品《しんげほん》は新補の表紙・見返絵が付された。観普賢品《かんふげんほん》は欠失した見返絵の修補を行い、方便品《ほうべんほん》と授記品《じゅきほん》は見返絵の復原が行われた。化城喩品《けじょうゆほん》と人記品《にんきほん》は葦手絵《あしでえ》、譬喩品《ひゆほん》は波に松喰鶴《まつくいづる》、授記品は釈迦説法図《しゃかせっぽうず》、宝塔品《ほうとうほん》は蓮に桔梗《ききょう》・龍胆《りんどう》散らしと画家の創意によるものが新たに付された。取り外された表紙・見返絵一四枚は『久能寺蔵妙典考証及重修之記』の巻物に貼り付けて残されている。

②妙音品《みょうおんほん》と厳王品《ごんおうほん》の表紙には羅を張り、原形保存が図られた。

③軸、紐、題簽《だいせん》などは『平家納経』を倣う。

一方の個人蔵本は平成二一年から同二四年度に修理が行われ、竣工後の平成二七年には奈良国立博物館にて展示・公開された。過去に修理に手が入っていないものであることから、『久能寺蔵妙典攷証』（古筆学研究所『古筆学叢林』第二巻所収）の記載情報を一つとして失うことがないよう慎重に進められた。なお同書は、安政五年（一八五八）当時の久能寺経の現状を示す記録で見返絵や絵巻の一部を模写している。東京美術学校長であった正木直彦旧蔵書である。

この『久能寺蔵妙典攷証』には、以下のようにある。

随喜功徳品《ずいきくどくほん》は「表ニ紫ウス絹、繪蓮花紫ヘリ白ロク葉緑青、所々ニ切金箔、裏紙ウス葉紫村濃《むらご》金銀切ハク、大小細金銀松葉繪蘆手極彩色、蓮花金葉ロク青、蘆鳥ロク青コン青地紙黄ナルヘシ古色サタカナラス、金銀丁字引、所所ニ銀泥画キ蓮花葉共ニ、系金、系ノ内天地共ニ模様同シ」とみえる。

勧発品《かんぼつほん》は「表紙黄歟紅歟古色サタカナラス、銀ハク模様唐草、裏白薄ヨウ紙、絹ノ上ニ押シ、銀箔砂子松葉角交セ々々所々金ハク、銀泥ニテ普賢象、雲ノ上ニ画キ見ヘス、スカシテハフト見ユ、来向ノ形容ナルヘシ、図下ニアリ地紙天地金銀村濃、微塵金銀箔、砂子角松葉精蜜ナリ裏モ同シ、所所角金ハク散シ、系金、泥内金銀切箔砂子、文字墨」と記す。

表紙補紙　修理後

表紙補紙　修理前

界線折れ　修理後

界線折れ　修理前

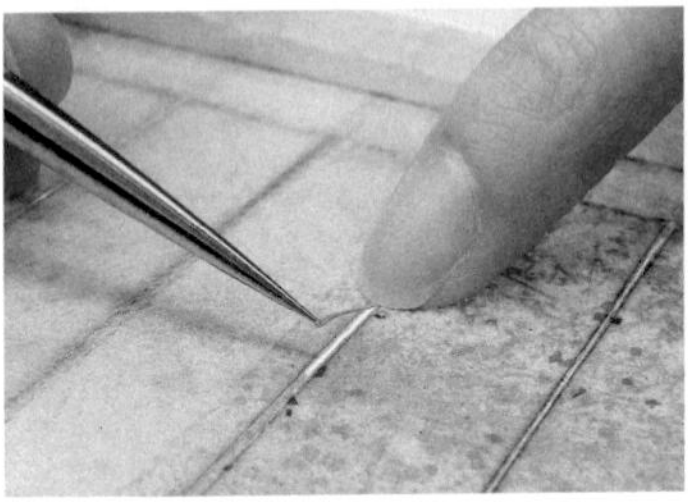

亀裂補紙

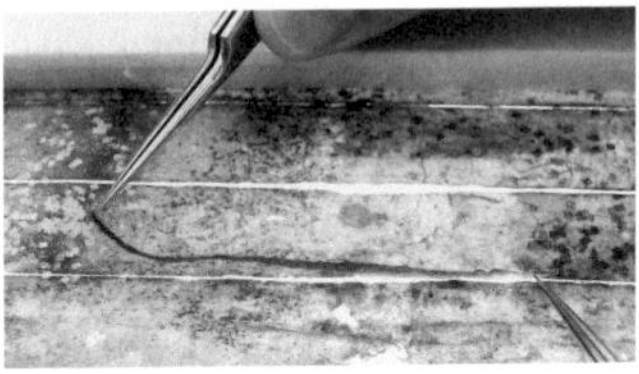

折れ伏せ

巻末欠失　修理前

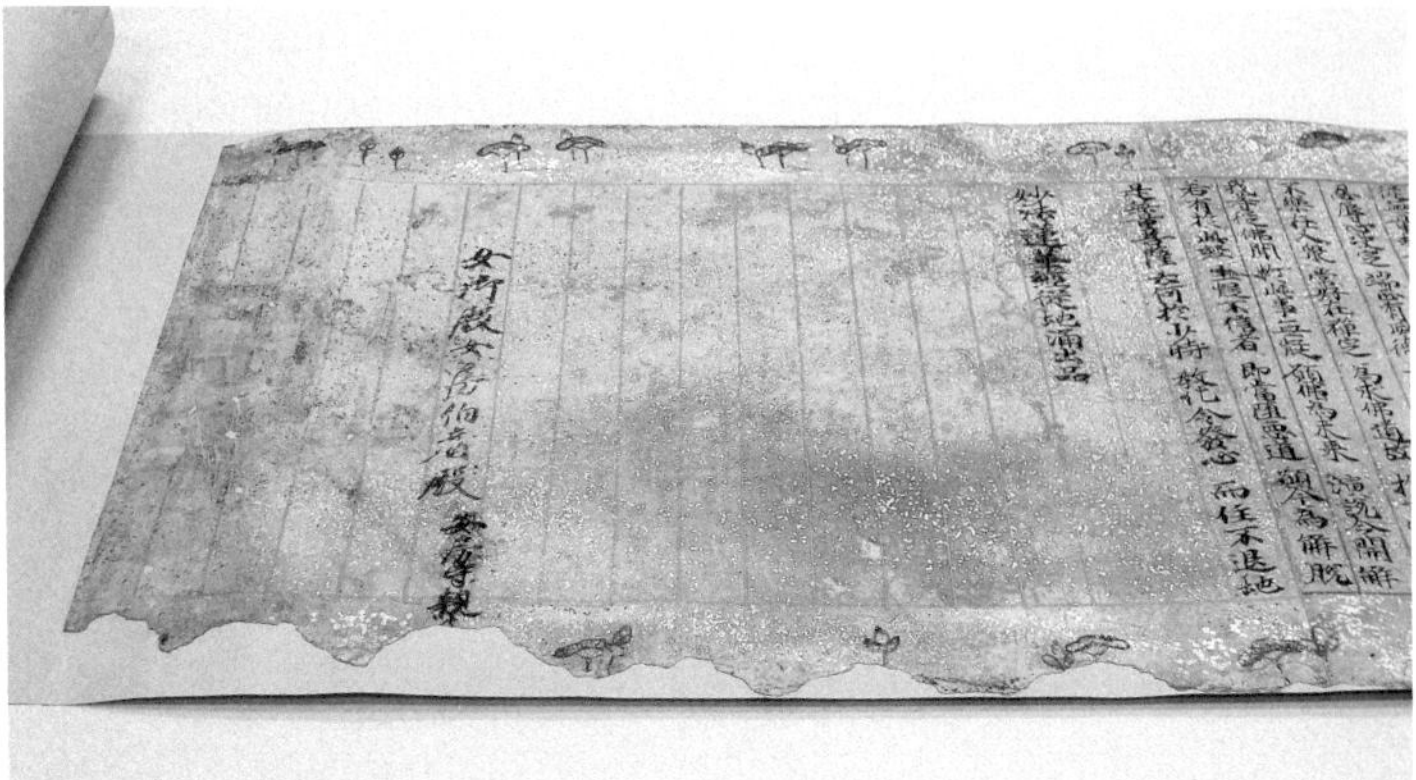

巻末欠失　修理後

図版1　久能寺経の修理

涌出品《ゆじゅつほん》は「表紙鳥ノ子、蓮花唐草縁青細繪、金銀切ハク、村濃銀泥、松葉モアリ、所々金箔大小チラシ、外題金泥書スレテ所々残レリ、裏ノ繪図ノ如シ、金銀切ハク松葉交、地紙古色サタカナラス、系銀、系ノ内金銀切箔、天地同蓮花紺青縁青、裏表紙表ニ同シ繪ナリ」とある。

薬草喩品《やくそうゆほん》は「表紙表鳥ノ子紙、金ミチン散シ、秋草鳥蝶極彩色細画、裏銀微塵散シ、繪如図人物極彩色、金ノ角、銀ノ松葉チラシ、銀泥ミカキ、地紙天地草ニ蝶極彩色、砂子金銀切ハク、松葉散シ所々ニ金切ハク、系縁青、系内金銀コマカキ切箔」と詳細な記載がみえる。

記述は、表紙・見返絵や料紙、装飾の記述にかかる材質、色彩など子細に及び、優れた記録性のある史料であることが判明した。また、日本美術研究家の田中親美氏による複本が製作されており、現状が如何に維持できているか、修理工程における詳細な検討が容易であった。とくに、表紙と見返、そして紙背の装飾を表面と一体として扱い、芸術的・美術的な価値に重きをおいて修理を施工した（図版1）。詳しくは奈良国立博物館展示図録『まぼろしの久能寺経に出会う　平安古経展』を参照されたい。

また、同じく代表的な装飾経である「慈光寺経《じこうじきょう》」の修理は、昭和二六年と平成二〇年から同二六年に行われた。昭和の修理における修理設計は、①現状、②損傷、③修理仕様などを記している。①の現状として、各巻の表紙は新補の紺紙、外題には題簽のあるもの、ないものがあり、裏打紙は江戸時代末期の紺紙金銀切箔散《こんしきんぎんきりはくちら》し、軸首は毛彫鍍金切軸《けぼりときんきりじく》で、紐は紫地平打紐《むらさきじひらうちひも》である。②

修理後

修理前

無量義経　巻姿

同前　太巻き芯の新調

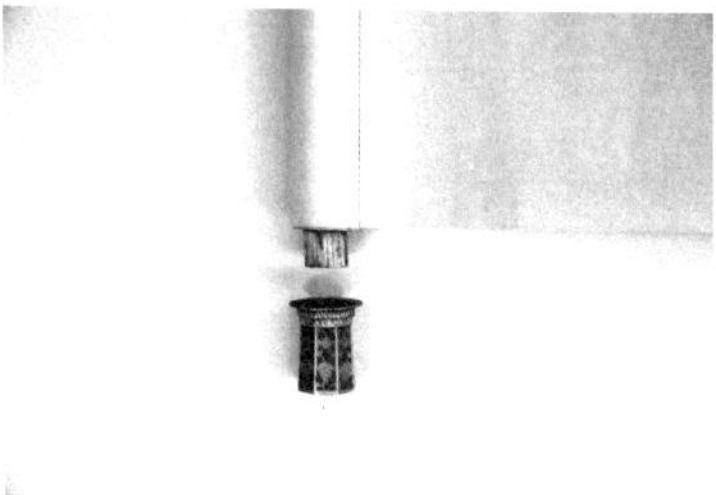

同前　軸首の付け直し

阿弥陀経の界線(拡大写真)

緑色の部分では、蛍光Ｘ線の分析調査の結果、主に銅と亜鉛が検出され、これらの合金である黄銅(真鍮)が界線を引くための主たる材料として使用されたと考えられる。

図版2　慈光寺経の修理

の損傷では、各巻にわたって表紙は新補の紺紙にて糊が固く、本紙の界線箇所の折れのため裏紙にも影響して損傷が著しく、紐は細すぎる。③の仕様では、解装して表裏を剥がし、表紙は旧紺紙を除去して新たに金欄を以て新調する。見返は旧品を修理して貼り合わせ、旧裏紙は全巻取り替える。本紙の紺紙の巻子は無地紺紙を新調して貼り合わせ、素紙の巻子は雁皮紙の古色雲母引《きらびき》を新調して貼り合わせる。各巻に折れ伏せを貼り当て、末尾のないものは似寄紙を継ぎ足し、軸首は薬王品の軸首に倣い八角蓮花文坐金付鍍金《はっかくれんげもんざがねつきときん》を新調して取り付ける。紐は旧紐を廃して紫地平打紐の適当なる太さのものを新調して取り付けている。

平成の修理は、埼玉県立歴史と民俗の博物館にて平成二六年に展示・公開された。ここでは経巻としての姿を重視して、軸首がみえること、経巻として太くなりすぎないことを大切にして、折れの発生を軽減するために用いる太巻芯《ふとまきしん》に工夫を施している（図版2）。そして金字や界線には真鍮泥《しんちゅうでい》が使われているという新知見を蛍光X線分析によって得ることができた。修理に関する詳しい説明は『慈光寺経——国宝法華経一品経を守り伝える古刹』展覧会図録を参照されたい。

第2節　三十六歌仙絵巻の表装と美吉竹馬

秋田の佐竹家に伝来していた『三十六歌仙絵巻』が「切り売り」されたのは、大正八年（一九一五）であった。この「切り売り」を、巻物を切断したと解するのは、まったくの誤りである。切ることはしないで、巻物の紙のつなぎ目をはずして一枚一枚ばらばらにしたのである。切断という言葉は三十六歌仙絵巻の「切り売り」という衝撃的な事態を伝えるために巻物の構造などを知らない人による表現であったと思われる。当日、立ち会った一人である関戸有彦氏は「私らが益田さんのお屋敷に行った時に、もう切ってあったんですよ。切って……切るというより剥がすわけですが、巻物というのは何メートルもある長い紙に絵を描くんじゃないんで、描いたやつをつなぎ合わせて巻物にするんですよ。だからそれを剥がしていくと、一枚一枚がバラバラになる」と証言している（高嶋光雪・井上隆史『三十六歌仙絵巻の流転』）。

しかし、一枚の断簡になってしまった三十六歌仙絵巻が、本来の文化財として価値を失ってしまったことは確かなことである。

さて、この『三十六歌仙絵巻』を直接に取り扱った益田孝《ますだたかし》（鈍翁《どんのう》、一八四八～一九三八）氏が、表具師の三善《みよし》（美吉）竹馬《ちくま》氏宛に出した書簡が残されている（口絵1・図版3）。

この書簡によると、「高橋彦二郎《たかはしひこじろう》」を名古屋在住の友人とし、「三十六歌仙」一幅の表装の相談を受けている。高橋彦次郎は龍渓と号した。この「三十六歌仙」一幅は「男ノ公家能宣《くげよしのぶ》」が描かれており、くじの時に当たったことを記している。表装は「アッサリ、ジミノモノ好ミ」で、「中ガ緞子《どんす》、一風《いっぷう》ガ金ラン、上下《じょうげ》ガ「パ二」とみえ、三段表具であったことがわかる。この表装に

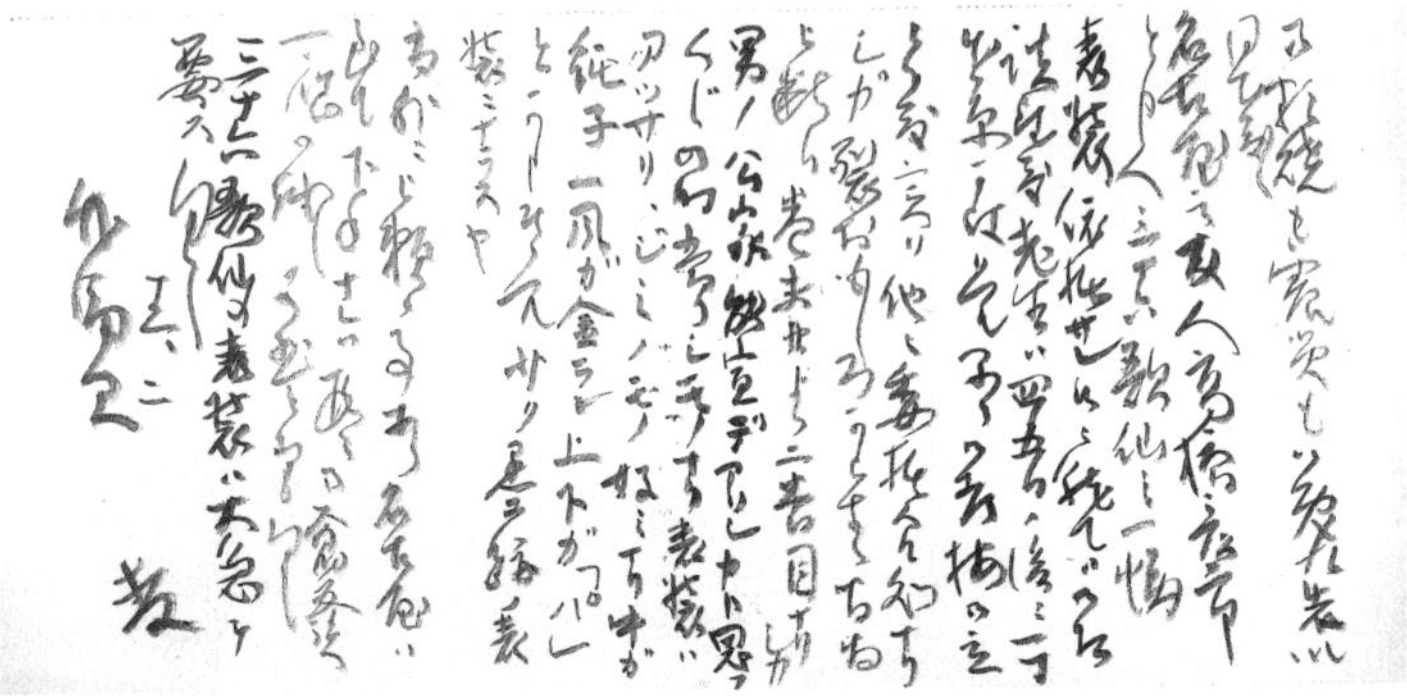

図版3　益田孝書簡

ついては、鈍翁は墨跡の表装のようであるとし、また名古屋は下手であると酷評している。表具裂《ひょうぐきれ》は中廻《ちゅうまわし》に緞子《どんす》、一《いち》文字風帯《もんじふうたい》に金襴《きんらん》、上下に紦《ぱ》の取り合わせになっている。緞子は鈍子・段子とも書き、繻子《しゅす》組織によって模様を表した絹織物で、先染めの糸を用いる。金襴は金糸《きんし》（朱を塗った地紙を台紙にして、それに漆などを接着剤にして金箔を貼り、それを糸状に細く切ってつくる。これを平金糸《ひらきんし》という）を織り込んで模様を表した織物で、豪華なものである。紦は無地の中国の織物で、支那紦と通称されていた裂地である。

同作品は現在、長野のサンリツ服部美術館蔵となっているが、現在の表装をみてみると書簡の通りであり、大正八年に入手した高橋彦次郎氏の取り合わせのままであることが判明した。なお、佐竹本の表具については大澤一輝氏「益田鈍翁の蒐集品についての考察――佐竹本三十六歌仙絵巻を中心に――」に詳しいが、能宣は不詳としている。

さて、この佐竹本の分割については、柴田桂作と鈴木皓詞の対談「益田鈍翁の周辺」（筒井紘一・柴田桂作・鈴木皓詞『益田鈍翁　風流記事』）に次のようにみえている。

鈴木氏は「分割された佐竹本の表装の多くは、表具師の美吉竹馬氏が表具をした」とし、柴田氏は「鈍翁のものは勿論、鈍翁が任せられたものは美吉がみんな表具した」としている。鈴木氏の、美吉は「よい裂を沢山持っていた」との発言に対して、柴田氏は「持ってもいたし、よく探した。（中略）一文字、風帯、なになに裂、代金いくら。中廻し、なに裂、いくら、上下、なに裂、いくらと金額を書き、終わりに右御見立て料および表具料、いくらと記して合計金額が請求されていました」と応え、また鈴木氏は「御見立て料として、ご自分のセンスを堂々と請求した」とする。柴田氏は、美吉は「そのくらいよい仕事をしたんだ。あれだけの裂地は現在ではない」と仕事ぶりを褒めている。さらに、「鈍翁は職人に、直に指示なさるということは、あまりないんだ。鈍阿のほかは直に指示されたのは立松とか表具の美吉竹馬くらいです」と鈍翁と美吉との関係を話している。明治四一年（一九〇八）一二月の純翁還暦自祝茶会での小倉色紙「たれをかもしる人にせん高砂の松も昔の友ならなくに」の表具は、織部好みの仕立てである。

大正九年九月九日付けの書簡で鈍翁は「遠州か茶の案内之小かけもの」を「茶より付く（小田原）懸度く間今少々大く極々さひに御仕立被下度、しけに上下時代之もみ紙にてもあれは当妙」と茶掛の裂の取り合わせを指示しており、鈍翁の審美眼が知られる。この遠州の茶掛は一一月八日に行われた小田原の掃雲台《そううんだい》の「狙庵」新席披きの茶会において寄付の床壁に掛けられたものである。あるいは「小生之至宝少しく紙にふるびを帯ひさせ速かに紙裂ましかなりとも思ひ切りたる表装御依頼也」と「ふるび」の趣を求めた紙表装を求めており、「鈍翁好み」ともいうべき茶掛の特徴が現れている。また、「何傷」という二字の掛物は竹馬に命じて天平裂で表装させた。

明治三四年三月二一日第六回大師会の記事には「三好竹馬」がみえ、茶事の手伝いをしている。この時に千艸亭を担当した加納鉄哉からの竹馬宛の書簡などが残されており、そのうちの書簡二通には、虚堂の表装に関するやり取りが具体的に記されている（第Ⅱ部第2章第3節を参照）。

美吉竹馬へ表装を依頼した人々には、鈍翁をはじめとして、茶人・数寄者等がいた。以下、書簡を資料にみてみよう。

益田英作（紅艶）は鈍翁の末弟で、明治三八年に多聞店社長となる。三十六歌仙の「坂上是則」（表装は鎌倉時代唐紙絵吉野山図）を手にする。大正二年（一九一三）一月二二日の書簡には「大ボタンの切レハあまりつぎがはげしく候に東京ニ而出来不申候の事ニ付止メ、就而ハ宝尽及ドンスの切れ丈ケ頂戴仕度」と東京における表装裂の様子を記す（口絵2）。

高橋義雄（箒庵）は、三十六歌仙「源順」（紙表具で厳島経紙、東山竹屋町鳳凰紋、白茶しけ）を手にする。明治三九年九月一四日の書簡では「茶かけもの先年表具打かへ候」「表具切れ類ハすべて取揃え有之候」と表具に関する指示をし、明治三九年九月二四日では「遠州文表装短時日之所至極上出来感服候、床ニもよくはまり来賓のみならす遠州も地下ニよろこひ候事と存候」と竹馬の表装の素晴らしさを賞賛している。明治三九年十月二五日には「仏画一幅買求め候所、上部ニ少々絹の欠損為候所有之候ニ付てハ見苦しからぬやう補足為度と存候」「守景の一幅紙中折多く表具ハ其儘にて一度打ちかへ度存候」と綺麗な仕上がりを求めている（口絵3）。

野崎広太（幻庵）は加賀藩前田家伝来の裂帖を所持し、鈍翁へ印金などの裂地を譲っている。三十六歌仙の「素性」（萌黄更紗印金、紋紗、軸螺鈿）を手にする。

朝吹英二（紫庵）は久能寺経四巻を入手している。その後、武藤山治の手に帰す。

赤星弥之助は三〇日の書簡から「明兆之幅」の修理を依頼している（口絵4）。

村山龍平（香雪）は二月一八日の書簡から「応挙之幅」を有し、修理を依頼している。

谷森真男は二月三日の書簡に「道風色紙之幅台紙之張り様ハ左之通りニ致度候（図あり）」とあり、道風色紙《しきし》の台紙張りについて図入りで細かに指示していることが知られる（口絵5・図版4）。

古筆了仲は益田様御執事中に宛てた明治三五年一月一二日の書簡で「悴了仙へ旧年御申付ニ相成候熊野懐紙摺出来仕候」とし、熊野懐紙の摺物を献じている。

書の大家である多田親愛は二月八日の書簡に「行尹卿一巻御直し被下、殊ニつゝミものゝ古裂ニ切御遣し正ニ落手いたし候」とあり、修理と古裂のお礼を述べている。

柏木貨一郎（探古）は、大和絵研究の第一人者で、鈍翁の道具買い入れの目付役でもあった。

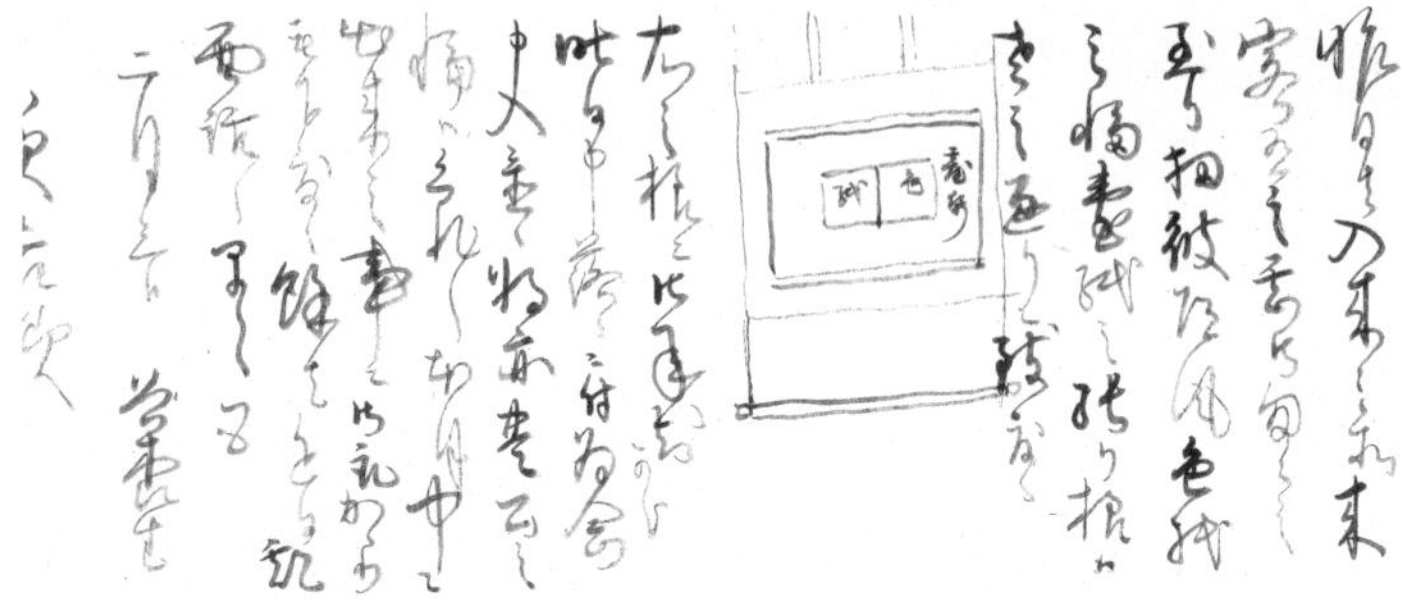

図版4　谷森真男書簡

八月三〇日の書簡には「太閤色紙掛物至極宜敷出来仕候、正ニ落手候なり」「新陽明門院巻物」とあり、秀吉の色紙などを持っていたことが知られる（口絵6）。

野村徳七（得庵）は二月二五日の書簡に「天下名高き鈍太郎の御名碗にて御茶頂申、且太郎庵御私属之品々容易ならさる御苦心御蒐集一々拝見之栄に浴し茶人冥加ニ余り申候」と記し、鈍翁が明治四〇年に入手した表千家原叟手造の黒楽茶碗「鈍太郎」と蒐集品の拝見を茶人としての冥加であると喜びを吐露している。

高野山宝城院佐伯宥純（宝物保存会設立に関する益田鈍翁への依頼）、奥村晴山（金沢の茶人、裏千家玄々斎の孫弟子、鈍翁の茶道）、鈴木梅仙（製墨）との書簡も残されている。

また、田中親美翁聞書（名宝刊行会編『田中親美』）には「日露戦争時のこと、私が外出して留守しているところへ美吉竹馬という経師屋が尋ねて来たことを帰宅して知った。翌日益田さんへ行くとちょうど玄関で、辞去しようとする美吉に会ったので「何か用か」ときくと、「ちょっとお目にかけたいものがあったので伺いましたが、いまこちらへ差し上げて来ました」という。奥へいってみると、実によい歌切五点が益田さんの手にあって、相好をくずしている」「益田さんは（中略）自宅へ持ち帰って出入りの経師屋美吉の家へ表装をさせるためによびよせていた」とあり、美吉が益田鈍翁の出入りの経師屋であったことが知られる。

美吉竹馬については、河田小龍の紹介状が三通（古筆了悦、土方秦山、清岡東望）残されている（口絵7）。そこに、美吉竹馬の略歴が記されている。父は土佐藩御用表具師の房太郎（汲助、天保九年八月生）である。房太郎は弘瀬金藏（一八一二〜一八七六）の子で安政六年（一八五九）に美吉家の養子となり、八代目を継いでいる。弘瀬金藏は絵金《えきん》の名で親しまれた土佐藩家老・桐間家の御用絵師で、友竹とも号した。金藏の門下には小龍があった。

竹馬は慶応元年生まれで、京都の表具師・三浦信造に弟子入りし、その後井上馨の召しによって明治二四年五月までには上京していたことがわかる。京都では鑑定なども行っていたとする。

なお、同様の歌切《うたぎれ》の分割としては、佐竹本の三十六歌仙（巻子本）のほかに、明治末年の大聖寺藩前田家の道風の継色紙《つぎしきし》（粘葉装冊子本片面書写、一六首半）、昭和四年の西本願寺の石山切《いしやまきれ》（粘葉装冊子本両面書写『伊勢集』、『貫之集』下）などが知られる。

第3節　戦前の修理

過去の修理は、補修した部分がどこであったのかをわからないように直すことで、補修紙は元より本紙にも補筆《ほひつ》及び補彩《ほさい》を施して補修紙との境界をなくすことが目指されていた。補筆とは書画で欠失している筆線を新たに補うこと、補彩とは絵画などで補った箇所に彩色を加えることである。

過去の修理における幾つかの実例と、その問題点とを、以下において浮き彫りにしてみようと思う。

（1）修理の意味を安易に解して、文書に付着している埃や異物を取り去ると称して煮沸《しゃふつ》を行った。紙質は文書の重要な情報のひとつであり、煮沸することでそれを変化させることにつながる危険な行為である。表面的には損なっていないように見えるが、料紙に含まれている米糊《こめのり》などの填料《てんりょう》は確実に減少することになる。填料などの有無は紙質や抄紙《しょうし》過程を考察していく上で大きな要素を占めている。その変化は僅かなことではなく、重大な事実認識の誤りを引き起こすことになる。

（2）江戸時代には、本紙を薄くすることが取り扱いや保存に良いとされていた。そのため、本紙の相剝《あいへぎ》が行われた。相剝とは、一枚の紙を紙の層にそって剝いで二枚にする手法である。相剥による虫損直しは、職人の誇りとされた高度な技術であるといわれてきた。しかし、相剥を行う技術がいかに優れていたとしても、常に完全であったのかなどの疑問は残る。しかも、名人芸に陥る危険があったことも否めない。特に、平安時代から鎌倉時代の粘葉装《でっちょうそう》冊子本は虫損が甚だしく、両面に書写している場合には相剥の対象になっていた。今日の修理においては、相剥による方法は用いられていない。二枚に剝ぐという行為は、まぎれもない文化財の毀損行為であるからである。料紙論や史料論などからみても、相剥は文化財の破壊を意味する。

また、冊子本などの見返《みかえし》やその他の白紙《はくし》を抜き取って虫損直しに用いることが、最高の手当であるとも考えられていた。補修紙に用いるために、各時代の紙を各種の書籍などから抜き取り、切り取り集めることが行われていた。

（3）掛幅装に仕立てる際には本紙の四周を裁ち落とし、鑑賞のために本紙をきれいにすることが行われた。冊子本や巻物の本紙に出入りのある汚らしい小口《こぐち》は、裁断しなければならなかった。化粧裁《けしょうた》ちは、保存の必要性とはかけ離れた行為であった。その結果、本来の寸法を完全に変えることになった。

（4）冊子の小口に古色《こしょく》付けを行ったが、これは本紙への汚染の危険がある。修理によって古色の部分と新たに直された白色部分との色味の差が際だつのを目立たなくするために、白色の部分に古色を付けてきれいにみせる処理である。修理時に古色を一致させ得たとしても百年、二百年後の経年変化は、本紙と補修紙は各々に変化・変色する。また、古代の染色の色彩は当時のものとは変わっており今後も変化していく。本紙や色紙の色彩の別を問わず、修理に当たっての補修紙の色合わせは、そのため不確実になる。現在の古色や色彩の合わせ方は、将来の変化を見越して色彩は合わせても、見え方に影響が少ないように、その濃度は本紙より補修紙を淡くしているが、これも最善の方法ではない。

小口には書名などの墨書が記されている場合があり、この墨書にも注意を払うべきであった。墨書が残っても、文字として判読できるような工夫が求められる。

古色付けなどの行為は、本紙の時代に合わせて虫損紙などの補修紙・裏打紙《うらうち》を人工的に劣化させることもある。地中に埋め、あるいは油煙《ゆえん》・塵埃《じんあい》を塗布する場合さえあった。

（5）シミや汚れを取り化粧してきれいにする処理がなされた。巻子本などで紙面における紙の繊維が立っている毛羽立ち《けばた》（ももけ）を押さえるために、膠《にかわ》を溶かした液に明礬《みょうばん》を加えた礬水《どうさ》を塗ることもあった。しかし、シミ・墨痕《ぼっこん》その他の汚れは、必ずしも取り除く必要はなく、文化財が存在することを第一に考えれば、書画に用いられた竹を原料とする中国産の竹紙《ちくし》や塗布剤を用いて作られた酸性紙《さんせいし》のシミ抜きや洗浄は避けるべきである。長い時代を経てついてきた古色を漂白する技術や、欠損・虫損などを隠しさろうとして描きおこす補彩などは偽善でしかない。時を経て、今日に至ったものを、いかにそのままの姿で長く次代に伝えていくのかが大切である。

（6）一冊の綴じ直しのために、綴じ糸を揃《そろ》えて一部・全部を改める例があった。安物の軸は高価な軸に取り替え、痛んだ表紙は捨てて豪華な絹を張った。これらは原態を損なう行為にほかならない。

第4節　戦後の修理

小池丑蔵《こいけうしぞう》氏は『表具屋渡世うちあけばなし』（三樹書房、一九九〇年）で、時の日本表装美術協会の会長として仕事の内容を紹介している。市井の表具師の仕事のやり方などを代表するものであろう。以下、見ていきたい。

（1）水と薬品の使用

はじめに本紙の表面にしっとりする程度の水を噴霧器で吹き付ける。そして、表面に紙を貼って、文字や絵が動いたり、欠け落ちたりしないようにする。紙を貼るのには、糊を付けるか、水張りするかがあり、状態によって判断する。

書画の書いてある本紙《ほんし》が、見苦しいほど汚れている場合には、その汚れを落とさなければならないが、その手法としては本紙が紙であれば、温湯《ぬるゆ》を浸して水を含んだ刷毛《はけ》を本紙に直接押しつけることを繰り返して汚れを落とす、あるいは貼った養生紙の上へ、過マンガン酸カリウムの溶液を塗って、三〇分ほどたってから蓚酸《しゅうさん》の溶液を塗って中和させ、その後は水を流して丹念に洗い落とす。バケツの水を半分ほど使うこともある。紙全体にまだらに汚れの部分が残るので、汚損には更に絵筆《えふで》で蓚酸の溶液を塗り付けて漂泊する。過マンガン酸カリウムは強い酸化剤として働くので、漂白などに用いられる。中和に使われる蓚酸は劇薬で水に溶解し得る性質をもっている。

脱色がすむと、塗り付けた薬液を洗い流さなければならない。早くしないと、劇薬である蓚酸を長く滞留させておくことになるので、紙は極めて危険な状態にある。紙が溶けてしまうのである。そのため、汚れを落とす場合には、どの程度で打ち切るかという判断が難しい。庭石《にわいし》に打ち水をすると、石の色が濃く鮮やかになるが、乾くと色が薄れて精彩が欠けてくる。それと同じように、薬品や水分で濡れているうちは濃くみえたものが、乾くと薄くなる。しかし、本紙の上へ直接薬品を塗るようなことは決してしてはならないことは言うまでもない。うまくいかずに文字や絵そのものが消えてしまうこともある。危険を回避し、安全を第一にすることを学ばなければならない。

また、本紙に貼ってある裏打紙を背後から剝いでゆく場合、まず総裏紙《そううら》を剝ぎ、次に増裏紙《ましうら》を剝ぐと、その下に肌裏紙《はだうら》が現れる。肌裏紙には薄くて丈夫な美濃《みの》紙、増裏紙と総裏紙には鳥の子紙という厚手の紙が貼ってあるという。

　傷みの激しい場合には、肌裏紙を剥いではならない。肌裏紙は書や絵の裏へ直接貼ってある紙であるから、剝ぐと本紙が支えを失って、書いてある書画が細かくバラバラに分散して、収拾のつかない厄介なことになるからである。

　肌裏紙の上から本紙の折れのひどい部分へ、総裏紙に使う厚手の紙を幅五㎜程度の細長い紙、いわゆる折れ伏せ紙に切って貼り付ける。裏面全体に対しては生麩糊《しょうふのり》に酢酸《さくさん》ビニル系のボンド三〇％を混ぜた接着剤を満遍なく塗って、増裏紙を貼り、総裏紙を貼って、その上へ極めて薄いビニルを置いて、打刷毛《うちはけ》で叩くという手順で進める。その結果、表からも裏からも酢酸ビニル系の接着剤を混ぜた生麩糊を塗りつけて本紙へ浸透させるので、紙も文字も絵の具も生気を吹き込まれたように蘇ったようにみえることになる。最後にエアゾールの膠の定着液を吹き付ける。

　亀裂に対する処置としては、昔からひび割れた溝の背後へ二㎜くらいに細く切った上質の手漉き紙を貼って補強する。これが定石の技法であり、室町時代の掛軸などには一幅の掛軸に一〇〇箇所以上も折れ伏せ紙を貼ってあるものもある。もっと簡便な方法があってもよさそうであるが、原始的な方法を踏襲している。

　本紙が経年劣化によって網の目のようにひび割れている場合、それをどうにか定着させることはできるが、掛軸にするのは無理であると判断する。掛軸は性質上、巻いたり、広げたりするので、ひび割れた亀裂の損傷から問題が起きやすいからである。

(2) 紙を剝がす

紙を表裏二枚に剝ぐぐらいのことは大して造作のかかることではない。紙を剝がす方法は、ジアスターゼを使って、糊の澱粉《でんぷん》質を無力にして剝がす。ジアスターゼは生の大根の絞り汁で、その中へ紙を浸すだけのことである。水分もたっぷり含んでいるから、大根一、二本で十分である。大根をすりおろし、それを綿布《めんぷ》でこして、混じり物のない大根の汁を糊盆《のりぼん》へ半分ほど入れて、その汁の中へ紙を沈める。半日より一昼夜浸しておく方が澱粉を溶解する比率は高い。

(3) 古文書の掛軸《かけじく》と茶掛《ちゃがけ》の掛軸

古文書の掛軸の紙は、ぼってりとした感じの、華道や茶道の家元が出す免許状によく似た紙質で貫録があるが、こうした特徴のある奉書紙《ほうしょし》は糊を吸って固く仕上がりやすい。裏打をすると、表装の裂地《きれぢ》とのバランスがとれなくなって、腹を突き出すような格好になってしまう。そこで、本紙が固くならないように仕上げるためには、糊を薄くする必要がある。それには、二つの方法がある。そのひとつは糊へ水を加えて、糊自体を薄くする方法である。糊の濃度が低く、貼り付く力が弱いため、多く使うことになり、水分を吸い込み、その結果として紙は乾くと固くなる。第二の方法は濃度の高い糊を薄い紙へ塗って、それを極力しごいて糊をそぎ取ったものを張り付ける。糊の濃度は高いが、塗られた糊の厚みは薄いので本紙へにじみ込むことがなく、柔らかに仕上がる。掛軸の眼目は、本紙も中廻《ちゅうまわし》も、上下の裂地もすべて同じ厚さ、同じ柔らかさにすることで、調和が掛軸作りの生命ともいえる。そこで総裏を貼る際に、本紙の裏には貼らず、湿り気だけを与えておいて、裂地の面に厚手の紙を貼った。本紙の部分は、窓を開けたような状態になる。全面が同じ厚さになり、理想的な姿態の掛軸が出来上がる。

愛新覚羅溥傑《あいしんかくらふけつ》（一九〇七～一九九四）の書などの紙は竹を主体にして漉いているので、粘り気が少なく、裏打をする場合にはかなり手こずらされる。紙が水分を含むとだらしなく延びてシワになりやすい。繊維が絡み合う度合いが少ないので、水気を帯びると、膨らみ、乾くと急に縮み、その差が極端である。また、濃い糊を使っているので、中国製の掛軸は反り返る。日本の掛軸はできるだけ薄い糊を使って、しかも剝がれない。一九六〇年頃からは小麦粉で作った糊に酢酸ビニル系のボンドを混ぜ合わせた化学糊を用いているが、昔からの糊と比べて遜色がない。

茶掛は柱と呼ぶ書画の左右に貼る表装の裂地の幅の寸法が異なる。普通は六～七cmが標準で、書画の大きさや内容によって変化する。茶掛は七分（二・一㎜）、五分（一・六五㎜）、三分（〇・九㎜）という寸法に決まっている。また、本紙に裂地を貼り付ける場合には、必ず本紙裏側へ糊を付け、本紙が隅々に至るまで露出するように裂地を貼り付けなければならない。さらに、必ず風帯を付けなければならない、というように一定の決まりがある。茶掛は、千利休《せんのりきゅう》が表装の美を追究して創造した形態である。

戦後の荒廃した時代にあって、修理はGHQ（連合国軍総司令部）の命令によって京都の二条城をはじめ各寺院にある障壁画から始められることになったが、修理では文化財の保護よりも見た目の美しさが引き続き重要だとされ続けていた。そのため、破壊的というべきことが平然と行なわれ、顧みられることもなかった。修理ではむしろわからないように綺麗に仕上げることが、練達した職人技として自負されることさえあった。伝統的な職人から文化財修理の専門家として技術者へという意識改革にはまだまだ至っていないといえる。

第5節　文化財保護法の修理

次に修理にまつわる技術選択の問題に関連して平家納経《へいけのうきょう》の例について紹介しよう。植村和堂《うえむらわどう》氏は、昭和三一年から同三四年度に施工された国宝・「平家納経」の修理について、以下のような疑問・問題点を示している。

古美術の修理とは至難な仕事であると認識した上で、下手に修理したことで台無しにしてしまうことがあるとする。修理はどこを修理したのかわからないくらいにするのが最上で、次はそれ以上に破損の進まないようにするのが望ましい。そして、どこを、どの程度に修理したかが、後世の人たちに納得できるようにしておくことだとする。さらに、生まれ変わったようにきれいにするのは、技術者が腕を誇示するために犯しやすい誤りで、これは厳に慎まなければならないと警鐘を鳴らす。

その上で、修理後の平家納経について、次のような感想を述べている。「張ったようにピンと平らになった経巻は、いかにも修理を終えたばかりという感じで、素人目にはきれいになったが、金銀の光沢が薄れて霞がかかったように曇っていた。また、しなやかな、しっとりとした料紙が固く、厚くなり、経巻を巻いたときの姿が一変して、太巻きの醜い経巻になっている」とする（図版5）。太巻きは、軸の巻き径を太くして折れなどの損傷を軽減するために考案された巻芯《まきしん》をいう。

具体的には、以下の九点の疑問を提示している。

（1）本紙の修理の結果、光沢がうせた。紺紙金字経などは紙面を磨いて光沢を出し、金銀泥

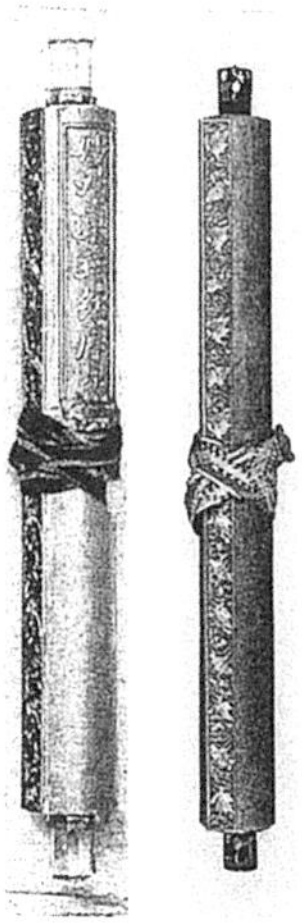

修理後　修理前

図版5　平家納経「化城喩品」（厳島神社蔵、大東文化大学書道研究所編『書道テキスト　第4巻　書跡文化財』二玄社、2010年より引用）

の光沢に気を配ったものである。修理によって光沢が減じたのは、表面に樹脂系のものが塗られたのではないか。こうした修理方法を許してよいものか。

（2）板のようにピンと平らになり、分厚くなったのは、原料紙を表裏二枚に剝ぎ、中に薄紙《うすがみ》を入れて補強したものであろう。ピンとしているのは修理の効果があったようで、当分の間はこれでよいかも知れないが、時間が経つうちにどんな結果になるか、寒心に堪えない。補強の薄紙と表裏の本紙とでは収縮率が異なるから、糊の力が衰えてくれば当然その間に隙ができる。その際に板のように固くなっている糊がどんな作用をするか考える必要がある。

（3）各巻の表紙の題簽《だいせん》には、銀台に鍍金を施した金具が各巻の太さに合わせて取り付けてある。巻物の太さが肥え太ったのだから、この銀の題簽金具は曲率が異なるのでぴったりとは付けられない。想像すると金具の裏面に薄板でも削って当て、巻物に貼り付けたものであろうか。異なった曲線が重なり合った姿には腹が立つ。

（4）全巻が太くなったために、きちんと収納されていた「国宝金銀荘雲竜文銅製経箱《きんぎんそううんりゅうもんどうせいきょうばこ》」に入らず、平清盛（一一一八～八一）が丹精こめて作らせた天下一品の経箱が、経箱としての用をなさなくなってしまった。元来は一具《いちぐ》として保管されるべき経箱と経巻とを、別々にしなければならない。平家納経三三巻は各巻の太さ、長さが異なっているが、順序通りに納めていけばきちんと収納できるように作られていた。順序を間違えると納まらなかった。それほどに配慮して作製された経箱と経巻を、修理で永久に無縁のものにしてしまった。

（5）軸付けの部分についても問題がある。修理では巻末の末端部分を切り取り、別紙を足してこれで軸を巻いている。従来の軸に巻いた部分は切り落としてしまってある。各巻とも五cm乃《な》至《い》七cm以上も短くなったわけである。修理に際して切り取った三三巻の巻末の断片が揃っているなら、みごとなものであろう。まさか捨てたわけではあるまいが、いったいどこに蔵せられているか、是非一覧したい。

（6）表紙については安土桃山時代の福島正則《ふくしままさのり》（一五六一～一六二四）による修理時に、本文と表紙とを付け違えたものがあるといわれており、専門家の間で確かに錯簡《さっかん》であるとわかるものがあった場合には、修理に当たって、元の通りに直しておいたほうがよかった。疑わしいという程度ならば、差し控えるのが当然である。

（7）宝塔品にあるはずの五輪塔形の軸が、現在は提婆品についている。料紙の装飾からみても、その軸は宝塔品につけたほうがふさわしい。

（8）「薬草喩品」の表紙は、もと綾地錦《あやじにしき》であったのを、明治修理の際に他の裂と取り替えられていた（図版6）。修理で安田靫彦《やすだゆきひこ》（一八八四～一九七八）画伯の画と取り替えられた。この「薬草喩品」の料紙は天地に水鳥、片輪車などを葦手風《あしでふう》に描き、裏面には薬草を彩色で描き、全面に美しい隈《くま》ぼかしがあり、三三巻の中でも古色の豊かなものである。新補の表紙と見返はそぐわない。

修理前

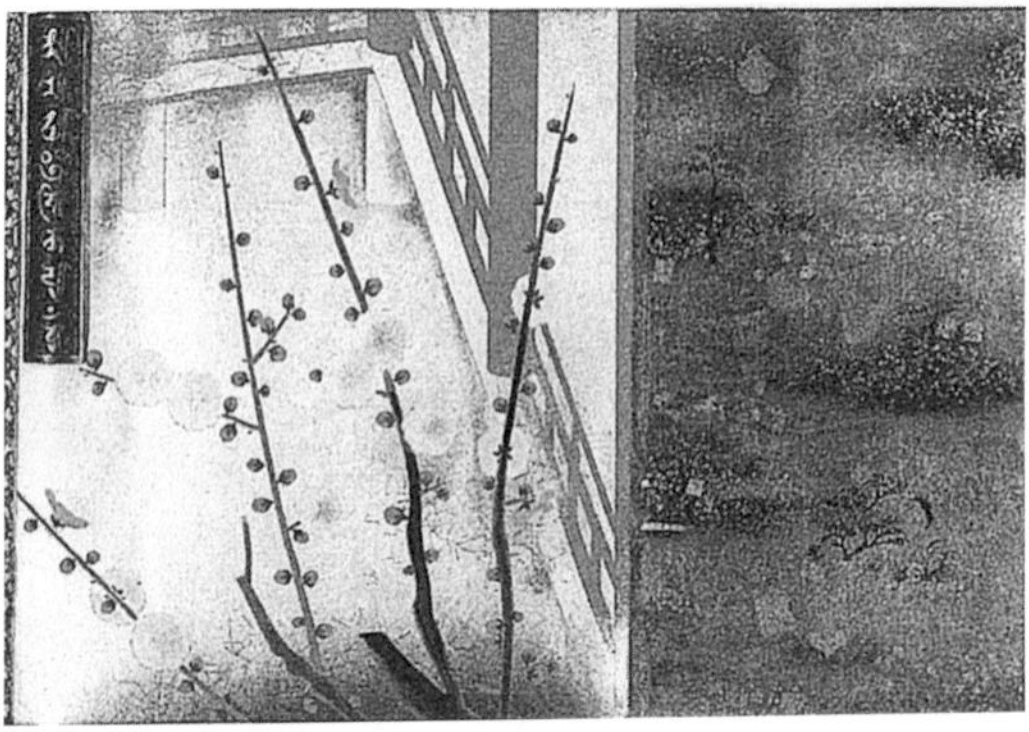

修理後

図版6　平家納経「薬草喩品」表紙（厳島神社蔵、大東文化大学書道研究所編『書道テキスト　第4巻　書跡文化財』二玄社、2010年より引用）

桃山時代に補った俵屋宗達《たわらやそうたつ》らの表紙が大きな効果をあげているのに、昭和時代に補った表紙が大きな遜色があるのは残念である（図版7）。

（9）平家納経に使用されている紐は、平安時代の工芸品としても大切な遺品であるが、八百年の歳月を経て損傷している。紐を取り替えることはしかたがないが、なぜ元通りの紐を作って付けなかったのだろう。巻々によって異なった紐が用いられていたのが、表紙の変化とともに美しさを添えていたのに、修理で全部一様の紐に統一されてしまった。せっかくの大修理に、なぜ原装通りの紐を複製して用いなかったか。

この植村和堂氏の疑問は、修理とは何かという根本的な問題であり、筆者としても絶えず心にかかっている問題であった。

図版7　平家納経「薬草喩品」見返（厳島神社蔵、大東文化大学書道研究所編『書道テキスト　第4巻　書跡文化財』二玄社、2010年より引用）

そこで、施工者の一人であった宇《う》佐《さ》美《み》直《なお》八《はち》氏の『晨鐘』の文章を紐解いてみたところ、修理の方針概要は以下のようなことであったことが知られた。修理前にはモノクローム、赤外線、X線等の撮影により、現状調査を充分にしてから着手する。剥落止めは経文及び表紙・見返の金銀砂子・切箔・野毛《のげ》・截金《きりかね》や顔料には樹脂液を用いて防止する。表紙・見返は般若心経以外の三二巻で表裏を二枚にめくり、旧の裏打紙を除去し、シワを延ばして縦横の折れや損傷箇所を繕い、典具帖《てんぐじょう》にて裏打ちを施して題簽・八双金具の重さに耐えられるように薄い絹を入れて二枚に合わせる。本紙は二枚にあげ、界線の亀裂や損傷箇所を繕い、本紙の色に合わせた典具帖を草木染めして裏打ちを行い二枚に合わせる。本紙、表紙を表裏二枚にあげる際には樹脂液を塗布する。表裏ともにその表になる面を布海苔で美濃紙の裏打ちを行い、乾燥するのを待ってから二枚に慎重にあげる。その後、樹脂液を溶剤にて溶かして完全に除去する。全巻に古木桐太巻芯と内箱を新調する。

修理方法は巻子装の表紙、見返、料紙等、一枚を二枚に剝ぎ、それぞれを補修裏打ちして、合わせ直して元に戻す。また、金銀や彩色に剝落のないように注意をはらう。金具一式、組紐《くみひも》は当代の名人に依頼すると確認できる。

昭和三一年四月三〇日付京都新聞には「この納経は桃山《ももやま》時代の福島正則《ふくしままさのり》の手によって修理されているが、当時の修理の間違いや失敗があるので、当初の姿に復元すべきかどうかなどの問題も今後発生するものとして関係者は注目している」とあり、京都国立博物館景山春樹《かげやまはるき》氏の話として「昭和の大修理として後世にも残ることとなので修理には慎重を期したい」と記している。また、昭和四七年九月二四日付京都新聞「ひと」では「薄い経文の紙を二枚にはがして中に紙を一枚はさみ、またはり合わせて補強するのですが、一センチ四方をはがすのにまる一日かかったこともありました」と宇佐美直八氏の苦労談を載せている。

修理前の状態は、表紙・見返と本紙は元々一枚の紙で、表裏それぞれに染めて、その上に金銀の砂子や野毛、切箔などを蒔き、さらにその上に文様や絵が描かれているものであった。本紙の状況は界線の腐蝕などによる亀裂が多く、巻末の墨書のない部分を細かく切って直に折れ伏せを施している。本紙の腐蝕の甚だしいもので、本紙を二枚にめくってあった経巻に無量義経《むりょうぎきょう》と嘱累品《ぞくるいほん》の二巻が確認できた。また、従地湧出品は剝がした裏の紙を上下取り替えて表裏二枚を合わせてあった。経文部分には金銀砂子や顔料の剝落止めのために厚い布海苔の膜が付されていた。般若心経以外の経巻は表紙・見返の全部が二枚に相剝ぎされていた。欠失箇所や縦横の折れ、その他の損傷箇所をそのままにして、表裏それぞれ雁皮薄様紙で裏打ちして二枚を合わせており、顔料や金銀の剝落の甚だしい痕跡が確認できた。題簽金具は重目であるので、金具の周辺には大きな破損が多く見られた。紐は制作当初のものであるものの、ほとんどが靡爛著しく、紐の露金具には欠失しているものもあった。

そして、より具体的に前述の九点の疑問に関して、修理関係者に聞き取りをした結果は、次のようなことであった。

（1）表面に樹脂系のものが塗られたのではないか。

修理方法は修理方針に基づいて具体的に実施される技法・技術であることから、その妥当性があるかどうかについては修理方針の見直しが必要である。樹脂が表面の顔料の剝落を保護するために塗布されたのは確かなことであった。平家納経の特徴である装飾経としての価値を減ずることがないようにすることが方針とされた可能性があろう。

当時、書跡や絵画の修理に科学的技術の応用が多くなってきていた。その一例が合成樹脂の利用である。修理の誤りは文化財そのものの致命傷になりかねない場合があることから、維持のための処置が重視された結果であると想像される。剝落止めは紙本、絹本の絵画に実施されている。例えば、昭和二八年の京都・仁和寺《にんなじ》蔵「孔雀明王図《くじゃくみょうおうず》」、昭和三〇年の愛知・大樹寺《だいじゅうじ》蔵「障壁画」などへの応用がある。また、修理技術者養成講習会を通じて合成樹脂の応用についての普及が図られた。

（2）糊がどんな作用をするか考える必要がある。

修理材料の安全性は、伝統的・経験的に確認されているとしても、科学的に調査・分析した上での安全性の保証が求められる。糊の経年変化やその作用に関しては、過去の修理から多くのことを学んでおり、十全に検討された結果の判断であった。糊の性質をいつまでも同じ様態に保持することは不可能であり、その変化に注視しながらの継続的な点検と補修が不可欠であることを認識すべきであろう。

（3）金具の裏面に薄板でも削って当て、巻物に貼り付けたものであろうか。

題簽の金具そのものの形状を変えるのであれば、現状変更届が行われ、文化財審議会による許可が必要である。しかし、届出が行なわれた経緯がないことからみて、原状の変更などの施行はなかったはずであるが、実見できていないので断定するのは憚られる。

（4）全巻が太くなったために入らなくなってしまった。

経箱が空箱となってしまい、経巻を納める箱としての本来の機能を果たさなくなったことは、原状と保存の関係を考える上で重要な問題である。この場合は経箱を経巻から離して別途保存を図ることが選択された結果である。つまり、経巻と経箱の一具性よりも、経巻そのものの保存が最優先されたことを意味している。文化的・歴史的な経緯との関連性を如何に考えていくのかが取り残されたことによるのであろうか。

（5）従来の軸に巻いた部分は切り落としてしまってある。

糊付けなどによる変色や劣化が想定されるものの、截断《せつだん》されたのが事実であるならば、原状の保持がなされなったことになり、問題となろう。

（6）表紙は元の通りに直しておいた方がよかった。

福島正則は慶長七年（一六〇二）、平家納経を修理して、経巻を入れる蒔絵《まきえ》の唐櫃《からびつ》を奉納したことから、欠失した経巻の表紙や見返絵を俵屋宗達に新補させたものとの見解がある。過去の修理による表紙の取り違えが確固たるものであるならば、検討されるべき課題である。しかしながら、疑義があるだけでは、新たな解釈を加えることになり、間違いを犯してしまう危険性も潜んでいる。それゆえ、やはり現状の維持を選択することになろう。

（7）　五輪塔形の軸は宝塔品につけた方がふさわしい。

前述の通り、推定による原状の復原や変更は行うべきではないといえる。美しい製作当初の面目を保っているのは、古人の修理の力によるところが大きいことに留意すべきである。いたずらに後人の手によって、しかもある時代の見解で芸術的価値の純粋性が傷つけられることを恐れるからである。

（8）　新補の表紙と見返はそぐわない。

新たに補うものは、表紙や見返に関わらず、修理における全体としての調和が求められる。その際に、経巻の内容など、総合的な知見による検討を加えることが大事になる。安達直哉氏は「薬草喩品」を例にとり、「もとの雰囲気を全く変えてよいのかという問題が残る」と指摘している。

（9）　なぜ原装通りの紐を複製して用いなかったか。

復原が伝統な技術あるいは技法において可能であるのか、また材料となる繊維や染料など、さらに道具の入手が可能であるのか、経巻への影響などを考慮することが求められる。安易な復原は否定されるべきである。このことは修理の際の複製、模造の作成、最近ではクローン文化財を文化財保護において、どのように位置付け、どのように利用していくのか、という課題にも深く関わっている。

以上、当時の平家納経の修理のあり方については昭和四年の国宝保存法によって、①国宝指定は現状を指定しているのであって、価値を認められた現状を変更する必要はない。②後世の修理自体がその歴史を現わしているのであるから、その資料は保存すべきである。③みだりに材料をとりかえるべきではない、などの考え方が有力であったという経緯を踏まえる必要がある。

修理における誤った選択は、文化財そのものへの致命傷になりかねない。そのため、現状維持のための処置を重視しなければならないと同時に、修理対象が優れた文化財であることを忘れてはならない。より繊細で、より脆弱な文化財が多い日本の文化財では、現状維持は大きくかつ重い課題である。

当時、美術工芸課に修理室は設置されていたものの、指定担当の技官が修理の仕事を兼ねていた。昭和三五年八月以降、修理業務を専門に担当する修理部門が置かれ、独立性が強化されていくことになる。

次に平家納経の修理以後における、装飾や彩色のある文化財の修理の実例をみてみよう。

まず、大阪・藤田美術館蔵「法華経《ほけきょう》勧発品《かんぼつほん》（装飾経）」（昭和四二年度修理、図版8）では、表紙の破れと切れは金具の題簽《だいせん》と八双《はっそう》の重さによるもので、その部分の補強が必要であった。そこで、表紙を二枚に剝いで、見返との間に中入り紙として楮紙を入れることを修理方法にした。ただし、

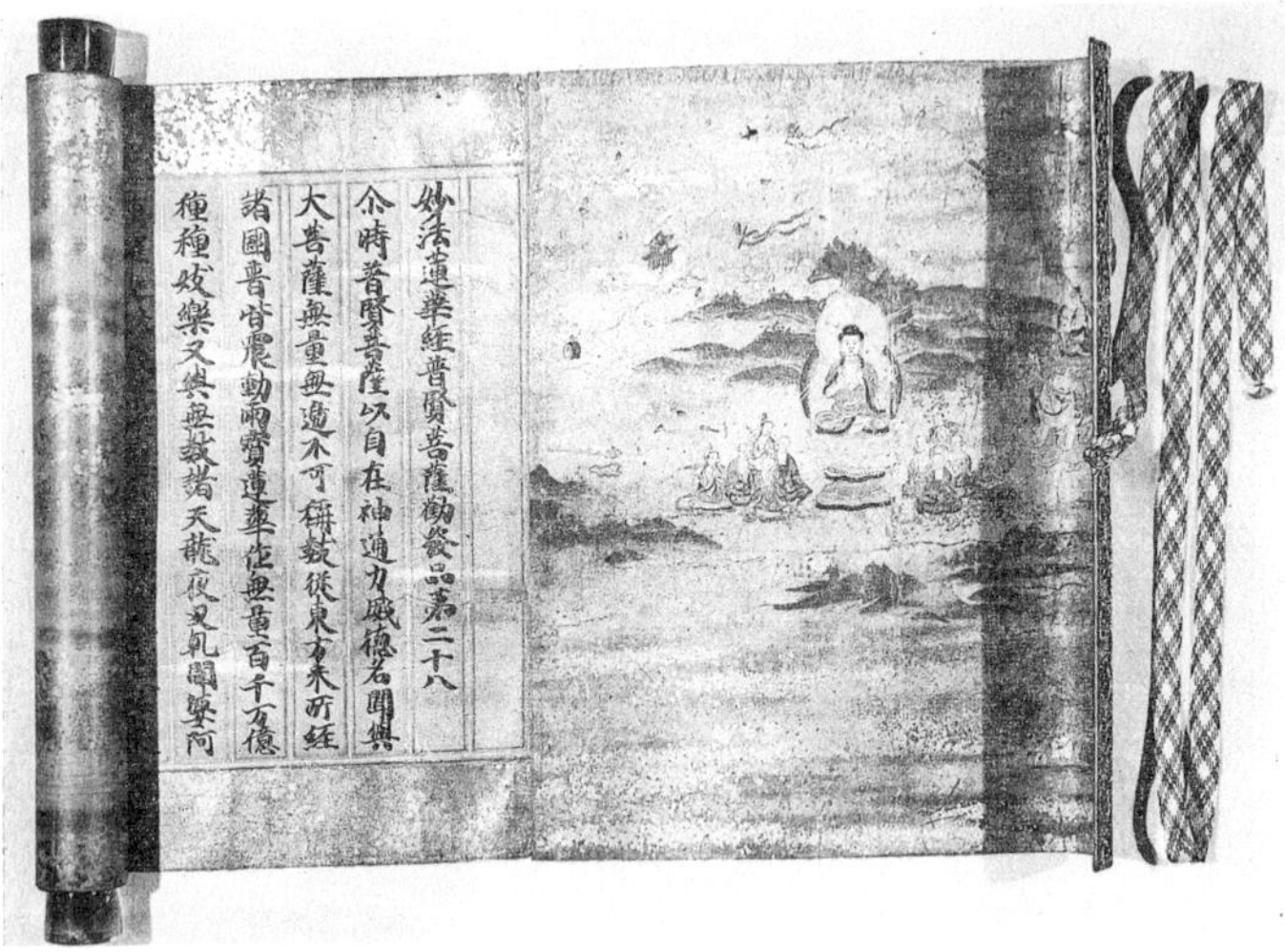
妙法蓮華經普賢菩薩勧發品第二十八
尒時普賢菩薩以自在神通力威德名聞與
大菩薩無量無邊不可稱數從東方來所經
諸國普皆震動雨寶蓮華作無量百千万億
種種妓樂又與無數諸天龍夜叉乾闥婆阿

修理後

勧發品

修理後

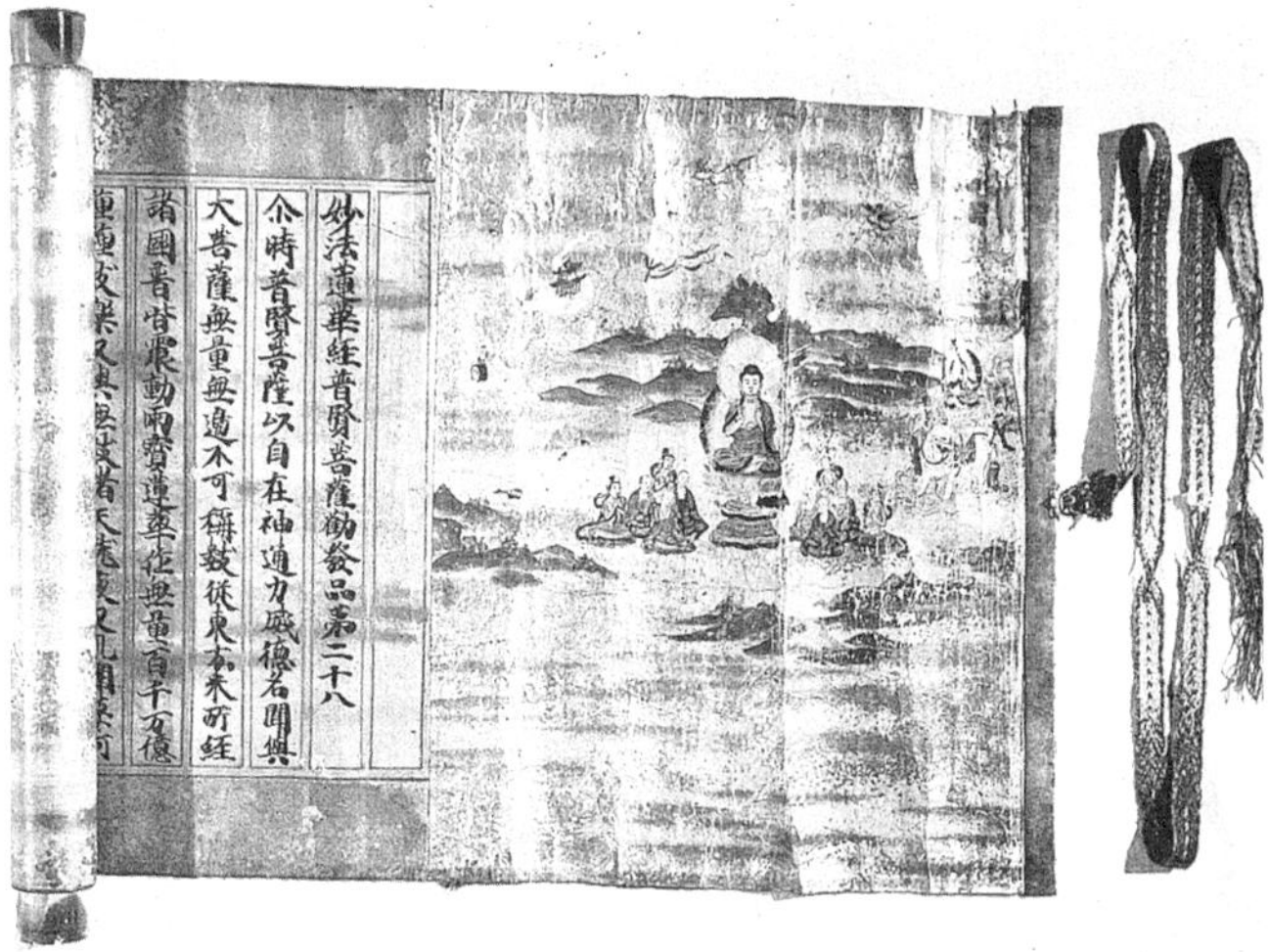

修理前

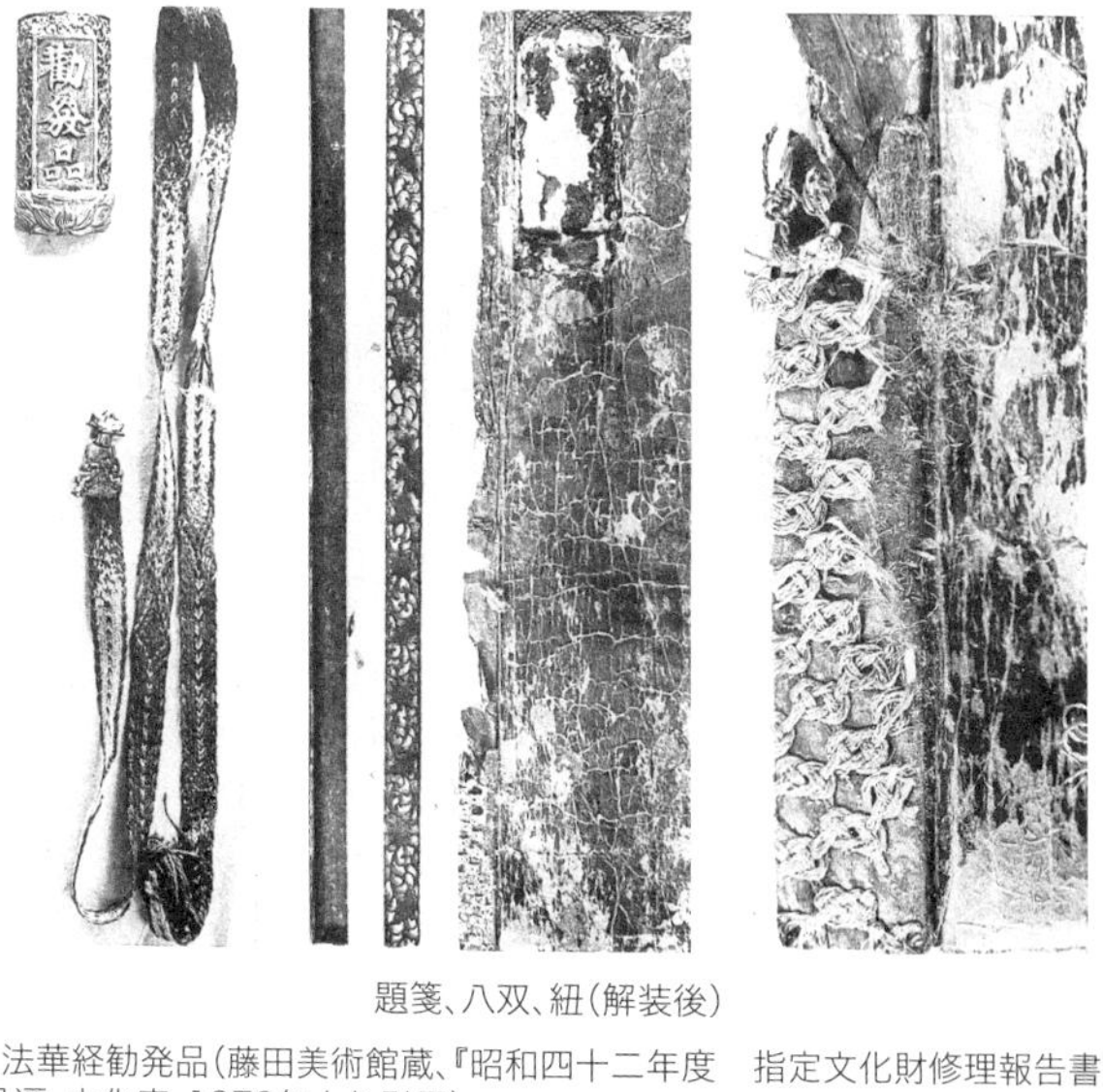

題箋、八双、紐（解装後）

図版8　法華経勧発品（藤田美術館蔵、『昭和四十二年度　指定文化財修理報告書　美術工芸品遍』文化庁、1970年より引用）

本紙と厚みが異なると、継ぎ目が折れる可能性が高いことから、見返端から本紙に近づくにしたがって薄くなるように、中入り紙を減らして厚みの調整を行っている。

また、三重・大福田寺蔵「勧進状《かんじんじょう》（三条西実隆筆《さんじょうにしさねたか》）」（昭和四四年度修理）は、本文は鍮金界中に書写されているが、界線が切れ、折損や磨損が多く、全巻にわたって縦折れが生じている。本紙の天地には金銀砂子《すなご》野毛《のげ》散、紙背にも金銀箔散が施されているので、本紙の表裏を二枚に剥ぎ、肌裏を打ち、折れ伏せを施して元のように貼り合わせる修理を行っている。

さらに、東京・前田育徳会蔵「紙本著色天神縁起《しほんちゃくしょくてんじんえんぎ》（荏柄社《えがらしゃ》伝来）」（昭和四五年度修理）では、表紙と見返は雁皮紙《がんぴし》に金銀砂子を蒔き、箔を散らした美麗なものであるが、合わせた調子が固く、本紙との継ぎ目で折れている。そこで、表紙と見返は二枚にし剥ぎ、各々を薄く整えて貼り合わせた。同時に料紙は一紙づつ継ぎ目を離し、相剥ぎして料紙を薄く整える方法を行っている。

昭和三〇年代から同四〇年代における当時の修理理念に基づき、高度な技術による修理で、最善の選択であったことが確認できる。過去の修理を批判することは容易なことではあるが、その修理から何を学ぶのかが重要で大事なことである。それが、現在の修理理念や修理方法などに繋がっていることは間違いない。

次に文化庁『指定文化財修理報告書』（昭和四〇年度～同四五年度）にみえる修理の特徴を確認しておこう。

書跡修理では、剥落止めに膠水を用い、補紙には似寄り紙を用いている。シミがある場合には水にて除去している。紙背に花押や朱印などがある場合には総裏に窓を空けることにしている。文書の継ぎでは各通間に隔て紙を補足して、天地に足紙を行っているという特徴がみえる。

絵画修理では、剥落止めに著色（顔料）にアクリル樹脂と水溶性樹脂（PVA）、ふのり、膠とゼラチンを用いている。表打では、画絹を養生のために表より生漉和紙にて仮表打ちを行い、裏打替えでは、裏彩色がある場合には肌裏紙は生かし（京都・泉涌寺《せんにゅうじ》蔵・絹本著色俊芿律師《しゅんじょうりっし》像など）、裏箔がある場合にも肌裏紙は替えずに生かしている。また、画絹が粉状化している場合には肌裏紙を元にままにしている。補絹には時代絹あるいは似寄りの補修絹を用い、補紙には似寄りの紙を用いている。補彩は地色合わせ、補筆は模様や界線などの描き起こしを行い、表具には古色付けを行っているという特徴を読み取ることができる。

その後、絵画修理の考え方では、作品の芸術的生命を左右する部分に深く関与する作業であり、作品のもっている表現を理解して、適応した処置であるかどうかを判断して行わなければならないとしている。修理の基本方針は、本紙（絹本）の現状を維持するというもので、描き加えたり、周縁部であっても裁ち落として小さくしてしまうことは許されない。絵画の表現を支えている本紙には、絶対に何も加えず、いかなる部分も取り去らず、現状で有している物理的なものをそのまま保持させることが重要であるとする。過去の修理では、保存上好ましくない形式や形態に変えられていることもある。損傷の進行を抑えるために変えざるを得なかった場合でも、変えることで作品の印象が変わることはあったとする。その理由のひとつが肌裏紙の打替えである。肌裏は本紙の重要な支持部分であり、傷んだ肌裏は品質・厚さを適切に選び、安定した状態にすることで、作品に長い生命を付与することができる。適切なものに打替えることが、絵画にとって何よりの補強となると強調する。補絹は、本紙に合わせて織目を選び、本紙と重ならないように欠失した部分に埋め込む。本紙そのものに色を補うことは絶対にしない。補絹部分の補彩は、本紙の絹の色の中から基準的な色を見定めて行う地色補彩を基本としている。補絹が作品本来の表現を損なわず、鑑賞の妨げにならないように色付けを行うことはあるが、復元的な補彩はしてはならない。それは地色《じいろ》補彩のみでも、色の明度を調節することによって、十分な効果を得るからである。ただし、補絹部分が大きい等、本紙の絹色に合わせた補彩だけでは、本紙の欠失の事実が修理前より露わになり、痛ましい印象が絵画の表現にまで影響を及ぼすと判断される場合には、補絹部分が目立たない程度に、本紙の彩色と同系色の補彩を施すことがありえるとする。

絵画の表装は、裂が貴重あるいは歴史的な資料となるといった理由で旧表具を再使用する場合もあるが、表具の重要な目的は絵画を護ることにあるので、新調する場合が多い。軸物には保管上の弱点を補うために、太巻芯を用いている。巻物は、従来掛軸と同様に、折れが生じないよう太巻芯を作ってきたが、巻物の太巻芯は取り扱いを難しくする上、軸首が見えず、展示の場合も余り見映えが良くないので、可能な場合は軸巻紙を太くすることもある。保存箱は桐内箱と塗外箱との二重箱が保存上適しているとする。

文化財保護法の施行により、その名の通り保護が最優先される時代になって、これらの修理の相性の模索は、「保存なくして活用なし」という原則が確立していく大切な道程であった。法隆寺金堂の火災という負の遺産から出発したことを思えば、当然であったといえようか。「もの」そのものを最善の方法で守り伝えるためのあり方を模索し続け、また保存と修理とを科学の目で客観的に徹頭徹尾、分析・考察し続けたのである。そこには、職人から技術者への転換がともなっていた。

また仕事に対する説明責任や職業倫理などが時代的な要請として出現し、社会的に応えていくことも求められた。こうした大きな課題にあたって、修理哲学や真正性などと対峙し、まっすぐに立ち向かっていった時期であった。

第6節　平成の修理

日本には、不思議に思うほど諸外国に比べてはるかに多くの、しかも優れた古い文書・記録類が伝承されている。これは世界に誇ることのできる文化力であるといえる。他国による征服もなく、戦乱はあっても地域的に限定されており、代々その家なり、寺社なりによって、文書などの保存・管理が丁寧かつ慎重に取り扱われてきたからである。また、日本は伝統を重んずる傾向が強く、その伝統は連綿と続いてきた家の歴史や家系の尊重となり、家名の誇りにつながっている。特に、家の歴史を証する古文書類を集成して家文書とし、また家の歴史を伝えるために家系図を作成し、重宝として伝承してきてもいる。

伝世する書跡・典籍、古文書は巻物、冊子本、折本《おりほん》、掛幅装《かけふくそう》、あるいは手鑑《てかがみ》仕立てなど様々な形態で今日に伝わっている。修理に際しても個々の形態や破損状況にふさわしい方法による方針を配慮する必要がある。また、伝来の歴史的変遷の過程を十分に考慮に入れて、個々の持っている様々な学術的価値を今以上に減ずることなく将来へ確実に残していくことに留意することが大切である。

まず、書跡・典籍の修理において留意するものとしては「古筆《こひつ》」や「墨蹟《ぼくせき》」などがある。古筆や墨蹟などはその優れた筆跡を尊重して、鑑賞する風潮の中で解体・分割されており、当初の姿である巻物や冊子本の体裁を変え、掛幅装などに仕立てられている（本章2参照）。新たに仕立てられた古筆、墨蹟の表具類は鑑賞する茶室や床の間の空間を含む歴史的環境の中で理解することが必要である。掛幅装における表具の在り方は作品本体の美的効果を左右するほどの力を持っており、修理に際しては鑑賞、信仰の対象であることにも留意し、安易に表具裂などを取り替えることは謹まなければならない。利休《りきゅう》・織部《おりべ》・遠州好《えんしゅうこの》みなどと称する表具は、各々が持っている歴史的風合いを失うことのないように修理のしすぎには注意する必要がある。例えば、京都・建《けん》仁寺《にんじ》蔵の利休好みの紙表具の好例である「一山一寧《いちさんいちねい》墨蹟」（昭和四六年）、東京・五島美術館の国宝「無準師範《ぶじゅんしばん》墨蹟」（平成一〇年）、東京・畠山記念館の「圜悟克勤《えんごこくごん》墨蹟」（平成二七～同二八年）などは、裂地《きれぢ》・軸首《じくしゅ》などはすべて元使いで修理を行った。また、粘葉装《でっちょうそう》冊子本は両面書写であるので、過去の修理において本紙の相剝が行われた経緯があるが、今日の修理では本紙の原状を保存し、過剰な修理を行わないことから相剝による修理方法は用いられていない。京都・西本願寺の国宝『三十六人歌集』（昭和二六年）や「青蓮院吉水蔵《しょうれんいんきちすいぞう》聖教類」（平成九～継続中）に含まれている平安時代の粘葉装冊子本などは、損傷箇所を伝統的な手繕いで修理を進めている。他方、損傷箇所を表裏両面から最小限の糊代でサンドイッチ状に繕う新しい方法も行われている（神奈川・松ヶ岡文庫蔵『新編仏法大明録《ぶっぽうだいめいろく》』など）。この両面からの繕いは、経巻の黄紙や文書の宿紙などの染紙における表と裏による色の濃淡の違いにも対応できるようになっていった。

　さらに、古文書の修理では、古文書の伝来・機能や形態論などの側面をも重要視している。原状に近い形で伝来しているものは安易な形で巻子本などには成巻《せいかん》せず、またうぶな状態で畳み方が明白な場合には本来の状態を復原する細心さが修理行程に求められる。破損状況によっては、なるべくもとのままに残す工夫が必要である。

図版9　修理前の色定法師一筆一切経（興聖寺蔵、『国宝修理装潢師連盟50周年』国宝修理装潢師連盟、2009年より引用）

古文書修理においては、本紙の紙質調査、本紙の簀目《すのめ》の本数、あるいは糸目の間隔や紙漉の方法などの実態を把握することを修理の前提にしている。この調査結果に基づいた手漉の補修紙作製を行って、繕いを行っている。うぶな状態の場合には発給当初の原状に戻るように修理に工夫しており、こうした方針で、上杉家文書（平成七〜同八年）などを施工した。

厖大な史料群の修理としては、

（1）一切経《いっさいきょう》など：岩手・大長寿院の「紺紙一切経」（昭和二五年）、和歌山・金剛峯寺の「金銀字一切経・紺紙金字一切経」（昭和二五〜同三二年）、福岡・興聖寺の「色定《しきじょう》法師一筆一切経」（昭和四〇〜平成二年、図版9）、長崎・長松寺の「高麗版大般若経」（平成二四〜二九年）など、現在継続中に京都・知恩院の「宋版一切経」、長崎・多久頭《たくずだま》神社の「高麗版一切経」

（2）聖教《しょうぎょう》類：奈良・東大寺の「凝然《ぎょうねん》撰述章疏類」（昭和四四〜同五三年）、京都・来迎院の「来迎院如来蔵聖教類」（昭和五一〜同六一年）、東大寺の「東大寺宗性《そうしょう》筆聖教幷抄録本」（平成元〜同一〇年、図版10）、三千院の「三千院円融蔵典籍文書類」（平成九〜同一一年、図版11）、滋賀・石山寺の

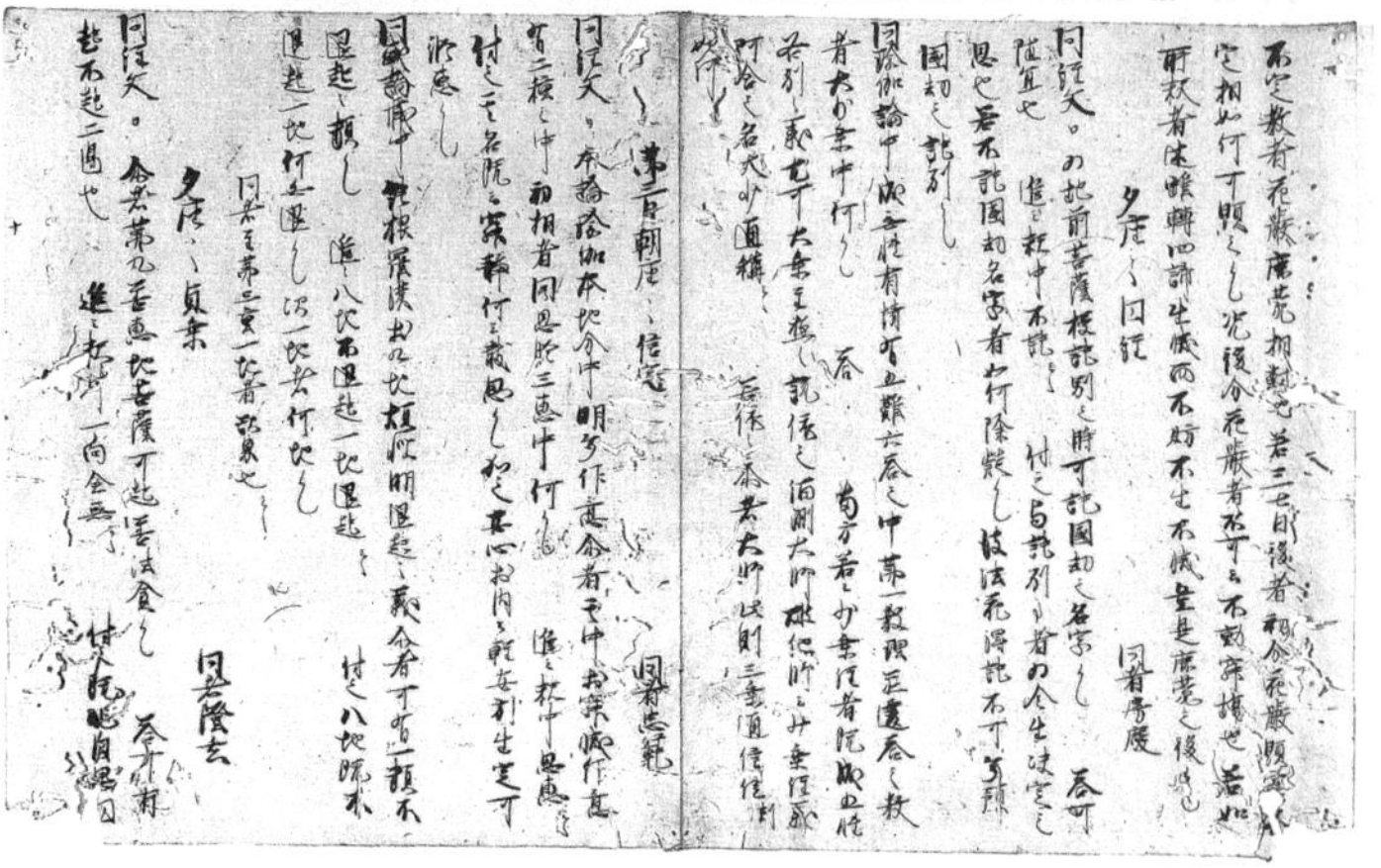

修理前

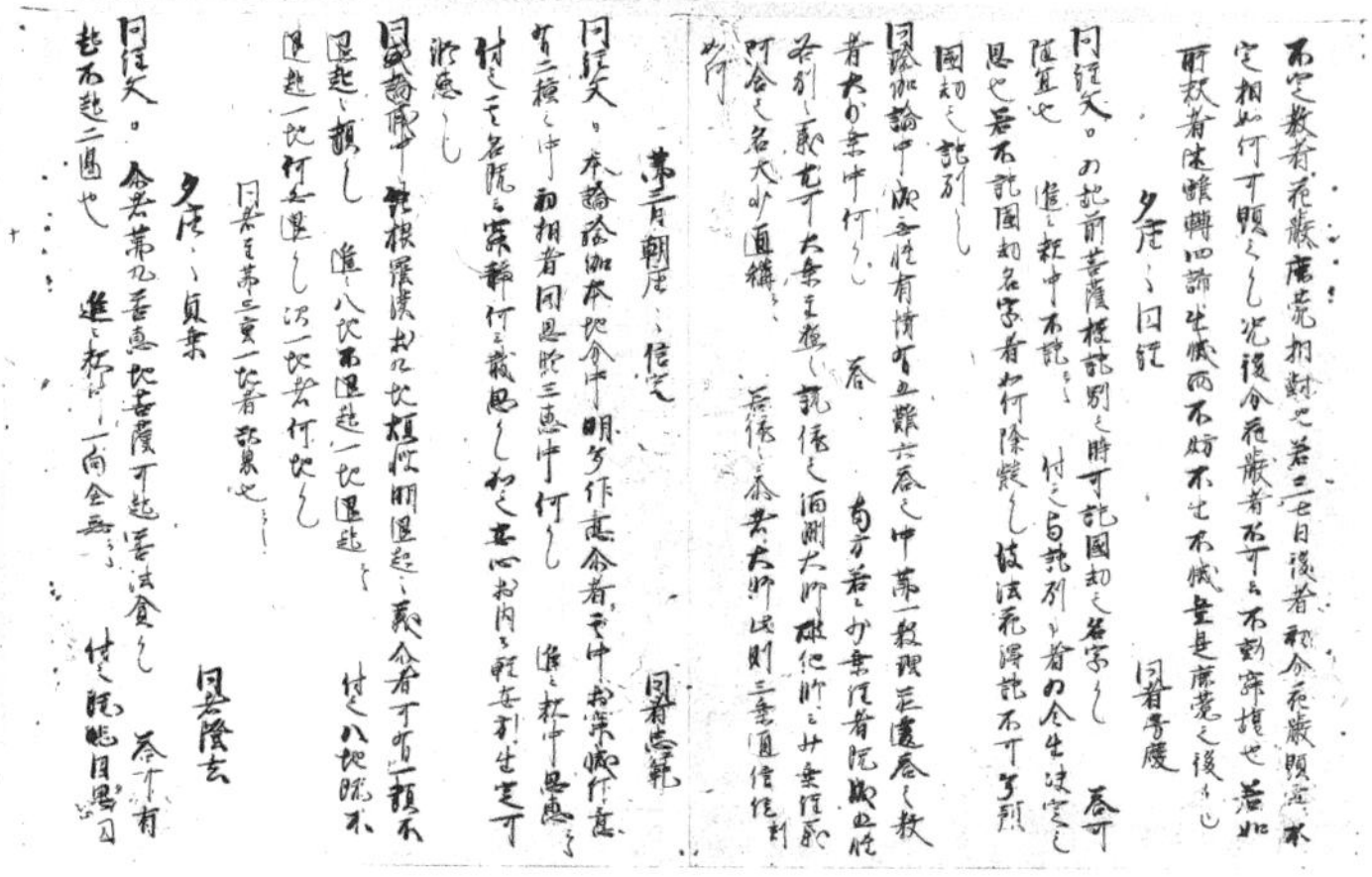

修理後

図版10　東大寺宗性筆聖教并抄録本（奈良・東大寺蔵、『平成六年度　指定文化財修理報告書　美術工芸品篇』文化庁文化財保護部美術工芸課、1996年より引用）

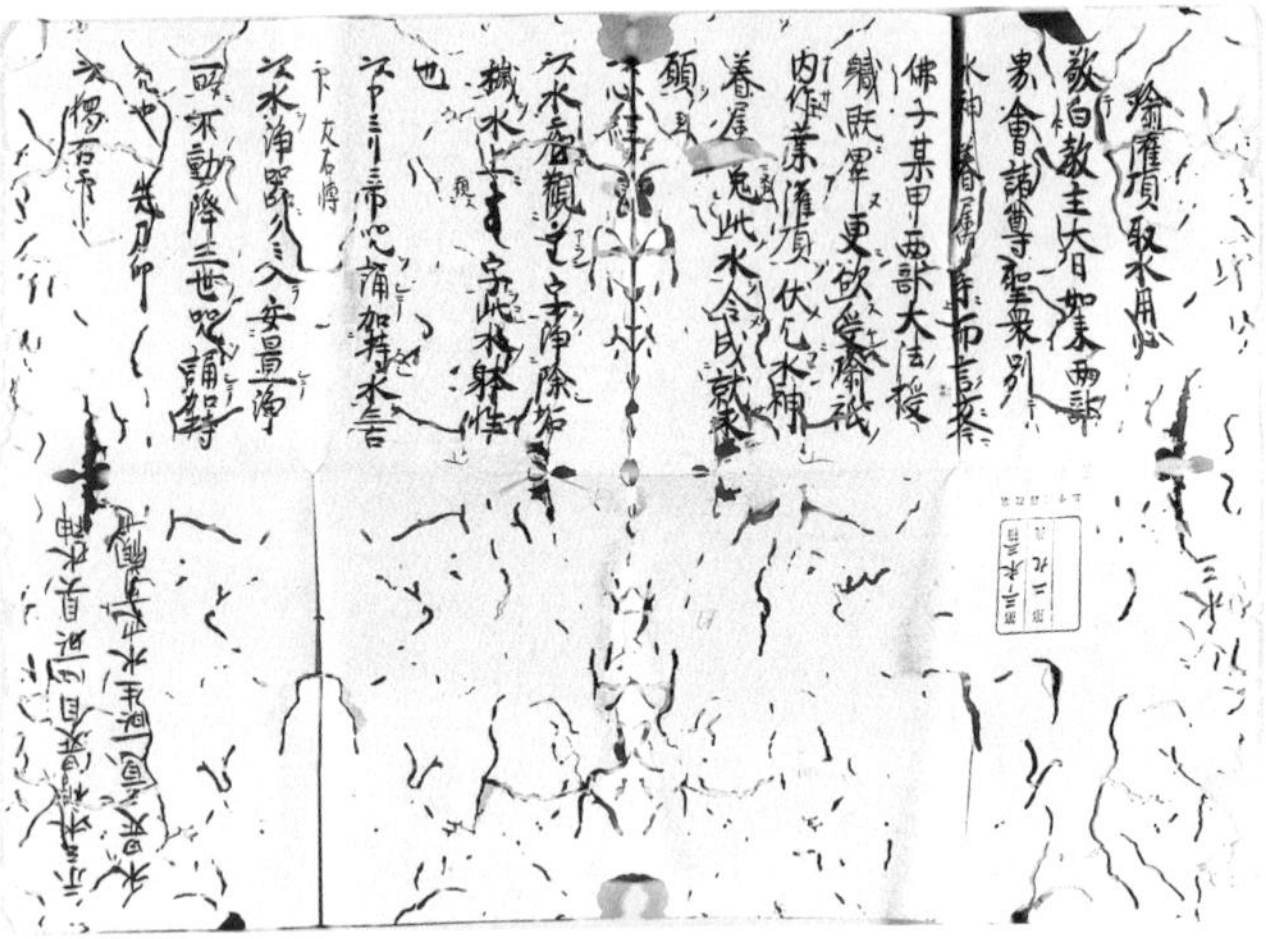

修理前

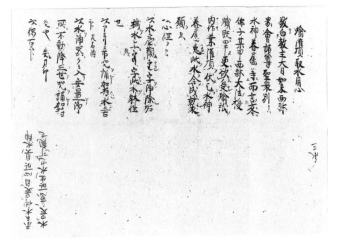

修理後

図版11　三千院円融蔵典籍文書類

「石山寺校倉聖教」（平成一三～同二六年）など、現在継続中に京都・醍醐寺の「醍醐寺文書聖教」、神奈川・称名寺の「称名寺聖教」

（3）古文書：東寺百合文書（昭和五八～同六三年）、阿蘇家文書（昭和六二～平成一六年）、久我《こが》家文書（平成元～同六年）、太宰府天満宮文書（平成四～同六年）、上杉家文書（平成七～同八年、図版12）、三嶋大社矢田部家文書（平成一〇～同一三年）、東大寺文書（平成一二～同二一年）など、現在継続中に石清水八幡宮文書、賀茂別雷神社文書、東福寺文書、島津家文書、鷹尾神社大宮司家文書

（4）記録：京都・陽明文庫の『兵範記』『猪熊関白記』など（昭和二六～同三七年）、京都・冷泉家時雨亭文庫の『明月記』（昭和六二～平成一〇年）、東京大学の『実隆公記』（平成八～同一四年）・『愚昧記』（平成一八～同二〇年）・『中院一品記』（平成二五～同二七年）、京都・教王護国寺の『東寺学衆方評定引付』（平成二四～同二九年）など、現在継続中に東大寺の「二月堂修二会記録文書」を計画的・継続的に行ってきている。

これらの他に、大般若経などの仏典や武家文書・寺院文書・神社文書などで修理を要するものが少なからずある。また一切経、聖経類、近世文書など厖大な史料群の修理をどのように行っていくのかなどの課題もある。明治時代以降の洋紙や酸性紙など、和紙とは異なる多様な紙質をもつ大量の史料群に対する修理方法や保存技術の確立もまた喫緊の課題である。酸性劣化した紙には脱酸処理を施す必要があることは言うまでもない。

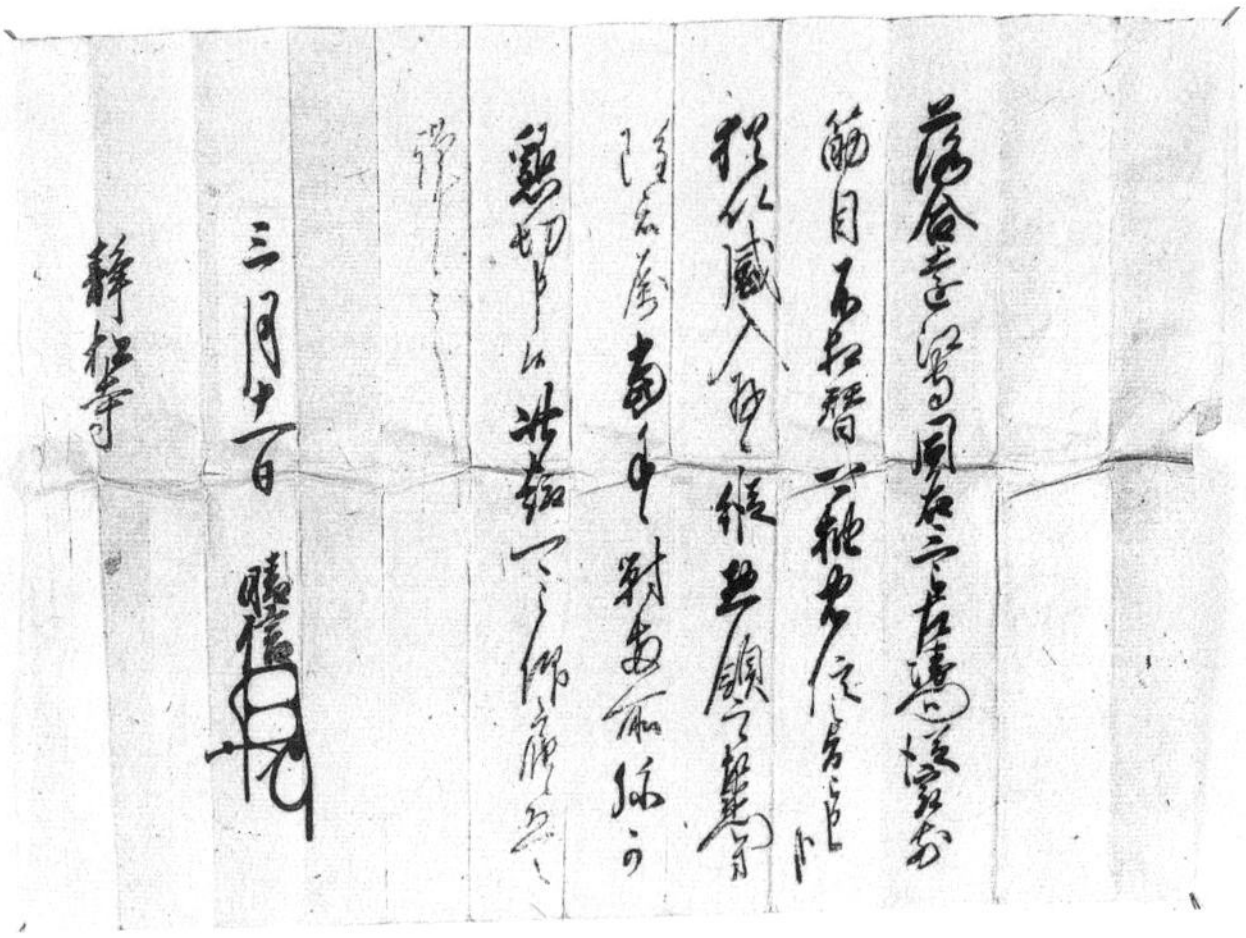

修理前

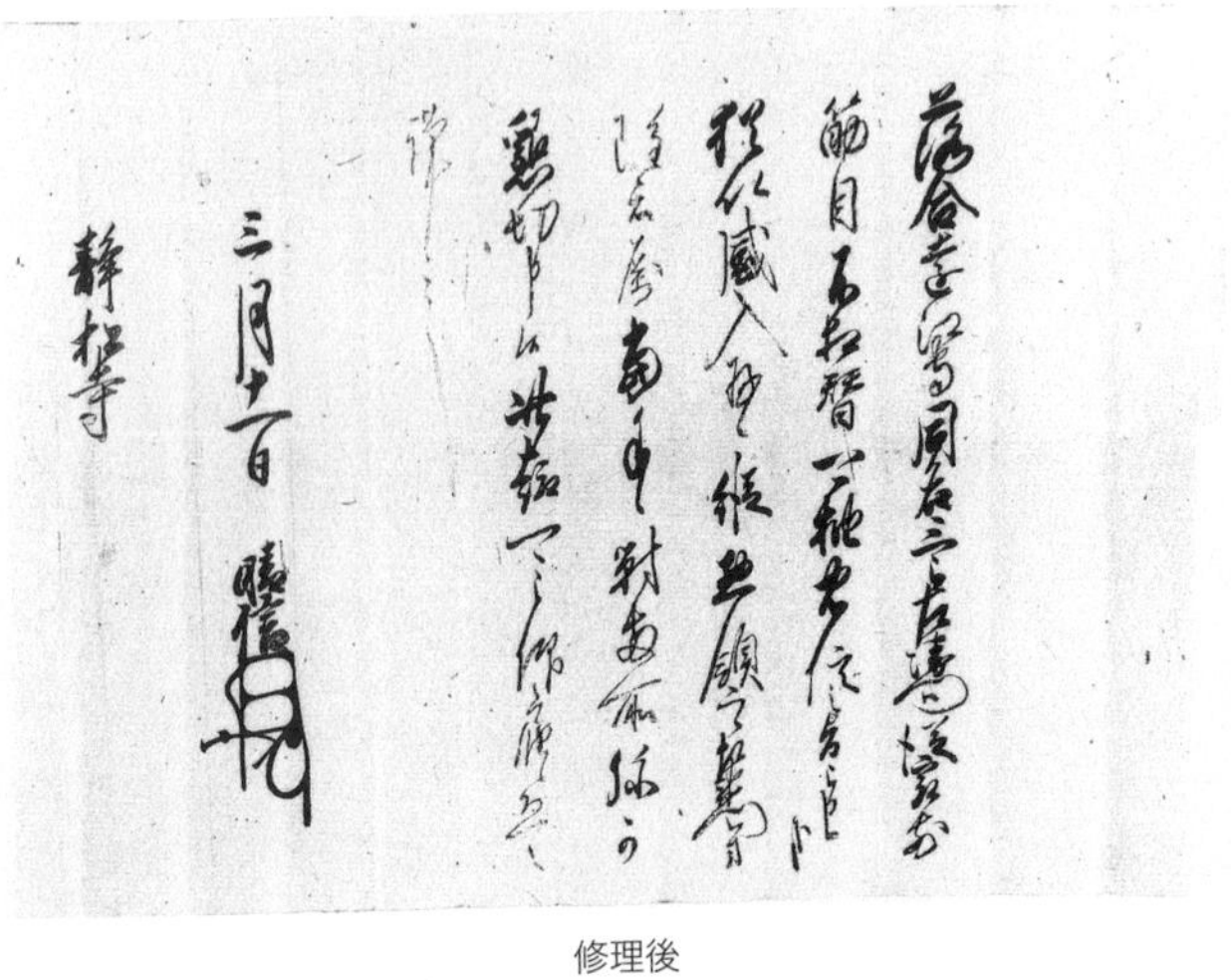

修理後

図版12　上杉家文書（山形・米沢市蔵、『平成八年度　指定文化財修理報告書　美術工芸品篇』文化庁文化財保護部美術工芸課、1997年より引用）

近年の修理方法としては、漉嵌《すきばめ》（第Ⅱ部第一章参照）や加湿法による修理を実施している。繕い作業は虫損などの欠損が多くなればなるほど、手間がかかる。そこで、和紙の繊維を離解し、それを水の中に調合、分散させ、本紙の欠損部分に水の流出の力で穴埋めする漉嵌機（リーフキャスティング）を使用した繕いも行われている。このように、伝統的な修理技術にプラスする形で新たな修理技術の開発も行われている。

この漉嵌法は、「山鹿素行《やまがそこう》著述稿本類」（平成四〜同一三年、図版13）、「彦根藩井伊家文書」（平成一〇〜継続中、図版14）のように江戸時代の典籍と古文書で実施している。加湿法は料紙に竹紙などを用いている墨蹟、例えば京都・大通院蔵「笠仙梵僊《じくせんぼんせん》墨蹟」（平成六年）や香川県蔵「清拙正澄《せいせつしょうちょう》墨蹟」（平成九年、図版15）の修理から施工している。「清拙正澄墨蹟」は本紙が竹紙で、裏打紙は共裏であった。共裏とは本紙と同質の紙を裏打ちに使って本紙と一体化させる江戸時代の技法である。そのため、共裏を除去すると本紙を相剝にする可能性が高く、また本紙への湿気による風合いが変化するため、そのままで修理を行うことにした。加湿にはゴアテックスを利用し、水による影響や負担を最小限に止めることを目指した。

このように書跡・典籍、古文書の修理では、伝来の歴史的変遷の過程を十分に考慮に入れて、個々の持っている様々な学術的価値を今以上に減ずることなく将来へ確実に残していくことに留意することが大切なのである。

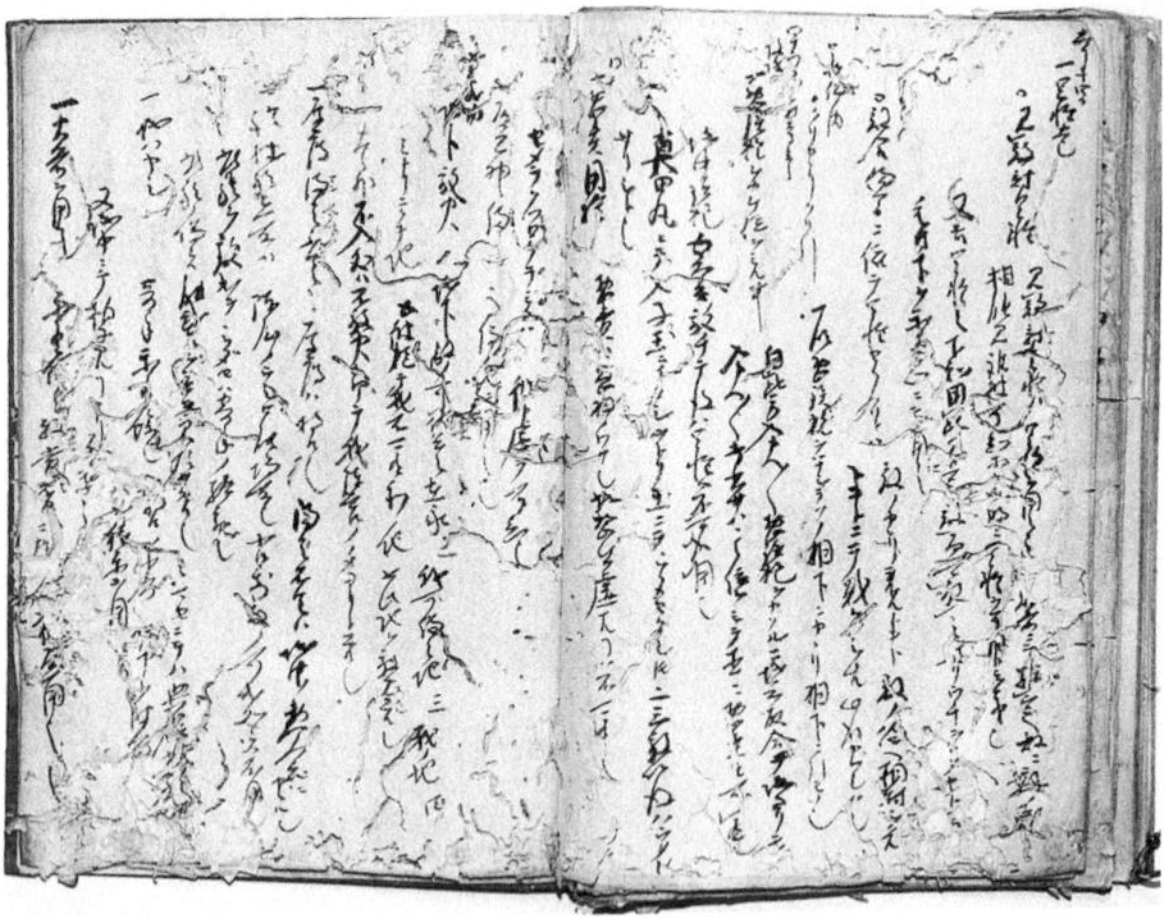

修理前

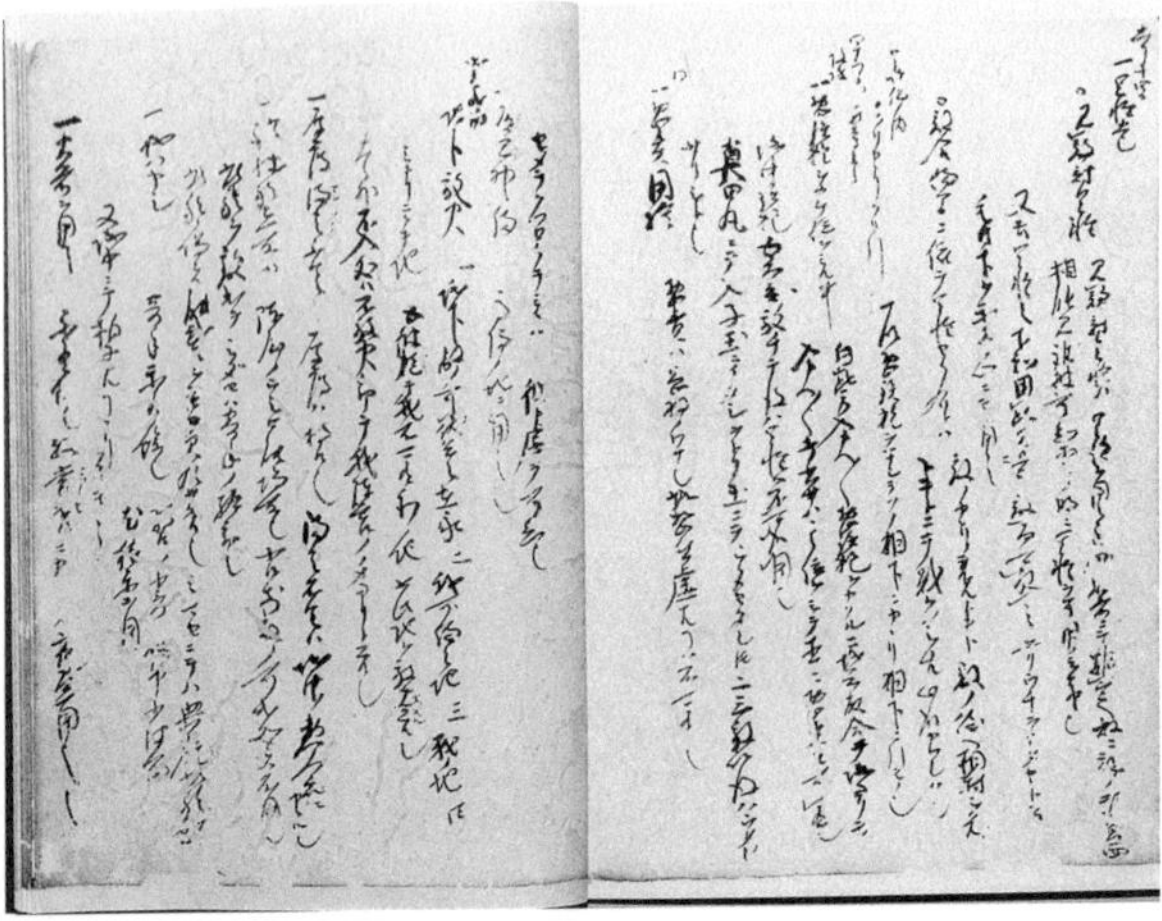

修理後

図版13　山鹿素行著述稿本類

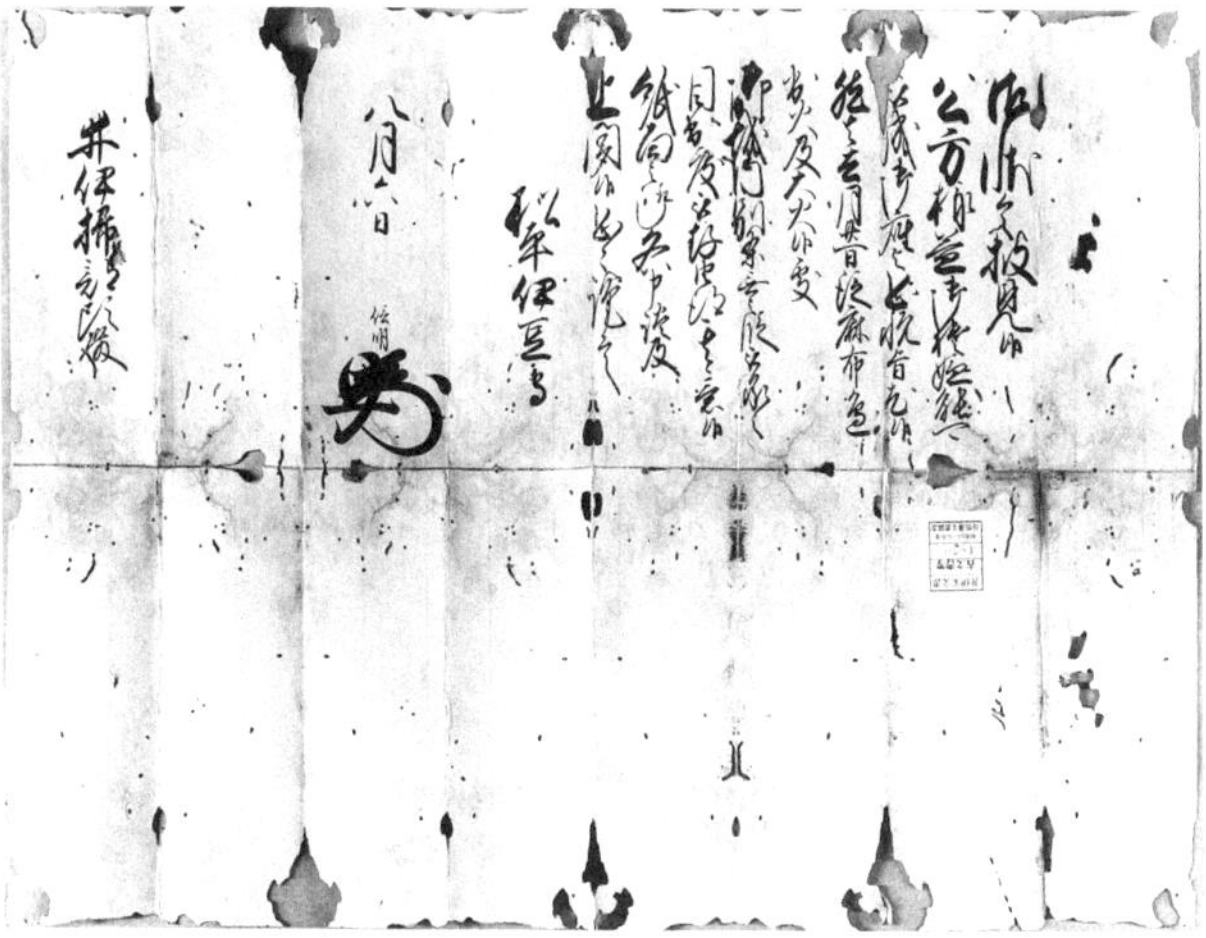

修理前

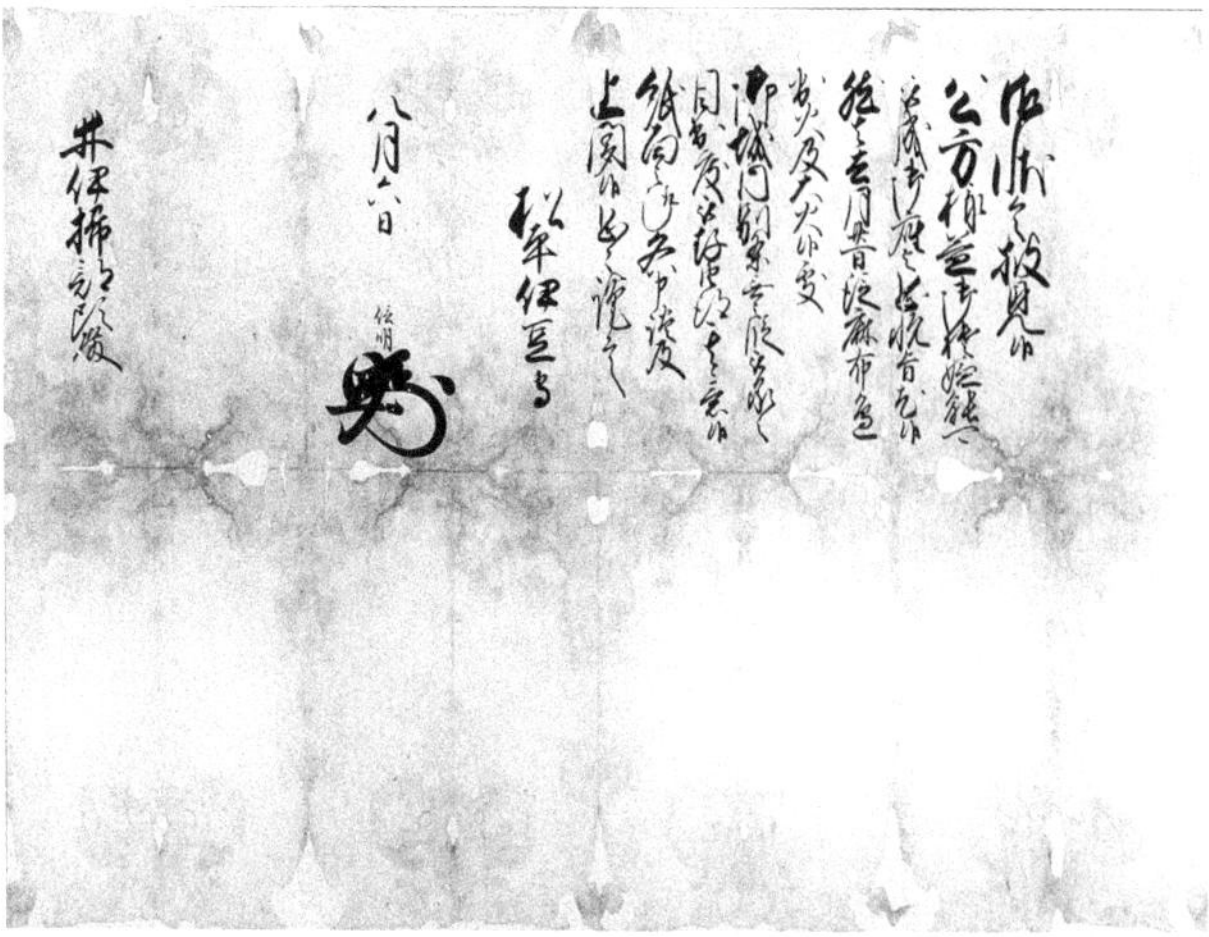

修理後

図版14　彦根藩井伊家文書

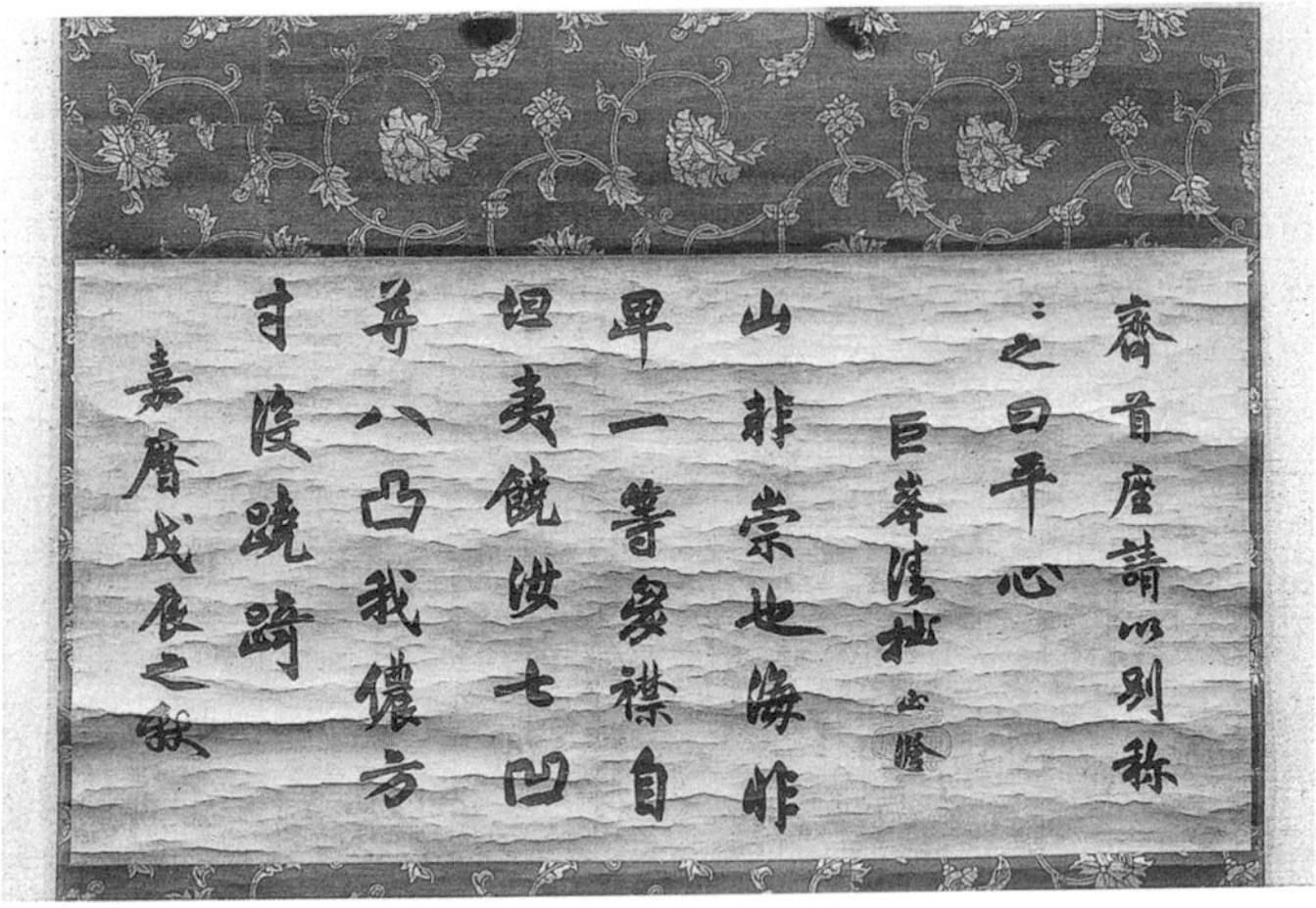

修理前

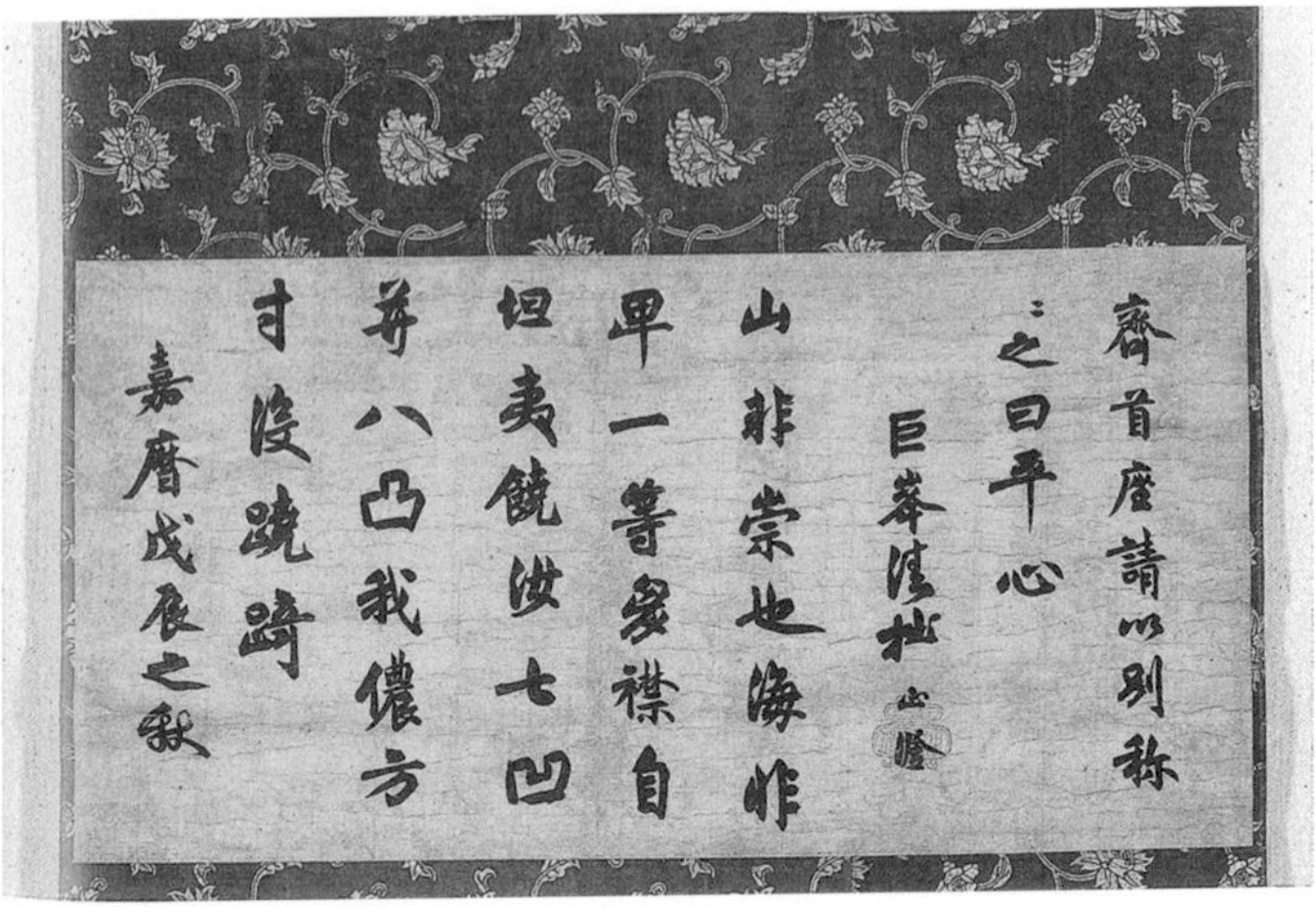

修理後

図版15　清拙正澄墨蹟（香川県蔵、『平成九年度　指定文化財修理報告書　美術工芸品篇』文化庁文化財保護部美術工芸課、1998年より引用）

第7節　東寺百合文書の修理――伝統と革新――

上島有《うえじまたもつ》氏は「東寺百合文書とその修理」（『京都府立総合資料館紀要』四四号）にて東寺百合文書の修理に関しての記録を残している。第一次修理（昭和四三～同四八年）と第二次修理（昭和五八～同六三年）における修理方針、修理原則や修理仕様などが、どのような経緯をたどったのかを記しており、修理当時、京都府立総合資料館の修理担当者の一人としての意見として注目される内容である。

上島氏の意見は、以下のような三点に要約できるであろう。

（1）確実な記録を重要な資料として後世に残しておく。

（2）第一次修理と第二次修理では、修理原則を別にする。

第一次修理では、①目録を作成するための応急措置ではなく、半永久的な整理・保存・公開に耐える本格的な修理である。②「原形保存」を最優先に修理した。古文書修理の根本原則で「強調しすぎる」ことはない。③そのまま保存するのが最善であるが、長期の保存や公開のために保存措置を講じなければならない。厳島神社の平家納経や絵巻物と、古文書は全く別である。古文書では「原形破壊」になり、不要である。④裏打をしないのは、耐久保存の原則を犠牲にする。裏打をした方が安全であるとし、第二次修理では、①耐久保存と原形保存の原則が並列しているのは問題であるとする。

（3）修理全体の評価について、①「原形保存」の第一次修理と、その批判から出発した第二次修理からなり、統一と調和に欠けていたものになった。②紙背文書などの「窓をあける」修理と記録写真による「代替行為」とでは「窓をあける」ことが良い。

なお、「窓をあける」とは、裏打紙を施す時に紙背に文字などがある場合、そのまま裏打を行うと見えなくなる。そこで文字などが見えるようにする方法として、文字などに当る裏打紙の箇所を切り取って開口部分をつくると、その開口部分が窓の役割を果すことになる。それを「窓をあける」と表現するのである。

まず、上島氏の（1）は、確実な記録にするために客観的な記述が求められることから、修理に関わった各立場からの記録を集約することが大事であるということである。そのため、仕様に関する検討過程を具体的に明らかにすることが不可欠な要件となるといえる。修理は修理工程ごとにおける判断の積み重ねであることから、結果のみではなく過程を記録しなければならないことは言うまでもない。

（2）は、修理をどのように考えるのかを前提にしながらも、修理そのものに対する思い違いなどによる誤った指摘があるように思われる。まず、修理は保存のための選択肢の一つでしかないことを理解する必要がある。そのままで保存が可能である、つまり「耐久保存」に問題がないならば、修理をしないことが正しい最初の選択であり、大前提である。その上で、修理が必要な場合には「原形保存」を最優先しながら実施するという考え方は共通しており、第一次修理でも第二次修理でも出発点であったことは間違いない。しかし、経巻や絵巻物などと古文書の修理とは別であるとする文化財の違いによる理念の使い分けには、やはり問題があるとせざるを得ない。

京都府独自で行った第一次修理は、結果的には「原型すなわち〈かたち〉〈かたまり〉〈かさなり〉」、〈原形態〉〈原秩序〉〈原伝存〉を最大限尊重する」という文書のあるべき姿の原則に沿って修理が行われた。国庫補助事業で行われた第二次修理は、伝来の形態を尊重し、公開・保存のために第一次修理の巻子・台紙貼り・未表具という基本的な三つの形態に倣って行う簡素で実質的な修理であり、第一次修理の基本的な修理方針から逸脱するものではない。このように、第一次と第二次修理で方針の原則が大きく変わってしまっていることにはならないといえよう。

（3）は、不適切な材料の使用や本紙に負担を与える技法があったのであれば別であるが、修理時期の違いなどによる異なる点を強調することではなく、第一次・第二次に共通する理念を確認した上で、その時々の相違を文書群全体の中で明確に指摘することが大切である。過去の修理を踏まえた上で、より良い次の修理のあり方を考えることは当然のことであり、批判するに値しない。むしろ、②「窓をあける」ことには、文字情報を見えやすくする以上に本紙そのものに大きな負担があることに目を向けるべきである。「窓をあける」ことは万一やむを得ない場合の窮余の一策であることを明記すべきである。何か高度な保存技術でもあるかのような錯覚を起こし、ひいては安易な妥協に流れる恐れがあることは保存上戒心すべきであり、原物の保存こそが真の保存であることを学ぶべきである。

修理の根幹をなす修理の原則、修理方針・仕様は、大きな変更や変化は避けるべきものである。修理理念は修理事業の広く深く底辺にあって、修理を支えて護り伝えるための不変であるといえる。

東寺百合文書の古文書一枚一枚と、どのように向き合ったのか、樋口光男《ひぐちみつお》氏の「古文書等の修理について」を基に以下において詳述する。

厖大で体系的な史料群であることから、各時代の様々な紙質、用途、文書様式や形態が揃っており、修理を体系的に捉える史料でもあった。また、あらゆる損傷状態が文書にあった。そのため、文書を劣化させないことに留意しつつ、修理の原則は文書の原形、折り方、包み方などの物理的な形や材料を含めて変更しないということであった。

修理を行うために、一枚の文書を前にしたとき、調査記録として法量《ほうりょう》、品質、形状などの基本的な調査以外で確認すべき最低限の事項を以下において示してみよう。

（1）前後に糊跡はないか（前後欠の確認）

破損によって本紙の前後が欠損しているものは論外であるが、任意の一紙が本紙一枚のみにて成り立っているものなのか、若しくは続紙《しょくし》の一枚であるものなのか、という問題は文書を読み慣れていない人にとっては難しいと思われる。

しかし、かつて続紙としてつながっていた何枚かのうちの一枚の本紙であるのならば、必ずどこかに糊付けされていた糊の痕跡が残っているはずである。痕跡としては、例えば紙が糊によって黄色に変色している場合や、糊自身がわずかに残っているというものである。

そこで、たとえ今どの文書に接続するのかがわからないとしても、前後欠であることを調査記録として明示しておけば、後日の更なる調査研究によって原状の位置に戻す手掛かりになる。明らかにしないままにして、もしも本紙に裏打をしてしまった場合には、その裏打紙の上からはなかなか糊跡を確認しにくいものになる。

（2）本紙中に糊跡はないか（押紙、付箋などの有無）

本紙の中の糊跡は、押紙や付箋などの跡であり、その糊跡の有無に注意する必要がある。脱落してしまったものも、この糊跡の幅や、虫穴の一致などで元に復すことができる。ほんの小さな押紙や付箋でも、文書の史料性を大きく変えてしまうことになり、おろそかにすることはできない。

（3）他の文書との虫喰穴が類似していないか

巻子本についてみてみると、普通巻頭より巻末に至るまで、シミ（紙魚）、シバンムシ（死番虫）、ゴキブリなどによってできた虫喰穴が、巻かれていた径に応じて規則正しく繰り返し並んでいるのがみられる。巻頭部分に近い方が、間隔が広く、奥に行くほど同一模様の間隔が狭まっていくのが一般的である。各紙の継ぎ目ではもちろん重なりを通して虫が喰うので、糊離れしていても虫穴で合わせれば、おのずから糊代の幅も決まってくることになる。一部の虫穴が合わない場合は、ある時期糊離れしていたことを示しており、後年整理などの際して継ぎ直された結果であるといえる。また、継がれている文書の各紙に虫穴の統一性のない場合は、本来一紙ずつであったものを後年編集し直したか、あるいは冊子を巻子に直したものかとも考えられよう。

虫穴に注目してみると、どこから虫が入り、どこで長く住み、どのように出ていったかというも一目瞭然である。

虫喰がひどくなると、断片になり文字の一部が脱落してしまうことがある。特に、冊子などの場合、幾頁にもわたり断片が層をなして脱落している状態をしばしば見受けることになる。こうした断片は本紙における位置と、最初に挿入するところがわかれば、後は一枚ずつ丹念にはずしさえすれば、おのずから欠失部分を埋め戻していけるし、また墨の線、紙の繊維のつながりなどが合っているか否かによっても確認することが可能である。

（4）折れ、しわ、汚れの状況はどうか

書状などで本紙、裏紙《うらがみ》がどのように重ねられていたかは、二枚の折り畳み方をみれば分かる。本紙は料紙の表面に文字が記されているのに対して、裏紙は裏面に書かれている。

続紙でも奥から巻いているものもあれば、前から巻いているものもある。長く置かれていると、表に近い方のしわがひどく、折り畳みの幅をみると奥になっている方が間隔が狭くなっていく。経筒に入っている写経などは前から書いていき、巻き戻すことをしないため奥の方が表に出ていることもよくある。

また、普通の文書は、巻頭部分から奥に向かい書かれ、年月日も奥の方が時代もさかのぼるのが一般であるが、売券《ばいけん》など手継証文《てつぎしょうもん》は次第に前に貼り足して巻いていくので、時代は前ほど下がることになる。

このようなことは、もし文書に関する知識がなくても、折れや虫穴の間隔で、現在の姿が当初の姿を示しているかどうか理解できる。また、折り封の痕跡、切封跡、更に手垢《てあか》などによっても折り畳み方などの原状を推察することができる。

（5）紙質、法量はどうか

一見して同じようにみえる本紙も、光のもとで透かしてみると、その繊維のこなれ具合、簀の目、簀を綴じている糸目など、実に様々に違っていることがわかる。楮紙の場合、均質で繊維が一定方向に流れており、簀の目、糸目のあるものは流し漉き、むらが多く、繊維に流れもなく、こなれきっていないのが溜め漉きによる抄紙であることを容易に想定できる。

紙の産地や、時代によって使用される簀も変わり、したがって簀の目の本数、糸目の間隔も違い、紙の縦と横の比率にも変化がある。また、紙の厚薄や種類によって、ひごや糸の太さなどに種類が多い。かつて産地には必ず漉き簀や漉き桁を作る職人がいて、その産地の紙の特色にあった道具を供給していたはずである。簀を編むには竹ひごや萱ひごと、編み糸が必要であるが、これらは水中の操作に耐えるために、特別に丈夫で狂いのこないものでなければならなかった。

（6）筆跡、墨色の比較

筆跡を見比べてみることで、例えば書状の本紙と裏紙との繋がりが判明する場合がある。また墨色からも書状の場合には同じでものであるのか、墨色による文字や文章の繋がりから明らかにすることができる。

これらの組み合わせでほぼ旧状を推察することができ、そればかりかいつの時代にか、手を加えられ改変されたことをも確認できる。

今日では、古文書等の調査において、自然科学的な分析手法を用いることで、文化財の有する多くの情報を得ることが可能になってきている。特に、材質に関する科学的分析などによって最良の修理材料を用いることが出来るようになった。また、伝統的な修理方法や技術についても科学的裏付けによって安全性が保証され、保存科学に基づく修理が行うことが不可欠になっている。

古文書修理の場合、原状に近い姿で伝来しているものは安易な形で巻子装などに仕立て直したりすべきではない。また折り方や畳み方が明白な場合には当初の状態に戻るような細心かつ慎重な修理が求められる。文書の文字以外の情報である形態や機能などを確実に残すことに意を注ぐべきである。さらに、破損状況によっては修理による余分な手を加えることなく、なるべく元のままで維持しながら保存する工夫を確立していくことが必要である。

なお、東寺百合文書の修理仕様については、橋本初子氏が「東寺百合文書の補修について」（『京都府立総合資料館紀要』創刊号）にて詳述しているので、是非とも一読してもらいたい。

第8節　修理技術の変遷

先述したように長い時代を経てついてきた時代色を漂白する技術や、欠損虫損を全く隠しさろうとして描きおこす補彩方法などは、歴史の流れの目からすると偽善でしかない。時を経て、今日に至ったものを、いかにそのままの姿でできるだけ長く次代に伝えていくかということが大切である。いたずらな技術開発はむしろ文化財の破壊にさえつながる。新しい修理技術が過去の修理技術よりはるかに優れているという保証はどこにもない。営々と築き上げてきた技術は単なる思いつきで覆せるものではない。今日まで至った過程をたどることの方が、かえって今日の技術をより確かなものにできると思われる。

修理に鑑賞や芸術を持ち込む芸術至上主義は様々な問題を生じることになる。それゆえ、文化財の修理は、何ものをも創作してはならないのである。

そこで「紙組成分析と補修紙の製作」を先進的に行ってきた岡墨光堂《おかぼっこうどう》の取り組みを、二代目岡岩太郎氏への聞き書きから紹介してみよう。現在の修理技術は形をつくる、仕立てるための伝統的な技術と繕うための科学的な技術とから成り立っている。修理技術を安定的に提供するためには、技術を支える材料と道具とが不可欠な存在である。しかし、紙本や絹本などの文化財の修理において和紙は様々な形で使用され、修理技術の基本をなす材料であるにも関わらず、科学的な調査や分析を行われていなかった。昭和四〇年代頃から料紙を調査・分析し、それを記録するという作業が始まった。修理技術者が、どのような観点で紙を見て、それをどのように修理の現場に生かしてきたのか、また補修紙の製作についてみてみる。

（1）紙組成分析の始まり

屏風や襖などの下地の下貼りに使われる兵庫県名塩《なじお》産の泥間似合紙《どろまにあいかみ》は、軟らかくて良質な紙であったが、昭和三〇年から同四〇年代頃にその風合いを失っていった。泥間似合紙の変化を感じながらも、泥間似合紙とはこういう紙だとその当時は思っていた。

その後、障壁画の保存修理事業が多くなり、昭和六〇年には宮城・瑞巌寺《ずいがんじ》「本堂障壁画」（重要文化財）一六二面の修理が開始されることになった（図版16）。この障壁画修理には、大量の下

修理後　　修理前

図版16　瑞巌寺本堂障壁画（宮城・瑞巌寺蔵、『平成六年度　指定文化財修理報告書　美術工芸品篇』文化庁文化財保護部美術工芸課、1996年より引用）

張り用の紙が必要で、下張りの中で胴張りに使用する泥間似合紙も大量に必要であった。新たに作製するに当たり、名塩産の泥間似合紙を分析することになった。紙繊維や紙質などの同定は、それらを知ることから始まったといえる。

　泥間似合紙は、楮紙と三椏《みつまた》紙の反故を混合した紙に、六甲山系で取れた泥土を混ぜたもので、泥土はアルカリ性のため紙のpHは弱アルカリ性となっている。空気を通さず吸収性に優れ、襖の桟木のあくを取ってくれる上、透け止めの効果もあり、下張り用の紙として優れた性質を持つものであると聞いていた。泥土には白色の東久保土《とうくぼど》、卵色の天子土《あまごど》、青色のカブタ土、茶褐色の蛇豆土《じゃがめど》などがある。

　実際に、泥間似合紙として販売されている紙を分析してみると、粗悪なパルプ材が八〇%を占め、繊維がはっきりしない古紙のようなものと泥土が混じり合った紙であった。粗悪化の原因は、紙の価格が据え置かれ、質を低下せざるを得なかったことによるものであった。また、三椏紙はタイプライター用紙などに多く使われていたが、急激な需要減少により、生産自体が少なくなり、反故紙が市場に出回らなくなったことも大きな要因である。

修理に使っている和紙に、こうした変化が起こっていることに気付き、他の和紙についても紙質調査を行ってみた。その結果、手漉きの楮紙や三椏紙として販売されているものの中にも、一〇%〜二〇%のパルプ材が混じっている紙のあることが判明した。楮そのものは中性であるが、パルプ材の繊維を漂白するために使われる酸化剤が混入され、パルプ材の再生紙の中には鉄粉が混入されている可能性もあり、伝統的な製法の楮一〇〇%の紙とは性質が全く異なっているといえる。

修理では、本紙を保護するための裏打紙など、見えないところに安定した素材を使うことが必要不可欠である。不適切な性質の紙であれば、文化財の保存上に問題が残ることになる。

(2)　紙の分析、紙質調査の取り組み

障壁画は建築と一体として保存されるのが本来の姿であるが、日本の建築の環境は障壁画の保存には風雨、乾燥、光など悪い影響を及ぼすため、修理後は収蔵庫に保管する方が、障壁画その

ものの保存には良い環境を維持できる。しかし、建物の障壁画を取り去ったままにできないことも事実であり、障壁画の修理に当たっては将来の管理体制を含めた修理計画を考えることが望まれる。

瑞巌寺「本堂障壁画」修理では、本紙そのものを収蔵庫に別保存し、本堂には復元模写の障壁画を入れることとなった。復元模写を原本に近いものにするために料紙を復元する方針が採られた。紙質調査の結果、料紙は雁皮一〇〇％の紙であった。しかしながら、繊維の加工法が現在と違うため、繊維が短い現在の雁皮紙とは風合いや表面強度が少し異なっていた。

一三世紀中頃の国宝『三十六歌仙絵巻（佐竹本）』は、雁皮紙と楮紙の混合紙もしくは雁皮紙だといわれてきていたが、紙質調査の結果、楮一〇〇％の料紙と判明した。ただし、現在の楮紙とは風合いが異なっており、顕微鏡で観察すると、楮の繊維が短く切られ、繊維がよく叩かれてフィブリル化していた。漉かれた後に打紙《うちがみ》加工が施され、そのために艶やかに見えて、料紙は雁皮紙と認識されてきたのであろう。

平安時代末期から鎌倉時代の文化財で、料紙の色紙《いろがみ》、装飾紙等が継がれ、巻子仕立てになっている国宝を含む数点の紙質調査を実施した。その料紙の一つで、「飛雲《とびくも》」と呼ばれる装飾紙を調査したところ、紫色の繊維は雁皮紙、藍色の繊維は楮紙というように染める色によって繊維の原料が変えてあった（図版17）。紫色の繊維は、紫根《しこん》の染料で染めてあり、顕微鏡で見ると、紫根の染料は繊維の中に入り込まず、色素が繊維のまわりにくっついている状態になっている。紫根

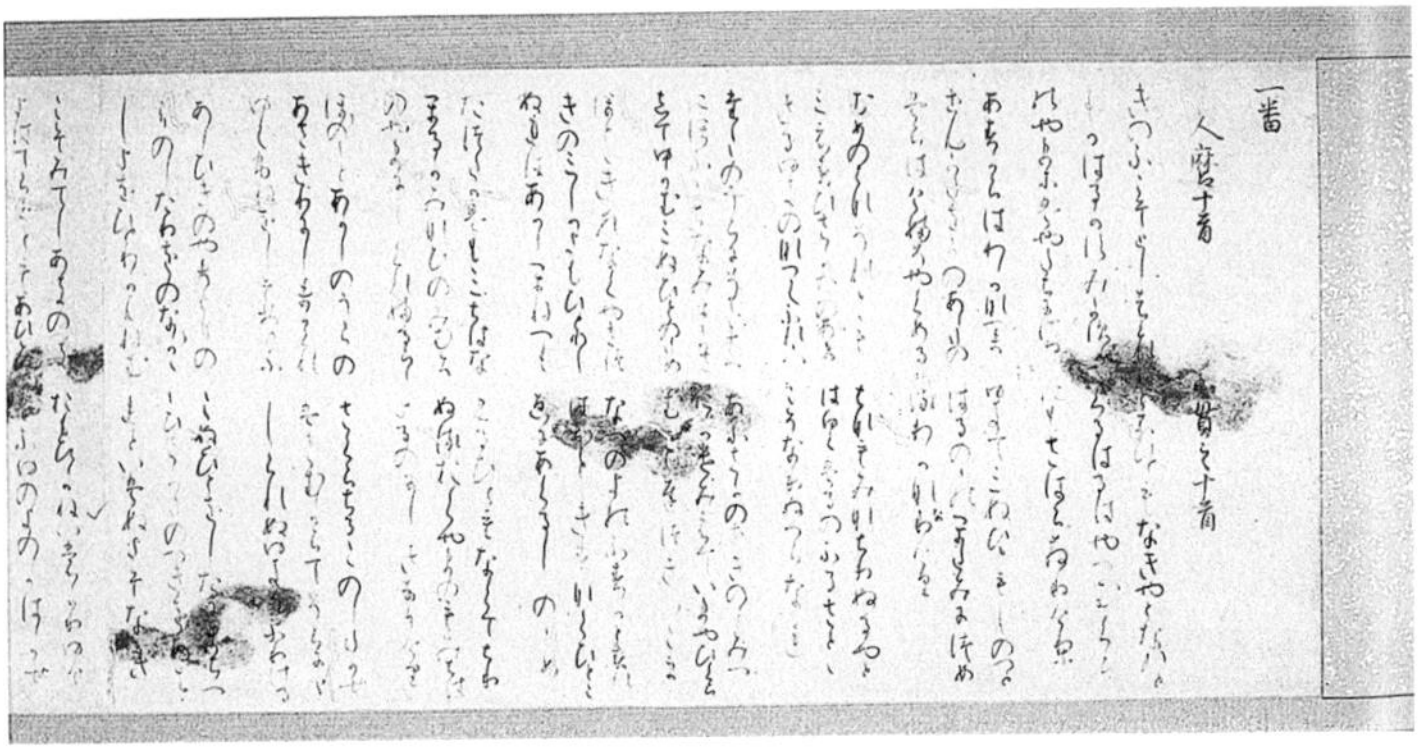

修理後

図版17　飛雲の例（歌仙歌合、大阪・和泉市蔵、『平成六年度　指定文化財修理報告書　美術工芸品篇』文化庁文化財保護部美術工芸課、1996年より引用）

は定着しにくい染料である。紫染めの料紙を復元したとき、pHを調節しなおし、結合に成功し復元することができた。また、色紙の中で補修紙が必要であった濃い藍色の料紙（紺紙金泥経）の復元は、短い繊維の溜め漉き紙を何度藍で染めても料紙の濃さにはならなかったが、その紙を打紙加工を施してみると、色味が濃くなり、料紙に近い色が出せた。当時の職人達は、この難しい作業を難なくこなす技術を持っていたといえる。

こうした染色方法は、過去において一般的に行われていたが、現在では失われた技術である。料紙の復元などを通じて、伝統的な技術を習得していくことにより、紙が持つ奥深い魅力に感激し、日本に豊かな紙の加工法や染め方などの技術があったことを理解することにもつながった。

(3) 料紙の復元、補修紙の製作

料紙の虫穴や欠失部分を繕う場合、かつては在庫の古紙や、他の文化財を修理した時に取り替えた裏打紙などから、料紙に似た紙を探し出して利用していた。いわゆる似寄紙である。これらの紙を多く抱え、その中から料紙に近い似寄紙を見つけられるかということが、修理の出来具合を左右していた。

高山寺蔵の国宝『華厳宗祖師絵伝《けごんしゅうそしえでん》（華厳縁起《けごんえんぎ》）』のように六巻もあり、本紙の欠失箇所が多く、修理に多くの同一の補修紙が必要な場合、料紙に似た紙があっても足りないことになる。不足した場合には、新しい紙の中から似た紙を選び出し、補彩を施して色で合わせる方法が一般的に行われていた。『華厳縁起』は、絵画表現が淡彩で、欠損箇所が絵画の本質的なところにあるため、そうした方法では完成度の高い修理はできない。そこで、料紙の復元を行うことにした。

当時の抄紙法の通り、楮の繊維を細かく切って溜め漉きで漉き、密度を上げるために打紙加工を施した。その結果、見た目には似た補修紙ができたように思えたが、本紙料紙と合わせてみると、雰囲気が合わなかった。顕微鏡で観察してみると、本紙料紙の繊維は捩れているのに対して、復元した紙は繊維一本一本がまっすぐな状態であった。同じ種類の繊維、同じ抄紙法で漉いても、楮の繊維そのものの質が今と昔では違っているため、異なったものになった。そこで、他の文化財からでた反古紙を使用し、漉き返して混ぜ合わせ、料紙を復元してみたところ、風合い、手触

り、質感など本紙料紙と合う補修紙ができた。

　次に、中国製の紙について述べる。従来、墨蹟などの修理における補修紙は、画仙紙《がせんし》が使用されていた。しかし、質感に違和感があり、実際に料紙は竹紙なのか、青檀《せいだん》と藁《わら》が入った画仙紙なのか、それとも青檀一〇〇%の紙なのか、断定できていないにもかかわらず、全て画仙紙を補修紙に使用してきた。竹紙は輸入して使用していた。

　紙質調査を行ってみると、淡い黄色で「唐紙《とうし》」と呼ばれていた紙は竹紙、白く墨が滲みやすい紙は画仙紙であり、墨蹟などには竹紙が多く使われていることが確認できた。これでは、画仙紙を用いて補修しても合わないはずである。『池大雅《いけのたいが》筆障壁書画』や『本居宣長《もとおりのりなが》稿本類並関係資料』などの修理を行ったとき、中国製の料紙に近い竹紙を捜し求めたが得られなかった。そのために、古紙の中から竹紙を探し出して砕き、そこに新しい竹の繊維を混ぜて、溜め漉きで厚めに漉きなおして補修紙を製作した。

　また、明代や清代に修理された巻物の裏つまり裏打紙は、艶やかで透き通るような白さがある。例えば、宋代の巻子を清代の乾隆帝《けんりゅうてい》が修理したものの裏を見ると、柔らかな肌合いで、しかも透明感がある。現代の中国で修理されたものの裏は、光ってはいるが透明感がない。中国の作品の裏打ちは画仙紙ですると理解してきたが、修理には全て画仙紙を使っている。風合いは竹紙に近いが、竹紙は安物で弱く、裏打ちには使われないという。ところが、画仙紙ではどんなに工夫してみても同じような風合いにはならない。

そこで、裏打紙を分析をしてみると、竹紙であった。良質の竹紙を探し求めたが、入手できないので、市販の竹紙を使って漉きなおした結果、同じような竹紙を作ることができた。ただし、竹紙は繊維の絡まりが弱く、そのままでは補強紙にはならない。本紙に薄い楮紙にて裏打及び増裏打を施した後、総裏に使用したら、古い中国の巻物の裏に近い状態になった。

この他にも、高知県立紙産業技術センター(1)と協力して、中国の麻紙《まし》や天平時代の穀紙《こくし》、平安時代の色紙など、様々な紙の復元を行ってきた。

(1)　高知県の製紙業は温暖な気候、清浄な水資源、各時代の先覚者の先導によって、また楮をはじめ和紙原料の栽培奨励と良質な生産にも恵まれて発展してきた。明治以降は全国的な生活文化の向上に伴い紙の消費と生産とが急増したが、特に第二次世界大戦後、生活の洋式化による紙の大量需要は機械抄紙化など生産技術の向上により安価な洋紙に取って代わられたため、和紙の生産は急速に減少してきた。生産品目も生活必需品は激減して、絵画などの美術用紙、手工芸品用や加工品などの趣味を含めた工芸用紙の比重が高くなっている。他方、手漉き和紙生産者を中心に、文化財の修理など良質な国内産原料を使って伝統的な手法で和紙を漉きたいという要望は根強くある。支援機関としての高知県立紙産業技術センターでは、古文書やその修理用紙をはじめとする文化財に関する相談や分析試験を多数行ってきており、手漉き和紙生産者の修理用紙作成の技術の継承や生産を支援できる体制を整えている。

高知県立紙産業技術センターの支援事業としては、国指定文化財などの修理保存に必要な和紙の製造技術・技能の継承を推進するために、技術指導および人材育成事業などを行っている。また、修理において利用できる紙の機能・用途開発、長期保存のための機能付与や修理年代推定支援など実際の文化財やその裏打紙などの劣化度合いを明らかにするための研究開発事業なども行っている。

具体的な技術指導・人材育成事業には①和紙製造における後継者育成と②修理・保存技術者に対する和紙製造技術指導がある。①では、現在修理現場で使用されている和紙の製造技術者育成のために、土佐和紙工芸村と提携した後継者や従事希望者に対して手漉き和紙工程の実習研修を行っている。また、センターに設置している設備や機器などを開放して製造技術支援を行っている。②では、修理・保存技術者の希望者に対して実習研修を実施して人材育成を支援している。研修は原料の加工、煮熟、解繊、抄紙、乾燥、仕上げの工程を実習する内容である。

次に、研究開発事業には①修理工程用機能紙（補修紙）の開発研究と②修理サイクルの規格化のための支援研究がある。①の補修紙は現状では本紙、裏打紙（肌裏紙、増裏紙、総裏紙）、両面に印刷された料紙用の表面打紙加工の紙など伝統的な手漉き和紙などのほかに、本紙の汚れ除去用に用いられるクリーニング紙、本紙を裏打紙から剥がす際に表打ちに用いる肌上げ用の紙など、湿潤紙力、均一な地合、乾湿時の伸度などの機能をもった既存の紙が利用されており、修理用紙としての用途に合致した紙の研究開発を行っている。②では、紙の劣化に関しては、すでに様々な機関において劣化機構と劣化難易の評価が実施されているので、センターでは「紙の劣化に関する研究」を課題に劣化評価方法の検討や劣化しにくい紙の試作を行っている。また、紙の劣化によって原料セルロースやヘミセルロースはその熱量分析や蛍光分光分析などのデータを微妙に変化させていることもわかりつつある。しかし、実際の文化財やその裏打紙などで、どの程度に劣化しているのかの指標となる劣化度は明らかになっておらず、その指標を解明することで今後の修理時期や劣化原因の推定が可能となるであろう。
紙文化財における紙に関する科学的な見地での分析や研究調査、また修理の補修紙作成における伝統的な手漉き和紙技術の継承などを行うことのできる、世界的にみても唯一の機関として、その役割と機能の重要性は増すばかりである。

（4）補修紙

補修紙については、上杉家文書修理に際しての竹上幸宏《たけがみゆきひろ》氏による具体的な取り組みを紹介する。当時の問題意識としては、肉眼による観察に加え、科学的な方法による分析を行うようになり、光学機器を用いることにより、これまで判明していなかった料紙の繊維の種類、長さ、填料《てんりょう》の有無、密度等、料紙の組成を知ることができるようになってきていた。補修紙の選別を行う時には経験だけに頼らず、分析結果を基にして行うことの必要性を認識するようになっていた。また、補修紙の選別をすると、質的・量的な問題で手持ちの紙や既製の紙では間に合わない場合がでてくる。均一な紙が大量に必要な修理の場合、料紙に近い補修紙を得るためには新たに補修紙を製作しなければならない状況が生じてきた。

新たな補修紙を手に入れるためには、（1）修理技術者が紙を漉く、（2）紙漉の専門家に依頼して漉いてもらう、という二つの方法が考えられるが、（1）は紙としての完成度に問題が残り、（2）はどのような紙を作りたいのかという要求を紙漉の専門家に明確に伝えて理解してもらうことに問題があった。

（2）の方法として、修理技術者が調査分析を行った料紙に関する情報を紙漉の専門家に渡し、料紙に近い補修紙を製作することを目的とし、大川昭典《おおかわあきのり》氏（元高知県立紙産業技術センター主任）と紙漉の専門家である井上稔夫《いのうえとしお》氏（選定文化財保存技術保持者）の協力を得た。

補修紙を製作する上で、典型的・標準的になる料紙が必要であるため、上杉家文書を選んだ。上杉家文書はうぶな状態で保存されており、裏打等の修理の手が加えられていない本紙が大半であったことによる。

上杉家文書の修理では、現状を維持することを基本方針とし、本紙の欠損箇所に補修紙を施すが、裏打などを行わないこととした。そのため、補修紙は裏打ちを行う修理に用いる補修紙以上に本紙に近づける必要がある。本紙と補修紙との間に違いがあれば、見苦しい結果となってしまう。補修紙には風合い、厚さ、簀目の有無とその本数等で料紙に近いものを用いる必要がある。本紙を観察する際、料紙を手に取り、光に透かし、料紙の地合い、簀目等を見て判断した。

以上のことを念頭に置き、大川氏、井上氏、上杉家文書修理者会（宇佐見松鶴堂、藤岡光影堂、山内墨申堂、岡墨光堂）の修理担当者の協力を得て、料紙の調査を行った。多種多様な料紙の中から、既存の紙の中から補修紙が見つからないものを選び出し、基礎データの測定、紙質調査を行った。

また、補修紙を製作するのに必要な茅簀《かやす》と桁を大川氏の協力により、高知市有光簀桁製作所で製作した。簀桁の大きさは、調査した料紙と同様の大きさの紙（縦四四㎝、横五四㎝）が漉ける大きさとし、簀の目は、調査した料紙の簀の目に合わせ、一寸間に一一～一二本、一五～一六本、一八～二〇本の三種類のものを製作した。

料紙の紙質検査の結果、（1）楮、（2）三椏、（3）雁皮の各繊維による補修紙を製作した。

（1）楮繊維の料紙の特徴は、①豊臣秀吉朱印状等に見られるもので、漉いた後、吊り干しによる乾燥を行ったと見られる痕跡が、料紙の両端に見られる。簀の目が粗く、厚さも平均〇・一八九㎜と厚く、繊維は荒く長い。②填料に米粉《こめこ》を用いている紙があり、米粉の溜まりが見られた。現在の米粉入りの紙に比べると、多くの米粉を混入している。楮の繊維は荒く長い。

（2）三椏繊維の料紙の特徴は、①一見すると繊維が荒い楮紙と見間違うほど現在の三椏紙とは異質であり、楮紙とは違った感触である。塵が多く、繊維が長い。②塵は少なく、繊維の長さは長いものは、表面観察及び手触りでは、雁皮紙か雁皮と楮の混合紙と間違えそうな料紙である。

（3）雁皮繊維の料紙の特徴は、①現在の雁皮紙のような料紙表面のなめらかさはなく、簀目があり、繊維は長く、楮紙を軽く打ったような紙質を感じる。②簀目はなく、紗漉《しゃす》きで現在の雁皮紙と比べると、繊維が長く、荒く、異質である。

以上の料紙を典型的・標準的とした補修紙を作成するに当たっては、紙漉の井上氏と、紙を漉く上で必要な情報の伝達方法、繊維の加工、漉き方等について細かな打ち合わせを行った。

視覚的な情報として、料紙の斜光線や透過光による地合いの等倍率の写真を撮影し、紙質検査の結果とともに渡し、補修紙の作成を依頼した。でき上がった補修紙は、実際に本紙に当て、完成度の確認を行い、その内の三種類の補修紙は、上杉家文書の修理に補修紙として実際に使用した。不十分なところはあったが、本紙に合わせた新たな補修紙を作る上での基本的な資料としては満足なものであった。

これにより、料紙の分析調査を行い、修理技術者が補修紙として求める紙質（繊維の種類、繊維の長さ、漉き方、簀目の数、紙の厚み等）を指定して、漉き手である紙漉の専門家が、その情報を基に補修紙を製作するという一連の作業方法を作り出せた。

今後の課題としては、（1）製作する補修紙が、本紙が漉かれた当時の紙質の再現を目指すのではなく、強度や風合い、紙面の経年変化による損傷具合等で、現状の本紙に近づける工夫をすること、（2）修理技術者と漉き手の間で情報が効率的かつ正確に伝わるような仕組みを確立し、補修紙製作が容易にできるようにすること、（3）本紙が漉かれた産地、抄紙方法、道具等の不明な点を解明していくことが必要である

（5）　修理に対する考え方の変化

修理において補うとは、足りないところ、欠けたところに足すことであり、これに用いる紙を

補修紙、絹を補絹絹という。

技術的には、欠失部分を補填し、重なりを作らないことが求められる。補う材料は、今までは類似品いわゆる似寄を探すという方法であった。似寄で補っていた時代の修理技術者は、損傷状態に対してどのようなものが合うかを判断できる鑑識眼、似寄を多く持っているという工房の伝統力、またはどこに行けばそれらが手に入るかという情報力を併せ持っていることが重要であった。かつての伝統的な修理とは欠失部分をうまく埋め、その継ぎ目が分からないようにすることであった。一番優先されたのは、見た目の仕上がりの良さであった。

現在の修理では、見た目の良さはあるが、それ以上に保存に重点が置かれている。極言すれば、見た目は悪くても、保存のために良いのであれば、それを優先するということである。今日の伝統的な修理は見目よく見せるということから、保存へと一歩踏み込んだといえる。

こうした文化財の保存を重視する修理作業の中で生まれてきたのが、料紙や料絹の復元、開発である。復元の目的は、見た目を似せることだけではなく、同質の素材を補填することにより、本紙の長期的な維持・保存を計ることにある。そのために、現在の修理では同じ鑑識眼と言っても、復元を目的として料紙・料絹を分析する鑑識眼が必要とされるようになっている。

昭和四〇年代の補絹絹の製作では、糸の太さや織り方など原本をよく知り、それと同じ新しい絹織物を作ることから始まった。他方、紙はどういう繊維を使っているのか、どういう加工をし

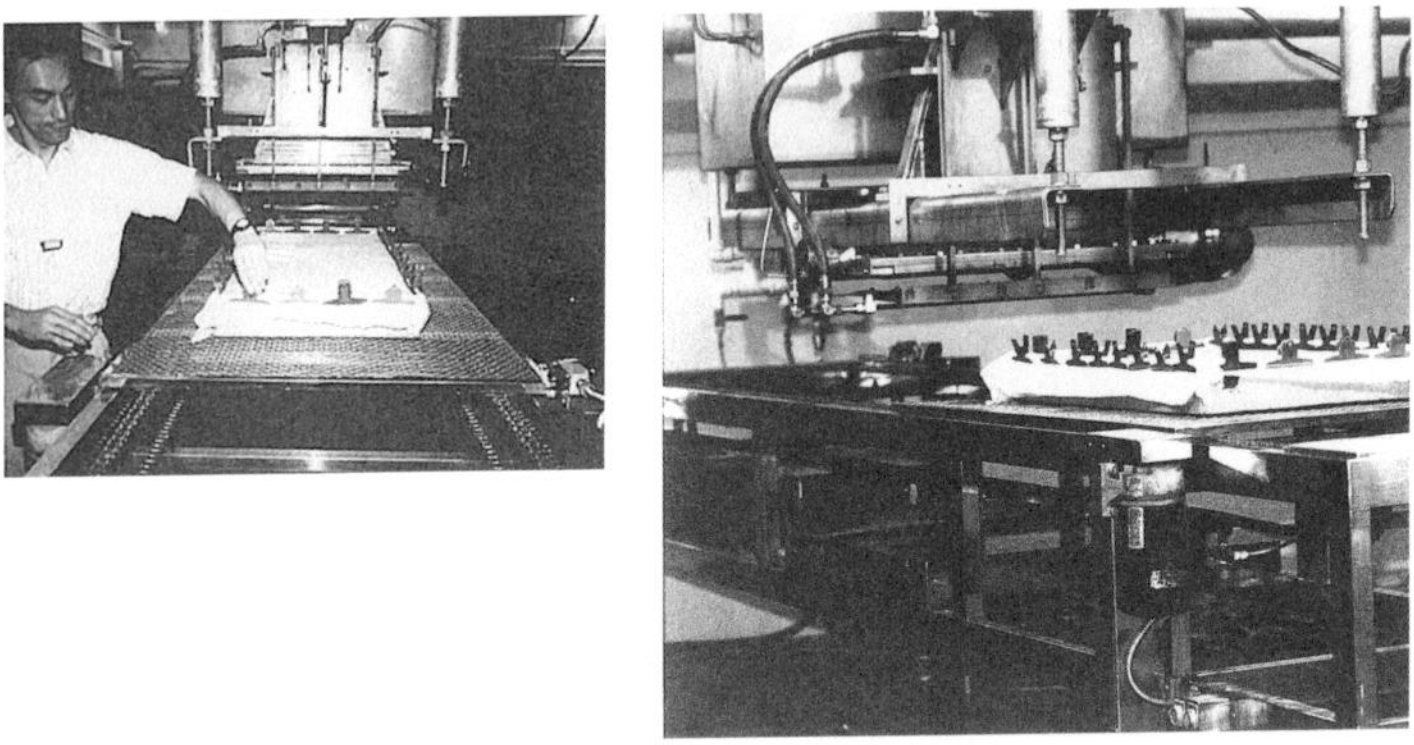

図版18　絹本文化財補修用劣化絹の共同開発（『国宝修理装潢師連盟50周年』国宝修理装潢師連盟、2009年より引用）

ているのか、密度はどうか、などの料紙をよく分析し、理解することから始まっている。また、絹の場合には復元した絹を人工劣化させる（図版18）ことにより、見た目だけではなく、性質まで料絹に合わせることに成功した。紙の場合は、古い素材を再処理した弱い繊維を混ぜ、木槌で打つ、揉むなどの加工を行い、組成だけではなく、見た目と強度を近づけるようにしている。かつて似寄紙を用いた補填の場合は、本紙と同じ素材、同じ汚れ具合というものはあり得ないので、必ず表面から絵具による補彩を施していた。しかし、補彩はしない方が望ましい。復元では、補修紙を作る段階で様々なものを加えて補修する箇所の本紙の色に近いものを作り出すことができるので、補彩を必要としない補修紙が作れるよう工夫している。

修理技術者として、ものを知ること、ものを見ること、それを理解することはいうまでもなく、そうして得た知識を材質の選択、修理への応用などにつなげていくことが重要である。さらに、それをどう正しく伝えていくのかにも取り組まなくてはならない。古い技術が、どういう理由で消えていったかという記録も含めて、正しい知識を次代に伝える必要がある。伝統的な技術や知識を理解、習得し応用していくのと併行して、それらを記録、検証しつつ伝承していくことが、現在の修理に課せられた仕事であると思う。使命感を持って研究、開発に取り組んでいくことが求められる。

修理技術の変遷を見ると、各時代の技術の開発と改良による新たな展望と進捗に対して最も相応しい技術が選択されてきた。伝統と創造との融合が、いつの時代にあっても希求されていた。先人の智恵には旧弊を改める気概と技術革新に努める能力とが備わっていた。優れた技術は後世に語りつなげなければならない。それは修理技術という技能をもって、確実に正しく伝えていくことを意味する。より良い技術への指向性は、試向の独立と事象の独立との組み合わせで生まれるものであり、経験的法則の体系化へと展開させながら進歩していく道筋を見通す力にあった。具体的には、光学機器を導入しての科学的な分析や絹本絵画の補修材としての人工劣化絹への取り組みなどの保存科学との連携、また手作業の繕いから漉嵌機の開発と実用化、さらに料紙の復元と補修紙作成へというように、それらは世界に誇りうる技術へと昇華してきているといえよう。

第4章　文化財修理の心構えとあり方

修理に携わる人には、修理を依頼し担当する人と、実際に修理を行う修理技術者とがいる。それぞれの見識などに基づいて、修理において大切なことはいったい何であるのか、ということを常に自問自答しながら実際の修理施工に当たっていくことが強く望まれる。修理に対する基本的な心構えには、これといった大きな違いや差があるわけではない。ところが、こうした修理にお
ける初心ともいうべきものの考え方は、往々にして目の前の忙しさなどから忘れがちになり、時としてすっかり忘れ去られているような光景を目の当たりにすることがある。

そうした経験を自戒する意味からも、自分の目の前にある文化財は一つとして同じものはなく、修理に当たっては必ず初心に立ち返る余裕をもてるように意識することが大切である。心に余裕を持たない、あるいは持てない修理では決して良い結果を伴うことができないであろう。

どのようにして、この基本的な心構えを修理の現場において持ち続けることができるのかを考えることは、修理を行う文化財と自分自身との関係をどう考えているか問うことにほかならない。

まず、修理に携わる者とは、文化財にとってどういう存在であるのか、つまり文化財からみた修理技術者はいかなる存在であるかということを考えてみる必要がある。修理において主客が逆転して、修理に携わる者あっての文化財という状況になっていないかどうか、ということを不断に問い続ける必要があり、修理においての主役、主体は文化財であることをしっかりと認識すべきである。例えていうならば、病人と医者との関係に置き換えることができよう。すなわち、病人は健康でない文化財、医者は修理を行う修理技術者に当たる。文化財の修理において修理技術者は、文化財が伝わってきた歴史の一瞬、わずかな時期、関わっているのみであり、文化財の歴史の一齣にある自己の存在を客観的に見つめられるならば、おのずと修理における主客の関係は明白になるはずである。

この病人である文化財は自分でどこが悪いのか、どこが痛いのかなどを伝えられない赤ん坊のようなものである。担当する修理者は技術を用いて文化財の病気を治す、正に医者そのものである。しかし、医者も名医ばかりとは限らないわけであり、病人にとっては誰に担当されるかで、治る病気も治らないという事態を生じてしまうこともある。それゆえ、修理に携わる者は、文化財の命を左右する重要な仕事に当たっているということを忘れてはならない。また、正しい修理を施すことが必要不可欠な仕事であることを肝に銘じなければならない。

第1節　「もの」と心

文化財は、紙、木、石や土などの素材からできていて、見た目には「もの」でしかないともいえるが、そうした「もの」にもそれを守り伝えてきた人々の思いが幾重にも積み重ねられている。そして、「もの」それ自体にも心があるように思われる。「もの」の思いや心を感じ取れるかどうかが、修理技術者の資質を分ける大きな分岐点であろう。そして、この「もの」の心を感じ取れるかどうかは、それを大切にする心を持って虚心に文化財に接することができるかどうか、痛みがわかるかどうか、あるいはそれが訴えてくるもの、教えてくれるものに対して素直に耳を傾けられるか、という極めて当たり前の真摯な姿勢を問われていることにほかならない。

井上満郎氏の言を借りると、人の作り出した文化は人の心の所産であり、その文化が現実の世界に姿をとって現れたものが文化財であるという。心のない文化や文化財はありえないことを説き、そのことを文化財に接するときに決して忘れてはならないとする。文化財に接するときには、「もの」の心つまり人の心をまず知らなければならない。知るための努力をしなければならない。心を知ったときには、その心がどう作用して文化財という姿をとっているのかを考えることが求められると主張する。それは文化財に人の心を視ることであり、姿を物質的な形として視ることをやめることに通じる。文化財は人の作り出したものであり、人の心が作り出したものであるからである。

修理では、文化財を作った人の心にならなければならない。そうすることで、文化財がもっている存在としての意味がわかるようになる。文化財の作者の心が何であるかを考え、心になりきってみることは、文化財の理解に必要なことであろう。

文化財の心を知る、心を視る、心になることは、修理技術者が文化財を通して過去の人々と対話することである。そして、過去との対話は、そのまま未来の人々との対話へとつながっていくことを強調したい。

第2節　修理に対する姿勢

先人から引き継いだ文化遺産を、未来の人たちに、できるだけ現状のままで引き渡す責任を共有しているという認識を大前提として、修理に携わる人に求められる関わり方や姿勢について述べてみたい。

まず、文化財に対する姿勢として求められることは、

①「文化財」は人がつくり、人が伝え、人が守り、人の輪の中で生きていること

②すべての修理は、「文化財」に命を吹き込む作業であること

③美術工芸品という「文化財」は、人間と同じように病むものであって、生き物として考えるべきであり、単なる物質ではなく、魂のある「もの」として捉えるべきであること
④「文化財」の言葉は、聞こうとしない限り、けっしてその言葉は聞こえてこないものであり、耳を傾けることなしに、修理という仕事を始めてはならないこと

という四点があげられよう。

「職人は馬鹿でできず、利口でできず、中途半端でなおできず」ともいわれるが、求められている修理技術者像とは、どのようなものであるのか、以下に提示してみたい。

①修理技術者は自らの技術に誇りを持ち、それを社会貢献させることに喜びと使命感を持っている人である。文化財の修理にかける誇りと夢とが、その活力を支える原動力となっている人である。誇りは、難しすぎて人のやれないものを成し遂げることである。
②修理技術者は仕事を通して、伝統の技術や技法を次世代に伝え、伝承の足跡を残す姿勢を堅持し続けなければならない存在である。先人の技量に感心する謙虚な姿勢を持ち、その技量から伝わる心意気を受け止められる感性を持っている人である。
③修理技術者は、修理とは技術の積み重ねであり、現場で必要とされる技術の多くが、高度化、複雑化してきているということを認識できる人である。限られた分野の熟練技術や伝統的な技術・技法を磨くことはもちろん重要であるが、時代の進展とともに求められる技術の内容

も変化し、昔ながらの職人技だけでは足りなくなってきていることを理解し、様々な変化に耐えられるだけの能力と、多分野にまたがった広い知識が必要になっている。そのために修理技術のみならず様々な知識を高め、かつ技術開発などに伴う研鑽が不可欠であることを感じ、実践できる人である。絶え間ない科学技術の変化に対応して、絶えず新しいノウハウを身につけていかなければならないのである。

④修理技術者は額に汗して愚直に働くことを忘れず、「文化財」から感じる、教えられる心を持って、正直で嘘をつかない文化財修理の魂をもつことができる人である。技術者が初めに学ぶことは、自分の仕事に誇りを持ち、不正を避け、正直さを貫くような心構えと強い意志を保つということである。

⑤修理技術者は自らの理念と技術を生かしつつ、また所有者の立場にも立って文化財に対する価値観を共有し、修理における感動までをも共感できる人である。他の技術者ら、様々な人々と様々な局面でコミュニケーションを取りながら仕事を進めていかなければならない。

⑥修理技術者は修理において、してはいけないこと、しなければいけないことを幾つ知っているかが重要であることを理解している人である。同時に、「すべきこと」や「していきたいこと」を持つことが不可欠である。

この六項目を誠実に希求する姿勢を修理の現場において実践できなくてはならない存在であると

いえる。

しかしながら、必ずしも特定の資格が必要であるわけではなく、機能やデザイン、安全性、コスト、納期、環境への配慮など、多様なファクターを総合的に考慮して、社会のニーズに合う技術や物を開発しなければならない。自分たちが開発した技術や製品を介して、不特定多数の市民と間接的に関わり合うこととなる。

これら伝統技術の後継者の育成のためには、実際の仕事をする中で、自ら悩み、迷いながら、人の技を見て、盗み、覚える苦労を重ねる場が重要である。手取り足取りして教えたのでは、そのときは早く覚えるものの、忘れるのも早い。苦労の中で得た技は忘れることがない。そうした経験を積み重ねることで、技が継承され、丁寧で気持ちのこもった仕事ができるようになる。

理屈で「これは失敗する」とわかっていても、それは本当に理解していることとは別の話で、先人の轍をあえて繰り返して踏んでみる必要もある。頭だけで理解したつもりでは、とても危なっかしくて仕事を任せることはできない。体感を通じて会得することの大切を忘れてはならない。

修理は技術の積み重ねだから、真似をしようとしても簡単にはできない。真似されることがあっても真似してはならない。独自の技術開発に伴う研鑽が不可欠である。修理技術をもって職業とする修理技術者は、人類の果たさなければならない役割の最先端にあって、文字通り人類の過去の遺産を未来に伝えるという意味において聖職者に等しいことを認識すべきである。自らの良心と良識とに従う自律ある行動が不可欠であることを自覚し、社会からの信頼と尊敬とを得ることである。つまり、技術者としての社会的責任は、技術的能力と良識に対する社会の信頼と負託の上に成り立っていることを認識すること、社会が真に必要とする技術の実用化と研究に努めるとともに、製品、技術及び知的生産物に関して、その品質、信頼性、安全性に対する責任を有することである。職務遂行においては常に公衆の安全、健康、福祉を最優先させることである。そのためには、自らの専門知識と技術とを、豊かな持続的な社会の実現に最大限に活用することである。

このような認識で、修理を見直してみると、修理とは破壊でもあることが認識される。その破壊をどれだけ最小限に止めて、次の時代により良く残していけるのか、そのためにはどのような修理方法があるのか、修理においてやって良いことと悪いことの見極めが大切である。後述するように、やって良いのは後で取り除くことができること、可逆性の修理であり、してはいけないことは、いま、文化財から読み取ることができなくとも、次の時代には見つけられるであろう未知の情報までを含めてあらゆる資料を損なわせること、つまりやり過ぎの修理である。修理技術者の資質は、このことを見極められるか否かこの一点による。文化財の本質をよく理解して、文化財を将来どのような姿で伝えるのか、そのためにはどのような修理を行うのかは修理技術者の基本理念の問題である。

ところで、保存・修理の理論と実践とはいかなる「論理」に基づくべきか、という問題に対してハンナ・イエジェイエフスカは『修復の原理』において、次のように答えを提示している。

①未来の世代のために、変更のない状態で対象を保存する。

②修理中に加えられたものや処理は何であれ、対象を損ねることなく、もとの状態に戻して復元できるものでなければならない。

③「オリジナルの状態」に立ち返ろうとすると、対象に被害をもたらしかねない。

④何を修理したかではなく、いかに修理したかが重要である。

⑤修理を学ぶ者は、自分自身の仕事も含めて、あらゆる面で批判的な精神を養う。

⑥修理の仕事は、たえまのない一連の解釈であって、知性の仕事と手の仕事とはけっして分離されてはならない。

⑦修理の経過や結果は記録化されるとともに、報告書などによって公開され、批判に対しても開かれていなければならない。

こうした欧米における修理に対する理論や姿勢は、何ら日本の修理理論と変わるものではなく、普遍性のあるものであるといえる。文化財修理に係わっている技術者にとって、過失・怠慢や専門的知識、経験、技能の不足などは、それ自体が責任を問われる問題である。

次に、修理の在り方において最も強く要求されることは、明確な修理の理由と一貫した目的意識にある。簡単にいえば、何故に修理するのか、修理を終えてそれでよかったか、他に方法がなかったか、そしてもっとも重要なことは、なぜそれが文化財なのかを熟知していることである。

そのためには、文化財を前にして行わなければならない第一の作業が十全なる調査と記録ということになる。文化財がどういう「もの」であるのかという物質的な構造や状態を明らかにするとともに、どのような歴史的あるいは美術的などの様々な価値をもっているのかを研究し、どう保存し受け継いでいくべきものなのかを考察することから出発しなければならない。

したがって、修理という方法は文化財を保存する上でのひとつの選択肢にすぎないことを念頭におきつつ、かつ修理とは文化財を直すことを目指すのではなく、保存を前提にした科学であることを自覚しなくてはならない。

なお、自明なことであるが、修理するということは損なうことと正反対の行為であり、伝世した文化財を修理することで、その一片をも一質をも失わないようにすることが求められている。もし修理に際して文化財に付加するものがあるとすれば、補強材・接着剤その他一切の修理に伴う添加材のみに限られる。これらには修理対象とともに共生し、対象を越えて、その強度を持たず、対象が滅びる前に滅びなければならない組成的・構造的な性質が求められる。例えば、裏打を考えた場合、強すぎる糊及び裏打紙は本紙と裏打紙との力関係から虫損などのある本紙が剝離《はくり》したり、脱落したりすることになる。それでは裏打紙に本紙を糊塗する本末転倒の状況になる。

修理とは、正しく繕うことである。文化財のありようを正しく認識して、初めて正しい修理が可能である。いうまでもなく、文化財の修理は今日まで伝わってきたものを、無事に次の時代に渡せるようにする仕事であり、大切な点はできるだけ長く傷まないようにすることと同時に、後世でより適切に修理できる状態にしておくことである。文化財の長い歴史の一時期だけに関わっている仕事であることを認識しなければならない。

施工に当たっては、まず修理の方法について十分検討の上、慎重に着手すべきものであって、軽々しく手を下してはならない。また、修理はただ単に傷んだものを直すことではなく、鑑賞、信仰の対象であることにも留意する必要がある。

経験豊富な技術者は往々にして破損箇所をみれば、直ちにこれはかくして補修すべきものという経験的な考えがまず脳裏に浮かび、既に一つの先入観に支配され、誤った方向へ導く危険性がある。

破損した文化財を前にして施工技術研究に先立って、より一層大切なことを忘れてはならない。それは例えば作品が元の形のまま現在に至っているのか、ある時代に手を加えてはいないか、また破損はいかに種類のものか、当初からのものではないのか、その結果によっては、ある場合は修理する必要がない箇所もありえることを前提にして観察を進めるべきであろう。このようなことは何でもないようであるが、案外見過ごされがちである。施工の具体的な技術の問題に入る前にまず十分に考える態度が望ましい。

着工以前の心構えとしてまず第一にあげるべきは、この事前の態度であろう。あくまで既得の技術が先走ってはならない。品質、形状、時代、そして破損状況など多種多様な側面をもつ文化財の修理は、たとえ自信のある技法であっても、それのみに頼る盲目的な修理に終始すべきではない。常にある目的のための新技法開拓を心がけるべきである。このことは施工中においても絶えず念頭において欲しい事柄で、この精神あってこそ、修理事業の将来は確約されたといってよい。

ところが、一方で修理技術のいたずらな開発は、むしろ文化財の破壊にさえつながる。新しい修理技術が過去の修理技術よりはるかに優れているという保証はどこにもないわけであり、営々と築き上げてきた技術は単なる思いつきで覆せるようなものでは決してないともいえる。今日まで至った過程をたどることの方が、かえって今日の技術をより確かなものにできる。

それゆえ、伝統的な修理技術の保持と新しい修理技術の開発というそれぞれの方向性を堅持するとともに、相互に技術の安全性を検証しながら両立を図っていくことこそが求められている。そこには、型にはまったマニュアル主義ではなしえない文化財保護がある。

第3節　修理設計と修理方針

技術は合理性に基づいて編み上げられた知の体系であるから、修理に際しては修理設計が必要である。その注意点は、1文化財の価値を把握すること、2価値の安定性、物理的な保存状態を確保すること、3不安定性の原因を把握すること、4修理方針を策定すること、つまり不安定性の原因を除去するための方法案である。

文化財の損傷状況によって、どのように修理するべきなのか、すなわち、（1）根本的な修理、（2）復元修理、（3）維持修理などのいずれを選択すべきかが異なってくる。

（1）根本的な修理（解体・解装《かいそう》）とは、製作当初の姿に分解して、組み直す修理をいう。装潢では解装するのが普通であるが、本紙に密着した肌裏紙も除去（肌上げ）する。

（2）復元修理には、①本体から離れ亡失した部分を元のようにつけ加える修理、②後世の補修時に付加物、具体的には補材、補絹、補紙、補彩などで、それらを取り除いて、当初の姿を明らかにする修理、③取り付け方などの間違っているものを、正しい取り付け方に直す、例えば書画における錯簡の訂正、仏像手首取り付けの修正などの修理である。

（3）維持修理とは、解体せず、補修するもので、取りあえず応急処置を施して破損の進行を食い止める修理である。

（4）その他として、改装のみ、仏像等台座の新造、持物などの新造、保存箱等の製作が含まれる。

（1）（2）（3）の方針は、一つの目安として考えられる方法で、施工の難易とは全く別の問題である。かつ三つの仕様方法を適宜採り交ぜることもあり、種々の文化財について修理方法を割り切って決定することはできない。そして、修理施工は、失敗は絶対に許されず、危険な方法は避けるべきであり、確実な見通しをつけて着工するための方針であることを確認しておきたい。この意味で、修理方針は修理担当者と修理技術者との意見を統一し、趣旨を徹底しておかねばならない。また、修理の専門家としての技術者の意見を取り入れる余地を残しておく必要がある。

なお、修理における「オリジナル」をどのように考えるのかについて、修理の考え方、意識、対象文化財、修理方法を以下に示しておく。

修理の考え方	意識	対象文化財	修理方法
現状維持	消極性	茶掛、水墨画、墨蹟	必要最小限の水
原状保持	積極性	未修理品、装飾経、色紙経、古文書など	可能な限り少量の水
原状の変化を容認	受動性	損傷が著しい絹・紙本著色画	乾式肌上げ法
現状の変化を認める	積極性	損傷が著しい絹・紙本著色画、水墨画、墨蹟、古筆など	クリーニングなど

第4節　修理の原則

現在の修理は、文化財の素材そのものを保存するということに関心が向けられてきている。そうなると、保存されるべきものを、精細に見極めるという在り方が求められる。特に、原状を保つ素材の保存とは、量的な保存のみならず、それら素材の物理的・科学的特徴の質的な保存も当然含まれている。

ところが、非常に危険なのは、保存されるべきものを精細に見極めるということを、既に慣れている情報の類型のみから特定しようとし、情報としての可能性がいまだ探られていない幾つかの特徴が破壊されつつあることに気付かないでいることである。つまり、文化財は必ずしも予想できるとは限らない対象や世界についての情報の貯蔵庫であるということを念頭に置いて、必要とされる以上の情報を見つけ出していけるかどうかが極めて大切になってきている。

(1)　現状を維持する

現状維持とは、未来の世代のために、変更のない状態で対象を保存することである。今日まで伝世してきた文化財、いわゆる伝世品をそれ以上損なわないように極力現状の状態のままに維持することである。それでは、何故、現状維持の修理が強調されてきているのかというと、過去においては現状維持を図らずに修理が行われ、その際に不必要と判断されたものは積極的に除去され、あるいは必要と考えられたものを新たに付加して直してしまう傾向がみられたことによる。この場合の除去・付加の判断基準となった考え方は、そもそも修理において変わらなければ直っていないという思い込みがあったに違いない。文化財には本来的に持っている諸価値と歴史的に付加された諸価値とがあり、種々の価値をもつものである。

文化財の修理は他の修理とは異なり、良くなるもの、改まるものは何もないとさえいえる。つまり、新しいものと取り替わるものは何もなく、修理とは何も直さないこと、直さずに済ませればそれに越したことはないことを認識しなくてはならない。修理とはまずそう考えるべきであり、根本的な意識の転換が必要となってくる。つまり、文化財の現有する諸価値を存続させるための行為が修理の本質であるといえる。そのためには、ありのままの姿を正しくとらえることが不可欠である。

また、修理中に加えられたものや処理は何であれ、対象を損ねることなく、もとの状態に戻して復元できるものでなければならない。さらに、進行中の修理に対しては絶えず批判的な眼差しを向けて、現状追認的であってはならない。特に、「作者の意図」や「オリジナル」に反するからと言って、後代に加えられたものを一切消し去ってしまおうとするのは、真の意味での保存修理といえない。むしろ現状を破壊し、現状維持に反する行為であるといえる。

(2) 原状を保存する

過去に誤って修理されて文化財の原装を損なっている場合や、原装が隠されていた場合、あるいはある意図の下に原装が改められていた場合など、文化財の原状が明白なときには、保存が損なわれない範囲内で原初の形、原装に復元することを考慮に入れなければならない。その場合、原装についての正しい判断と知識が前提である。原装を保存するために、それを承知して付加・保護を加える場合、機械的にするのではなく、正しい原装の認識に立っての保存が行われ、かつ現状維持の立場を堅持することが緊要である。

現状維持における毀損の危険をおかしてまで、解体・修理するべきか否かについては判断の分かれるところである。解体しなければ原装が不明である場合には、原装を知るためだけの解体は避けるべきである。「オリジナルの状態」に立ち返ろうとすると、対象に被害をもたらすことを理解する必要がある。多様な価値における一つの価値を存続させるために、他の価値を犠牲にしてはならない。反対に、原装に対して盲目的になり現状維持の形式主義に落ちて、伝来形態並びに現状を原装と混同する例もあるので注意しなければならない。

(3) 復元を否定する

残存形態の保護・保存を図り、補完するという意味での文化財の復元はしてはならない。復元は極めて誤解を生みやすいものであり、修理とは次元を異にする行為である。したがって、文化財における復元の行為は複製として分けるべきである。修理においては残存形態の保存に最大限に努力をそそぐべきであり、形態維持のためには最小限の手しか貸さない姿勢が求められている。

修理に至るまで、文化財が置かれてきた環境、腐蝕などの破損状況までもが、文化財が経てきた歴史であり、残さなければならない資料であると考えるならば、例えば作成当初にまで遡った時点で復元修理することは、そのものの置かれてきた、経てきた歴史の否定であり、修理に当たる技術者の恣意的な傲慢であるといわねばならない。

（4）過剰修理を戒める

文化財の公開・活用への対応のための修理ではなく、保存のための修理を行わなければならない。本来文化財は修理しないで済ませれば、それに越したことはないのであって、修理の手は必要最小限にすべきであることは強調してきたところである。

これに反して、実際に行われがちな修理にあり方は、修理後の公開・活用による損傷を見越して事前に過剰な補強や過剰な修理をすることである。これは修理の本質ではなく、文化財の破壊に手を貸している行為そのものということになる。もちろん、公開・活用による破損が目にみえていても放置せよというのではない。その場合、文化財が消耗品でない以上、保存に対抗した一定の制限を加えるなどの手段を講ずべきであろう。

また、公開・活用しやすいように修理するのではなく、修理は本来保存の形式の一つであることを思い起こすべきである。とにかく、破損と修理の振幅が一点へと向かう収斂への努力は無限であることを意識しながら、修理を考え続けなければならない。

(5)　全体の均衡と調和を考える

文化財における限定された修理すべき箇所を完全に直したとしても、材質的に修理されなかった他の大部分との均衡と調和を考えなければならない。破損箇所の修理を終えて、それでこと足りたと考えないで、その部分的修理によって、その隣接箇所を含めた非修理箇所への影響を考えなければならない。当座の影響だけとは限らない。

具体例をあげれば、応急的な処置として、巻子本の修理において折れ伏せにとどめることがあるが、部分的な補強は全体の構造・材質の均衡を壊して、他の箇所に新たなひずみを起こすことにつながる。また、細軸にあっては、巻末の虫損直しには注意が必要である。その修理によって必ず虫損部に縦じわを発生させて、うまく均衡と調和の崩れを吸収できない状況を生じやすいからである。

(6) 再修理の余地を残す

修理は最終的ではなく、再修理が可能なものとすることである。文化財の修理に当たって、方法・技術・素材などの面で程度の差はあれ、それぞれにおいて極めて困難な場面に直面するときがある。この場合、修理技術の進歩を考えて二〇〇年・三〇〇年後の後人の手にゆだねる必要がある。そのためにも、再修理の余地を残した方法を採るべきである。しかしながら、修理材・技術・方法におごり、再修理を予想しないと豪語する例を聞くことがある。甚だしい思い違いである。また、修理に用いられる補修紙・接着剤などの修理材は、修理対象の文化財よりもその寿命を越えてはならない。非破壊的な修理材料は保存性と安全性とに優れていることが求められる。

(7) 復元の可能性（可逆性）

修理以前の状態に対象を戻しうる可能性のことである。修理においては、復元可能性に優れた素材や手続きとそうでないものとが存在し、当然、より簡単に復元できるものが選択されなければならない。

修理において科学研究は、とりわけ可逆性という原則と結びついている。可逆性の原則はいつの時代においても、修理を特徴付ける基準のひとつであって、その目的は材料を用いる前にそれらが示す反応を予期し確認することにある。

物理的・科学的検査はその成立当初から、修理において用いられる材料の特質や、時間の経過とともに問題となる互換性や可逆性の確定に、とりわけ注意を払ってきた。また現在では、化学産業によって生産され修理での使用を推奨された新しい材料を提案するのに役立っている。それらが優れた可逆性を持っていることが確認されたならば、伝統的な材料とともに、あるいはそれにかえて使用していけないという理由はない。

(8) 記録する

まず現状を正しく記録することが不可欠である。それは詳細な損傷地図作成と全体および細部にわたる写真記録である。次に修理工程の記録、修理箇所の記録であり、実施された修理作業と使用された材料をめぐる記録化である。記録は修理部分の除去を常に可能にしておくという原理と不可分のものであり、修理のあらゆる瞬間において何が行われたのかが十分に理解できるよう、その作業工程を必ず特定しておく必要がある。修理の仕事は、絶え間ない一連の解釈であって、知性の仕事と手仕事とは決して分離させてはならない。より優れた記録は、選択的にならざるをえない修理作業において失われてしまうすべてを記録しなければならない。記録すべき内容は、何を修理したかではなく、いかに修理したかが重要である。修理の経過や結果は記録化されるとともに、報告書などによって公開され、同時に批判に対しても開かれたものであることが求められる。

また、修理技術者について、考慮されるのは経験のある分野であるとか、請け負える仕事の特徴であるが、特に必要なのは過去の仕事に関する記録・報告書である。これこそが修理技術者の専門と能力を指し示す唯一で真のよりどころとなる。

文化財には一つとして同じものはない。修理の原則を普遍化していくことは統一的な修理において大事な考え方である。しかし、修理の原則を金科玉条とするような固定観念では、眼の前にある「もの」としての文化財の現状を間違いなく判断できなくしてしまう原理主義的な傾向に陥る恐れがある。

原則はあくまでも原則であり、多くの「もの」はこの原則なるものから外れている。多くの例外のあることを理解し、柔軟な発想をもつことが不可欠である。つまり、現実主義的な、あるいは経験主義的な対応との多面性に立脚しながらも、「考える修理」という思考を堅持していこうとする知的な作業こそが、修理の大原則といえようか。

II　文化財修理の実践

第1章　修理技術者の証言

——田畔徳一氏との対談——

池田：新しい修理を目指して、文化財修理の今昔（過去と現在）と未来について田畔さんと話し合ってみたいと思います。修理の歴史を知ることは大切なことです。過去の歴史を学び、知ることは未来像を描くためには必要不可欠なことであるからです。

まず、田畔徳一《たぐろとくいち》氏の略歴を紹介しておきます。昭和三八年京都・岡墨光堂に入店し、取締役部長、取締役常務を経て、平成一一年に退社。同年に文化財保存を設立し、代表取締役に就任。その後、国宝修理装潢師連盟副理事長を勤め、五〇年を越える修理現場の第一線で活躍されておられます。とくに、漉嵌機《すきばめき》の改良(1)、乾式肌上法《かんしきはだあげほう》(2)と表打ちなどの技術開発のパイオニアとして主導して来られました。

そこで、田畔さんの考えておられる文化財修理と修理技術者について簡単にお話して頂けますでしょうか。

田畔：私は文化財、主に東洋絵画と書跡の修理を専門としています。絹と紙に書かれているものがほとんどです。修理の仕事に就いてから五〇年余り、現場から離れたことはありません。修理現場は常に緊張しています。修理のために運び込まれる文化財は、人間の病気に似ていて一つ一つが違う痛みの症状を示しています。

修理技術者は無限にある痛みの対症療法に右往左往することなく、それぞれの痛みの現象の根本原因を探る努力をしなければなりません。痛みの根本原因を捉えて的確な治療方法を提案することが修理技術者の役割であると考えています。

修理技術者は過去から現在に至るまで、どのような役割を担ってきたのか、また期待されていたのか、修理にどのような姿勢で対処してきたのか、これらを整理してみることで、今までの修理技術者の立場を認識し、将来あるべき姿を明確にしたいと思います。文化財修理の最前線で文化財の治療に当たる修理技術者からの発信です。

（1）　漉嵌法は紙文化財の欠失箇所を繕う方法であり、欧米では一九五〇年代から「リーフキャスティング」という技術が用いられている。損傷した紙文化財をサクションテーブル（吸引台）の上に置き、紙の繊維を溶かした水を流し込み、下方向に吸引すると、穴の開いている部分のみに吸引され、紙繊維が穴の部分に集まり、乾くと紙になるという原理を応用した技術である（図版1）。手作業で欠失箇所に手繕い紙を貼り削って行われてきた従来の修理方法（図版2）

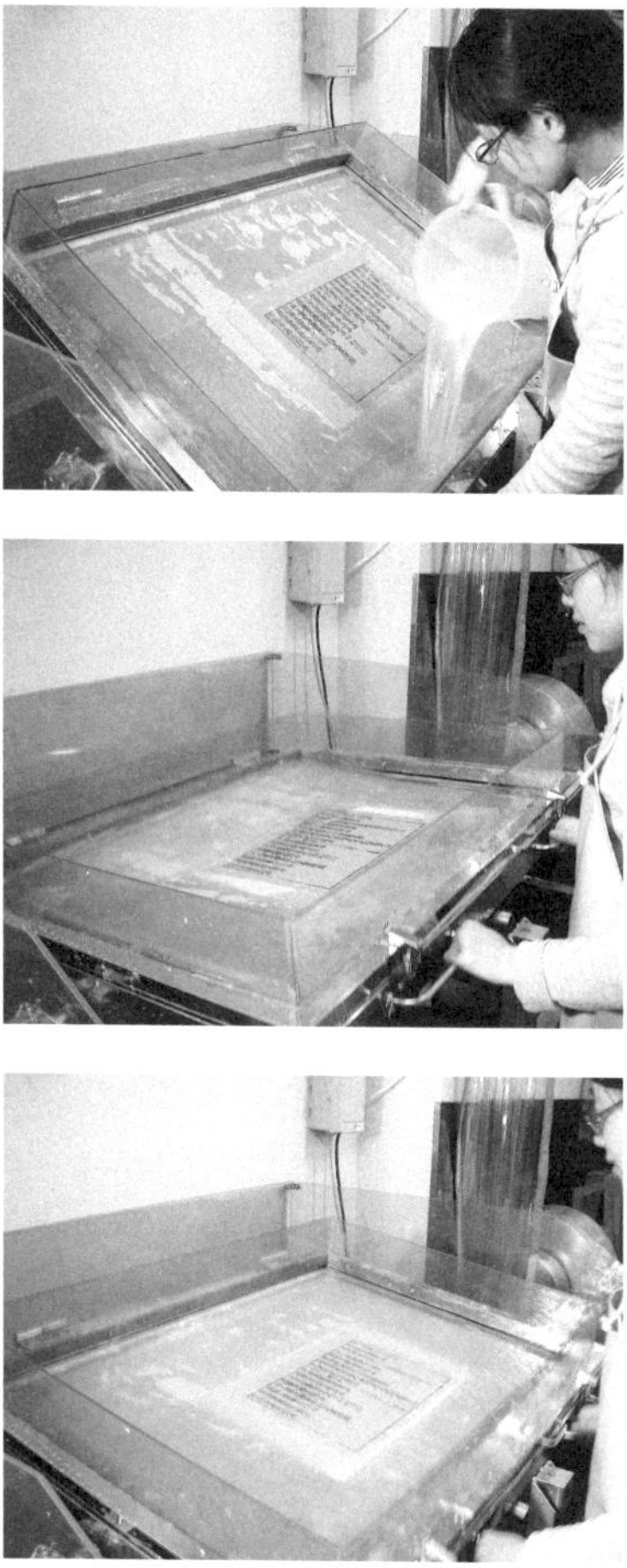

図版1　漉嵌法の工程

では対応することが難しい大量の図書などの修理に世界中で使用されている。日本には一九七〇年代に「漉嵌」という名称で紹介されて導入された。

しかし、欧米の紙はコットンや木材パルプなどの短い繊維の紙がほとんどであることから、紙漉きの技術も「溜め漉き」と呼ばれる下方向へ吸引する方法で充分であるが、日本の楮紙のように長い繊維の紙では、水の中で繊維を分散させるために「ネリ」という粘剤の液体を入れ、また繊維を絡ませるために縦横に揺すって抄紙する「流し漉き」という技術が使われている。そのため、近代以前の古文書類の紙文化財の修理においては、欧米の「リーフキャスティング」では技術的にも、あるいは修理後の質感、視覚的な調和の面でも充分な仕上がりが期待できなかった。田畔徳一氏が高知県紙業試験所の協力の下で改良した、流し漉きをシミュレー

図版2　従来の修理法法

ションできるサクションテーブルを使用した「漉嵌機」は、楮繊維が主な原料である古文書類の紙文化財に対応できる初めての方法であり、かつ機械である。

(2)　東洋絵画の技法には裏彩色や裏箔という技法がある（図版3）。これらは、目の粗い絵絹は透けて見える素材であるため表側だけでなく裏側からも絵具を塗り、その複合的な色で表現する技法である。近世以前の絹本絵画には、この技法を使っていることが多い。東洋絵画の多くは紙あるいは絹に描かれており、これら絹文化財は制作当初は織物として強靱な布製品であるが、数百年も経つと酸化され脆くなる。現在掛軸などの形を保っているのは裏側から紙が貼り付け（裏打ち）られているからである。絹と裏打紙の間の接着力が弱くなり、糊浮きが生じるとその部分の接着は失われてしまうため、絹文化財の修理では裏打ちの耐用年数が尽きる前に打ち替えることが必要不可欠になる。

そのため、裏彩色や裏箔の技法を使っている絵画の修理においては、従来、水で小麦粉澱粉糊の接着剤を緩ませてめくる方法が一般的であった（図版4）。この方法では裏絵具の絵具層としての強度が低下してくると、裏絵具の一部が裏打紙に付着して取れてしまうことが多かった。

そこで、裏絵具を傷めずに肌裏紙を除去する方法として開発されたのが「乾式肌上げ法」である。画面表側に表打ちを施して作業中脆弱な絹を支持し、裏側から少量の湿りだけで狭い範囲の肌裏紙を少しずつ除去する方法である（図版5）。乾式肌上げ法は繊維の単位でも除去が可能で、時間はかかるものの、裏絵具を傷めずに肌裏紙を除去する方法として適しているといえ

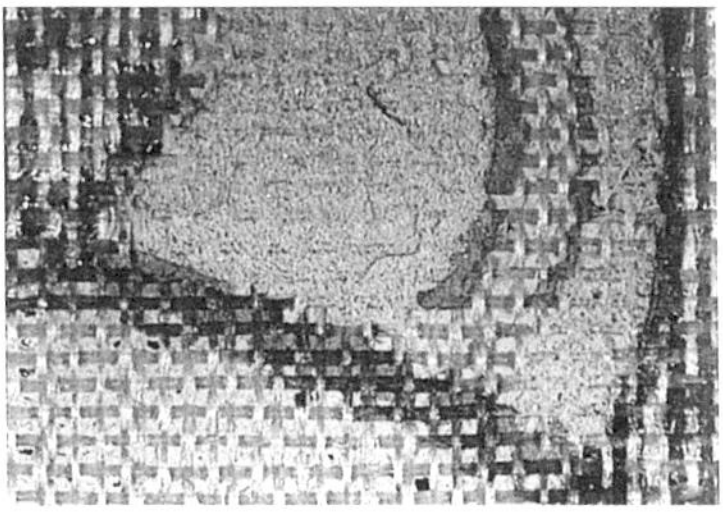

図版3　裏彩色（大林賢太郎『装潢文化財の保存修理』（国宝修理装潢師連盟、2015年より引用）

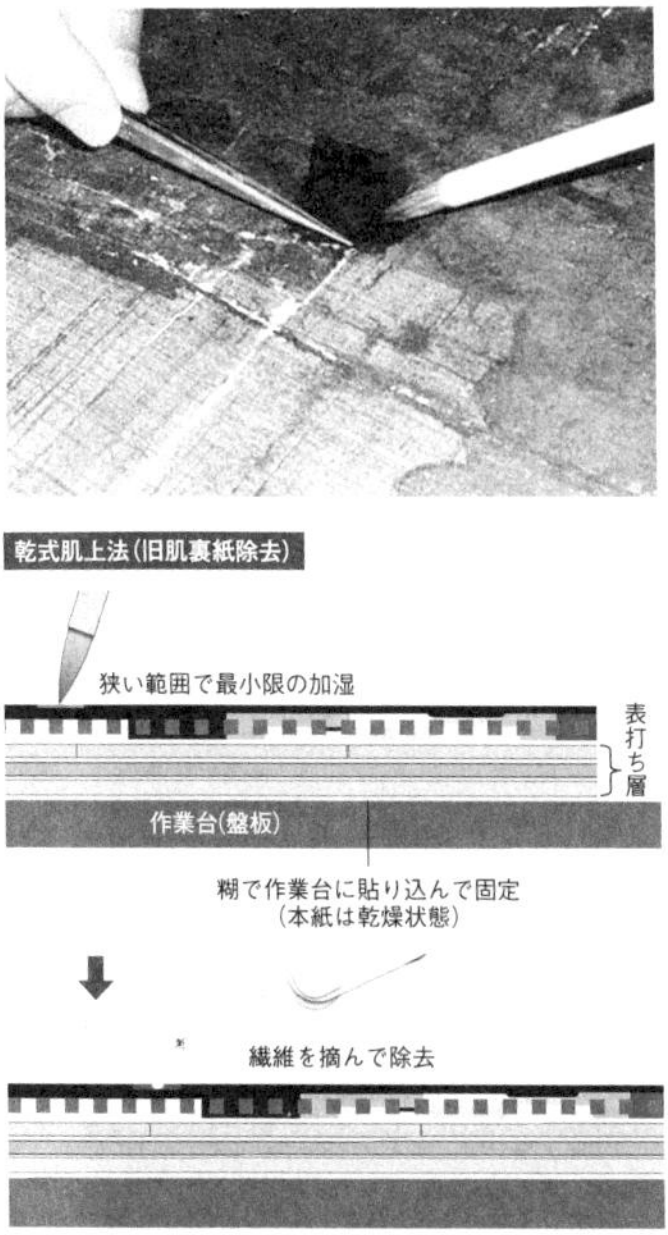

図版5　乾式肌上法（『装潢文化財の保存修理』国宝修理装潢師連盟、2015年より引用）

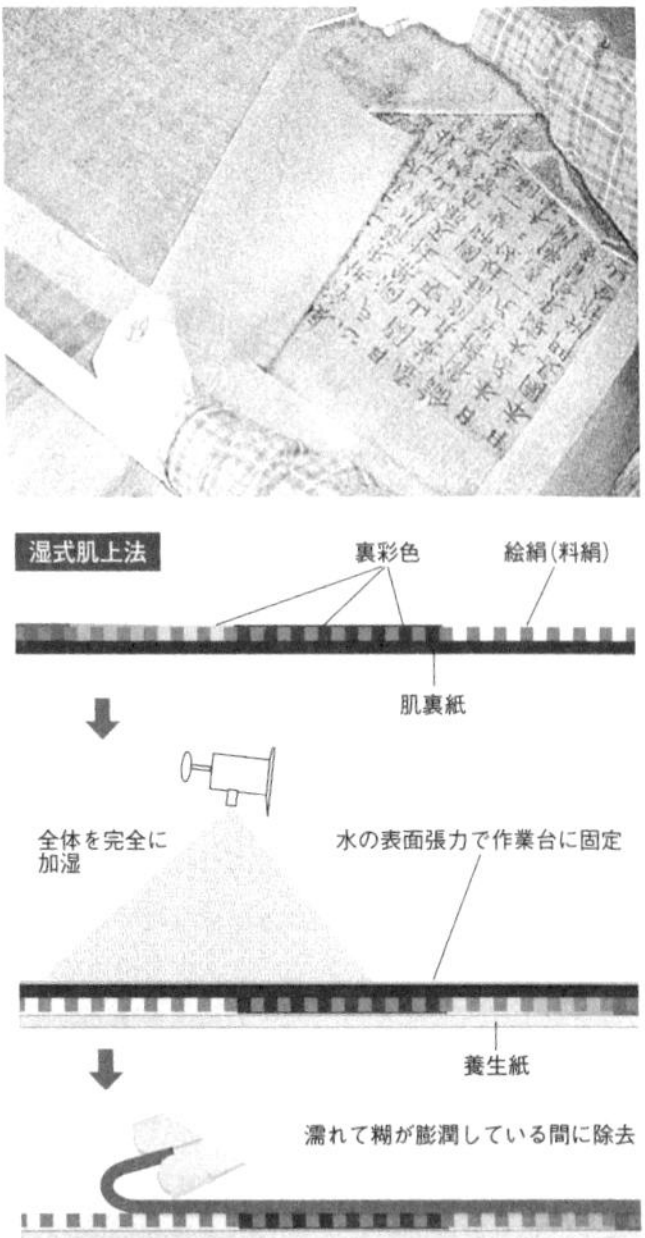

図版4　湿式肌上法（『装潢文化財の保存修理』国宝修理装潢師連盟、2015年より引用）

る。また、従来の肌裏紙除去の方法では一度本紙を湿して作業を始めると、水で濡れた状態が続くので、膠で接着されている絵具そのものも緩んでしまったり、作品に付着している汚れが溶け出てくるなどの問題が生じる。新しい肌裏紙を接着するまで作業を中断できなかったことが、「乾式肌上げ法」により安全に施工することで解決できるようになった。

第1節　文化財としての価値

池田：修理の対象である文化財が持っている価値について、どういったお考えをお持ちですか。

田畔：日本において、文化財である絵画や書跡は、特別な環境の中で特殊な形態を持ち、現在に伝えられています。例えば、宗教行事において祀られる仏画、あるいは茶事には欠かすことのできない墨蹟や水墨画の茶掛けの軸、それらは絵画や書跡そのものの美的価値あるいは文化的価値のみで本紙を純粋に鑑賞するだけではありません。その意味や要素を経年の間に付加され、それらを全て含めて文化財として価値あるもの、後世に残すべきものと定義づけられています。目で見えるもので言えば、掛け軸や巻子あるいは屏風という形態をも含めて文化財であるということです。

池田：紙や絹を素材に用いて作られた書跡・絵画類は、その利用、鑑賞上の必要に応じて掛軸、巻物、屏風、襖などの様々な形態に仕立てられており、その姿は美術品を利用する建築空間とも深く結び付いています。これらの美術品を今に伝えたものが、伝統的修理技術であり、各々の形態、材質特性により、周期的な修理が施されて文化財の維持が図られてきたといえます。和紙・糊を用いる伝統的修理技術いわゆる装潢の技術は、今や東洋美術のみならず西洋美術の修理においても必要不可欠なものとなっています。こうした伝統的保存技術は、時代や文化の要請により変化してきましたし、修理技術の変遷は美術工芸の鑑賞の歴史と密接不離なものとして捉えることができることを理解しておく必要があります。

文化財の形態に合わせた形を作るための技術いわゆる「仕立て」と、ものそのものを直す技術とが修理の基本的な技術になるでしょうか。

田畔：文化財修理とは何でしょうか、特別なことでしょうか。修理、それは傷んだものを直すことであり、電気製品や自動車を修理したり、と修理業は世の中にたくさんあります。それでは、文化財とは何でしょうか。それは人類の文化遺産つまり人類の共有の財産であるといえます。文化財は、①財産としての価値、所有者に属するものと②文化的・美的・学術的などの諸価値、万人が共有できる価値からなります。②の諸価値において、仏事に祀られる仏画における文化財的価値観と、わびさびの世界である茶事などに使われる茶掛けの墨蹟や水墨画など、これらの間にははっきりとした文化財的価値観の違いを認識することができます。

人類の大切な文化遺産である絵画や書跡について、その文化財としての価値判断が文化的背景により異なるのであれば、それらに対して修理を担当するものは、過去に、あるいは現在はどのような考えで文化財の修理に携わってきたのでしょうか。今日のお話では、様々に要求の異なる修理の依頼に対してどのように対処してきたのか、経験の中で整理してみようと思います。

文化財に対する価値判断が複雑である世界で、修理に携わる上で、まとまった方針や決められた基準はあるのでしょうか。あるとしたら、それは何か。基準とされる修理方針は、複雑な世界の中でどのような性向性を持ち、対処しようとしているのか、あるいはしてきたのか。修理技術者自身がそれをはっきり自覚する必要があると考えました。文化財としての価値が異なれば、当然ながら修理の方向性も変わることになります。

池田：文化財は歴史的遺産ですから、所有者が誰であろうとも、世界人類の共通の財産です。修理は、その文化財に直接手を下して作業をするという大きな責任を負っています。ややもすれば、責任感が麻痺してしまうような場合がありますが、修理技術者は日々認識を新たにしてゆかなければなりません。

また、文化財は長い歴史の中で繰り返し修理の手が加えられながら、現在まで存続し続けてきています。それゆえ、修理に求められることは、文化財そのものに直接手を加える危険性を踏まえた上で、進行してきた劣化を止め、次の修理までの期間をなるべく長くすることであると思います。修理を必要とするほど劣化した文化財に直接手を加えるという作業は、大変な危険を伴う行為であることを強調しておく必要があります。修理には破壊が伴うということです。実際、文化財を損なってしまう原因は、空気でも光でも水でもなく、人の手による破壊が最も大きいのです。こうした認識の上で、修理技術者は損壊の度合いを如何に小さくするのか、そのために努力を怠ることなく、技術を習得して注意を払わなければなりません。

第2節　文化財修理における基本方針

池田：文化財修理における基本方針を具体的にお話しいただけますか。

田畔：文化財修理の基本方針は書跡においても、絵画修理においても原則的に違いはないと考えています。基本方針を四つに分けて考えています。

①個々の文化財の持つオリジナルを損なうことなく後世に伝えること。同時にオリジナルを損なうことなくオリジナル（真正性）に近づくこと。

②可逆性があること。修理における可逆性とはオリジナルに何時でも戻せること。修理によって付け加えられた物が何時でもオリジナルを傷めずに取りのけられること。それは補強の材料である裏打ちによる糊や紙、あるいは欠損箇所を補填する補修紙や補絹絹などの材料についてしっかりと検討する必要があるということです。修理技術者は将来必ず行われる再修理のことを常に

考える必要があるのです。

③記録を残すこと。修理の担当者は修理前、修理中、修理後を通してカルテに毎日の作業を記録します。記録は修理の工程や材料、技術を担当者が把握し、管理するために重要なことです。修理終了時には修理報告書を作成して納品時に提出します。どのような考え方で、どのような材料を使い、どのような技術で修理を行ったのか。また修理中にしか観察することができない本紙裏の情報である裏彩色や下描きの線描など、必要に応じて行った顔料の分析結果や過去に行われた修理において本紙表面に塗布されたものなどの分析結果など、それらの記録を残すことは再修理時に参考資料となり、学術的にも大切な資料となり得るものと思います。このことは現在では修理事業の中での重要な役割として義務付けられています。

④公開と修理のバランスを考慮すること。文化財は人類の財産であり、文化遺産とも言われるように公開の義務があります。文化財であっても例えば宗教的意味合いの強いものは、芸術的価値を重要視するものとは異なります。文化財がどのような環境で保存され、どこで公開あるいは祀られるか、どのような人たちによって取り扱われるのか、これらのことも保存を考える場合、修理方針に影響を与えることになります。

以上が、私が文化財の保存と修理を考える場合の基本方針です。

池田：①オリジナルを損なうことなく、真の姿に近づけて後世に伝えるためには、原則的には変えるものは何もないし、残さなくても良いものも何もないといえます。変えるもの、残さないものという価値判断は、極めて現代的な価値に基づいていることが多く、その価値基準や価値判断が絶対的とは言えないと考えるならば、どれだけ現状のままに伝えていけるのかが大事であり、変えたり、取り除いたりする基準や判断は個人的な価値観によるものであってはならないといえますね。

②なぜ、可逆性のある修理が大前提であるのか。文化財そのものの構造や製作技法などは修理によってのみ知り得る新たな価値もあり、それらが具体的に解明されることはそのまま有形文化財の価値をさらに高めることにつながります。ところが、誤った修理や技法・方法は有形文化財の価値そのものを損なうのみならず、破壊という行為を伴うことさえある人為的な営みになってしまいます。本来、修理という人間的な営みは文化の創出でなくてはいけないのですから、再修理が可能であることが大事なのです。

③記録を残すことは、修理前の状態の詳細な記録が、現在の状態を残す最後で唯一の機会でもありえるわけで、また修理中の記録は将来の再修理に際して有効な情報であり、オリジナル部分の正確な情報を伝え残すものでもあるといえ、その重要性を認識する必要があります。

④保存と活用のバランスに目を向ける必要性は、美術品公開促進法などによって美術工芸品の公開・活用が求められている今日的状況において、有形文化財としての価値を失うことなく、将

来にわたり護り伝えていくためには、修理が必要不可欠であることは言うまでもありません。また、美術工芸品は本来安定的な材料で作られていますが、それ自体において劣化は起こりうるものでもあります。したがって、修理なくして有形文化財の価値を維持することは望めないわけです。そこに無形文化財と有形文化財、相互の価値観による融合が求められているといえます。

この四つの基本方針はいずれも大事ですが、その中で最も注意しなければならないのはどれでしょうか。

田畔：重要であるだけに判断の難しい方針が①です。文化財のオリジナルとは何でしょうか。絵画で言えば、製作時の姿、書跡で言えば書写されたときの記述・筆記された姿です。しかし、修理技術者が主に扱う文化財は奈良時代からの長い経年を経て保存環境の違い、取り扱われ方、また繰り返された修理によって変化し、当初の姿をとどめていることはありません。それでは修理によって後世に伝えなければならないオリジナルとは何でしょうか。

個々人の立場、あるいは国によって異なる場合があることを修理技術者は強く認識しています。特に、鑑賞の対象となる墨蹟や水墨画あるいは歌切・消息などは、茶掛けの軸物として大切に伝えられてきているものが多くあります。それらの文化財は経年による汚れや傷んだ風合いなどが変わることを恐れ、経年による傷みをも時代性として尊ぶ風潮があります。そのような考え方の所有者は現状維持の修理を強く要求します。

池田：現状を維持するためには、伝統的な材料は勿論のこと、伝統的な装潢技術も求められるわけですが、肌裏打紙を除去するために、湿式肌上法から乾式肌上法という新たな技法を取り入れるようになったのは、どのような理由によるものだったのでしょうか。

田畔：私たち修理技術者は依頼者である所有者の意思、それぞれの求めに応じて技術を提供していたと言っても良いでしょう。それを証明する最も重要な出来事は、一九八〇年代に始まった乾式肌上法の開発で明らかにすることができます。以前から特に損傷の著しい絹本著色仏画において、修理前に比べて修理後は画面全体から受ける印象が弱くなるとか、平板に見えて深みがなくなるとか、抽象的な表現ではありますが、所有者等から指摘を受けることがありました。その後、幾度かの経験を経て修理後の不評を受ける変化の原因が、従来から行われている肌裏打ち替えの作業にあることがわかってきました。この方法を湿式肌上法と呼んでいます。

湿式肌上法の作業が終わるまで、大画面になると二日間にもまたがる作業になる場合があります。その間、多量の水で本紙を湿らせておくことになります。前述したように、本紙は経年にわたる仏事などで汚れが著しいものであります。その汚れが多量に使われる水に溶けて、移動することによって、画面の中の明るい色を汚してしまうことになります。緑青《ろくしょう》など、いわゆる絵具焼けの強い箇所は反対に汚れが取れて明るくなるので、画面全体においては色調が平均化されて、前に指摘されたような印象になるわけです。

その欠点を防ぐために開発されたのが、乾式肌上法です。最も時間を必要とする肌裏紙除去の際に必要最低限の水の使用量で行えることに特徴があり、「汚れ」の問題を解決するとともに現在では最先端の技術として行われています。

所有者等が指摘し求めたもの、それに対応して修理技術者が解決しようとしたもので、結果のあった最も良い例であると思います。

池田：絵具層を保護するための技法である乾式肌上法の採用に際して、現場では不安などはなかったのでしょうか。

田畔：確かに新しい技法ですから、不安がなかったとはいえませんが、採用までには試行を繰り返し行うことで、安全性に問題ない技法であることを確認しました。ものそのものを保護することを最優先する技法ですから、確固たる自信のもとで行っています。表打ちに利用する糊の濃度には特にこだわりました。表面に糊が残らないようにするためです。

池田：乾式肌上法では表打ちの作業が伴いますが、作品表面への影響は全くないものでしょうか。

田畔：表打ちの作業では接着剤として布海苔《ふのり》液が使われます。布海苔は水への溶解性が高いので、水で簡単に除去することが可能です。そのため、作品表面を汚したり、傷つけたりするようなことはありません。

池田：布海苔をどのようにして接着剤にするのでしょうか。

田畔：布海苔から液を抽出する方法として、加熱抽出と常温抽出とがあります。常温抽出とは布海苔を水洗いして常温水にて浸け置きしたものを攪拌《かくはん》する抽出方法で、加熱抽出よりも分子量や粘度が低いことが科学的に確認されています。剝離《はくり》しやすいという特性があるので、表打ちの除去作業に有効性が高いといえます。

池田：現在行われている修理技術は、これまでに培われてきた装潢師による伝統的な技術を基礎に継承しながらも、各々の損傷状況に応じて最新の保存科学や科学的技術などを修理現場に導入してきています。最新の技術は伝統的な方法と異なり、その安全性を如何に長い期間にわたり確保できるのかという問題もあり、修理技術そのものの伝承のあり方までを規定しかねない不安的な要素を含んでいます。修理における安全性の問題は有形文化財の保存のあり方とともに、伝承すべき技術とは何かを視野に入れて論じられなければならないという課題もありますね。

第3節　修理技術者の立場と意識

池田：文化財の真正性《しんしょうせい》について話題になることがあります。このことをどのように考えたら良いのでしょうか。

田畔：「文化財である絵画のオリジナルは真正性である。真正性とは、後世に付け加えられたものを取り去った姿である。しかし、この世界に生まれ生けるものは、経年により変化し最後には滅びるのは運命である。それゆえ、経年による変化と後世に付け加えられた変化とを区別し、真の姿を見極め、真正性に至るのが修理である。当然のこととしてオリジナルを傷つけ、オリジナルとしてのいかなる情報も減じてはならないし、また部分であっても付け加えてはならない」と文化庁の鬼原俊枝《きはらとしえ》氏が述べています。過去には触れることを避けてきた課題に、学問として明確な解釈を示されたことは重要な意味を持つ出来事であると修理技術者として受け止めています。

池田：文化財は当初の姿、人為的な付加部分、経年劣化、現在の姿から成り立っていることを理解しておく必要があるということでしょう。それでは、修理技術者の立場と意識は、どのように変わってきたのでしょうか。

田畔：立場が異なることにより、意識にも差があり、修理方針への考え方が違ってきます。過去において、全てとは言いませんが修理依頼者に合わせて技術提供をすることが、役割であったと思います。修理技術者は常に傷んだ文化財と対峙しています。現在、文化財修理に課せられた責任は過去とは比較できないほど厳しくなってきています。修理倫理を問われることは当然のこととして、修理技術者は修理における全ての行為を科学的な根拠をもとに説明する責任が課せられています。近年の文化財修理に対する意識の高まりとともに、保存科学と現場との交流が盛んになったこと、修理現場にも優れた光学機器の導入が必要不可欠になったことなどにより、観察能力が飛躍的に向上したこと、その結果文化財修理において最も重要な工程にある修理前調査において劣化が進行した文化財の損傷状態を把握できるようになったことが挙げられます。これらの能力向上に伴って修理技術の向上にもつながりました。それは、また文化財修理においてやれることとやれないこととを的確に判断できる能力が高まったことを意味します。

池田：科学的な分析と論理的な組み立て、そして技術力が求められてきていることを感じます。修理は過去の伝統的な技術を正しく認識し、伝承する時と場であるとともに、新たな課題を見つけ出し、革新すべき技術を確認するところにもなるに違いと思います。装潢修理において、各々がこうした技術的な課題に立ち向かっていくことは当然ですが、装潢における修理技術や方法に関する交流は少なく、独自の技術などを守り通しているのが実情であり、他分野との技術的な意見交換や有形文化財の価値観に対する研究者との対話など、広範囲に及ぶ交流を促進することとは、文化財が本来内在している価値を新たに発見し、広げることを可能にする重要な契機であると思います。

田畔：修理技術者は単なる技術の提供者としてではなく、独立した立場で文化財修理に寄与できることは明らかです。次に幾つかの異なる修理前の調査例と、それに基づいて提案した修理方針と、またその方針により進められた修理の一端を紹介したいと思います。

第4節　書跡修理の基本方針

(1)　裏打ちの問題

池田：裏打ちの必要性とオリジナルとの関係が問題になってきていますが、過去と現在、それぞれの状況をお話し頂けますか。

田畔：修理の基本方針①を考える上で、近年特に重要視されているのが、裏打ちをしない修理です。裏打ちは最近まで通常のこととして行われていたので、注目すべき修理方針の変更と言っていいと思います。本紙が欠失したところ、劣化が著しいところのみ補塡・補強の処置を施す。全体的に劣化が著しく進み、それ以外に方法がないと判断した場合のみ裏打ちを施すということです。

過去の修理例を調べてみると、料紙が金や銀で装飾の施されているものや、紺紙や紫紙あるいは色紙経などのように数種類の染紙により美しく配色され継がれたものなど、様々に加工してある本紙の修理には、裏の装飾への心配りからなるべく裏打ちをしない修理を心掛けているように思われます。しかし、白紙の経巻や古文書類の修理には裏打ちをすることに対してあまりためらいがなかったように思われます。

現在の修理方針では、全ての本紙に対して可能な限り裏打ちをしないというのが原則になっています。裏打ちをすることは、どのような影響があるのでしょうか。またそれは何に対して問題になるのでしょうか。それは、裏打ちを施すことは修理の基本方針①文化財が持つオリジナル性を損なうということです。

金銀砂子などによって表裏とも装飾されたもの、染色されたものを裏打ちすれば、当初のものと異なるものになってしまうような場合はわかりやすいものの、白紙である加工していない料紙も、また白紙で打紙加工してある料紙も、実は全く風合いの異なるものに変化してしまう。料紙に裏打ち紙が糊をつけ貼り付けられるので、料紙は硬くもなるし、厚くもなって、外見上も感触的にも違うものになります。

最近の修理においては、過去の修理において施された裏打ち紙はめくってしまい、再度裏打ちはしない方針が多くなっています。昔から使われてきた糊は、現在とほとんど変わらないので裏打ち紙は水で糊を薄めることで除去できます。昔の職人も再修理のことを考えてくれています。修理の基本方針②の可逆性を考えていたといえます。

しかし、現実には料紙そのものは元の風合いには決して戻っていません。裏打ちに使われた糊、染み込んだ糊の完全な除去はほとんど不可能といってよいからです。裏打ち用の糊は主に沈糊（小麦の澱粉）で水溶性であるから、水の使用は不可欠です。また裏を打つ前にあらかじめ多少の差はあっても本紙を延ばしてなじませるために水を引くので、染色した料紙、打紙を施した料紙は色落ちしたり、密度に変化をもたらしてしまうことから、特に裏打ちしてはいけないことになります。それゆえ、裏打ちを伴う修理を考えなくてはならない場合でも、十分に慎重に検討された上で実施しなければならないということです。

(2)　修理材料としての「紙」

池田：紙は見た目には平面に見えますが、実際は立体物であるといえます。修理の材料となる「紙」そのものに対する過去の見方や考え方から、新しいものの考え方、とりわけ平面的から立体的に捉え、細心の注意を払うようになったのは、いつ頃からになるのでしょうか。

田畔：紙は本紙として、また修理の材料として非常に重要なものです。幅広く使われていることを考えると、文化財とその保存修理を考える時、最も大切な材料であると言っても良いでしょう。

書跡・典籍、古文書類を考える場合、本紙が紙であることが圧倒的に多く、また多くの種類の紙が料紙として使われています。保存修理における欠失箇所の繕いや裏打ち紙など、本紙を維持するための材料として最も重要な役割を担っています。紙が重要なものであるならば、修理技術者が紙に対して深く広い知識を持ち、確かな判断の上で多種多様な紙を使い分けていたかというと決してそうではなかったのです。

四〇数年も以前の話になりますが、高知市内の旭日町に高知県紙業試験場（現高知県立紙産業技術センター）がありました。そこでの大川昭典《おおかわあきのり》さんとの出会いを忘れるわけにはいきません。ちょうどその頃勤めていた工房において、国宝の『伴大納言絵詞《ばんだいなごんえことば》』『信貴山縁起絵詞《しぎさんえんぎえことば》』をはじめ重要な絵巻の修理が続いていました。料紙は非常に滑らかで良く締まった紙で、詞書の墨書の剝落箇所ではほとんど料紙に染み込んでいない様子をみて、そのような紙は斐紙《ひし》あるいは間似合紙《まにあいし》と考え、疑問を持つこともありませんでした。それらの絵巻は欠失箇所も多いことから、補修紙は他の絵巻の裏打ち紙に使われていた間似合紙などを似寄りの紙として使い、地合いの合わないところは補彩で調子を整えていました。ところが、ある日大川さんから「絵巻の紙は雁皮やないぜよ、楮の打紙ぜよ」と指摘を受けました。その時のショックは今でも忘れることができません。

池田：紙の分析が大川さんとの出会いと発言にあったわけですね。

田畔：生意気だった私も非常に恥ずかしい思いをしたことを思い出します。それからは大いに反省してできる限り本紙料紙の繊維を試験場に送り、大川さんに調べてもらいました。また試験場にも度々押しかけて勉強させてもらいました。その上、本紙だけでは気が済まずに、周辺にある紙を何でも調べてみる癖が付いてしまいました。生漉きと言われている薄美濃紙が二〇％もパルプが混じり、産地の基準ではそれでも良いとのことや、下張り用の銅張り間似合紙に新聞紙などの質の悪いパルプが漉き返しの材料として使われていることなどがわかったりしました。その対策に一生懸命になったりして、紙の仲買さんにとっては迷惑だったろうと思います。しかし、その後、紙漉さんや仲買さん等皆さん懸命に勉強してくれています。

池田：本紙の料紙にどのような紙が使われているのか、お教え下さい。

田畔：本紙の料紙にはたくさんの種類の繊維が使われていること、様々に加工されて表現するための目的に合わせ多様な使われ方をしていることが徐々にわかってきました。私が修理に携わったものでも、大川さんが調べてみるまでは奈良時代の経巻の麻紙、荼毘《だび》紙といわれていたものがまゆみ紙、裁断繊維を打紙加工した麻紙に似せた楮紙、雁皮と楮との混合紙、三椏《みつまた》紙、楮の漉き返し紙、米粉を漉き込んだ楮紙や雁皮、白土を雁皮に漉き込んだ間似合紙、古文書の用紙においても楮の産地により地合いの異なる生漉紙と漉き返し紙、混合紙や雁皮や三椏紙など、屏風の紙では楮に似た繊維の紙、竹紙、青檀・藁の混合紙である画仙紙などがあります。

装飾や加工されたものも多種類に及び、金銀で装飾されたもの、紫・赤・黄・萌葱・茶など染色されたもの、濃い藍色の繊維がちりばめられた様にみえる藍や萌葱の美しい漉き返し紙、墨色の漉き返し紙、藍色の網目模様の美しい羅文紙や紫と藍の繊維を雲が飛んでいるように漉き込んだ飛雲紙、布目を押した紙、たくさんあって切りがないです。

池田：紙の作り方にも注目するようになったのですか。

田畔：料紙がどのような繊維を、どのような簀を用いて、どのような漉き方で漉かれたのか、また用途に応じて打紙されたり、染色されたりの手を加えられて作られたのか調べるようになりました。今振り返って考えると、このような大川さんと修理技術者である私たちとの熱心な取り組みは、おそらく学問の世界にも少なからず影響を与えたのではないかと自負しています。

私は大川さんの「楮の打紙ぜよ」の短い言葉が絵画や書跡の修理の世界を難しいけど非常に興味深く魅力のある世界に変えてくれたと思っています。それは特に似寄りの紙で無数にある虫穴を塡め、裏打ちをする根気と忍耐、そして疲れる仕事であった修理をわくわくするような面白い、そして私たちの技術を披露できる仕事にしてくれたのです。

(3) 似寄りの紙から料紙復元への試み

池田：紙に対する新たな取り組みとして、どのようなことを行ったのでしょう。

田畔：先ほど述べました修理技術者にとってわくわくするような面白い取り組みとは、紙の復元のことです。大川さんと出会い、紙のことをいろいろと教えていただく以前の修理において補修紙は「似寄りのもの」で良かった時代が続いていました。しかし、本紙料紙の繊維組成や加工法、紙漉き方法などが明らかにされ始めると、私たちにも料紙のそれぞれの違いが見えるようになってきます。そうなってくると、本紙の欠失部分に補塡する補修紙や、表紙や見返しなど本紙の周囲に付けられる装幀に関わる料紙まで「似寄りのもの」では満足できなくなってきます。過去においては、それらに間に合うような古い時代の紙が簡単に手に入るわけではありませんでしたから、私たちは仕方なしに「似寄りのもの」で我慢をしていたというわけです。

本紙料紙がどのようにして作られたものかがわかってきたものですから、大川さんに無理をお願いしても何とかもっと似たもの、できるならば本紙とそっくりなもの、復元紙を作りたいというようになりました。面倒なやつと思われたかもわかりませんが、大川さんは紙が大好きで何時合っても紙のことばかり話をして飽きることのない人でしたから、やってもらえたのだと思っています。先ほど例に挙げたものは、全て大川さんや同僚の江渕栄貫《えぶちえいかん》さん等の協力があって作ることができました。実に良い仕事ができたと思っています。

池田：料紙復元への取り組みは、どのような現状になっていますか。

田畔：今では書跡の修理においてこれがあたりまえのこととなり、装飾・染色された料紙や打紙など加工された料紙まで精度の高いものが作られるようになってきています。書跡の分類分けの中でも鑑賞の対象になる美的価値の高いもの、その料紙復元への取り組みとして、奈良時代の法隆寺献物帳修理に際しての補修紙作成を行ったことがとても印象的です。

（4）大量文書の補修紙への取り組み

池田：文化財には鑑賞を目的とするものと史料性を尊ぶもの、また数では単品のものと大量のものがありますが、それぞれを修理する際に取り組み方の違いなどはあるのでしょうか。

田畔：どちらかというと資料的価値の高いものに分けられますが、近年重要な大量文書の修理が各工房による共同の事業として始まりました。昭和四〇年から平成二年まで続いた宗像大社《むなかたたいしゃ》の色定法師一切経の修理、平成七年から上杉家文書、平成九年の三千院円融蔵典籍文書類、平成一二年から東大寺文書が一〇か年計画で始まり関西にある国宝修理装潢師連盟の共同事業として実施されました（第I部第3章6参照）。東大寺文書修理事業の大きさは文書総紙数およそ一万五〇〇〇枚に及ぶものでした。文書の料紙も奈良時代、平安時代から江戸時代までのものがあり、続紙や一紙ものあるいは冊子と、形態は多種にわたります。虫損がひどく開きにくいものから比較的良好なものまでいろいろあります。この修理方針は欠失箇所を補修紙にて繕い、裏打ちをしないでオリジナルの風合いを残して完全に保存できる形態にすることで、非常にシンプルな修理方針です。

池田：上杉家文書はうぶな状態の文書を多数伝えていたので、文書の形態とともに料紙の紙質が問題となったことが料紙そのものに焦点を当てる契機になったように思います。裏打ちをしないという方針は、書跡と古文書、同じということですね。共同事業を行う上での問題点などはなかったのですか。

田畔：大きな問題として言葉がありました。同じ言葉を使ってはいるものの、その内容たるや極めて多様で、異なるものであることを実感しました。例えば修理時に用いる水の量を最小限にするといった場合の「最小限」とはどれくらいの量であるのか、あるいは「風合い」を残すといった場合の「風合い」とは何かなど、それぞれが使っている言葉を理解するために、実際に修理の様子を実技しながら、その言葉の持つ違いを理解した上で共通理解ができるように努力しました。

実際の文化財修理は、科学的思考に基づき構築された基本方針により進められています。近代的な修理が確立されつつある時期に、大事業である上杉家文書、東大寺文書の修理が始まりました。共同事業ですから各工房間の横のつながりと、所有者と工房間の縦のつながり、その関係性を密にすることにより修理の基本方針に対する共通認識を徹底しています。材料の共同購入、また修理技術の平均化あるいは統一を図り、それらが支障なく進められるように修理担当者による定期的な会合が行われました。修理のいろいろな面において各工房あるいは修理技術者の意識を高め、近代的な修理が向かおうとしている流れに一気に乗る力を生み出してくれたのではないかと思っています。

上杉家文書や東大寺文書の修理において最大の懸案は補修紙をどうやって調達するか、ということでした。修理の成否はこのことに掛かっていたと言っても良いでしょう。文書の量と多種にわたる文書料紙に使われる補修紙は、量も種類も膨大なものになります。現在の修理方針によって古文書もそれぞれに合わせた補修紙として適したもの、そして地合い・風合いなど可能な限り近似なものを求められました。

上杉家文書や東大寺文書に使われる補修紙も現在の修理方針に基づき料紙の復元が基本になっています。そのためには修理前の調査において料紙一紙ずつの風合い・地合いなどのデータを取り、それに基づき補修紙を作ることになります。採った全ての記録はデータベース化され、報告書にまとめられます。

現場では、料紙がどのように作られたのか、つまり原料処理から始まり漉き方、脱水の仕方、乾燥の方法など、抄紙技術や抄紙工程を学ぶことで、紙素材そのものが持っている情報をできる限り具合的に明らかにすることに力を入れています。実際、各工房が独自に紙を漉き始め、そうした経験から新たな料紙に関する考え方も提示されてきています。

池田：補修紙はどういうものであるべきなのか、料紙と紙質が同じであれば良いのか、抄紙技術などの技法的なことが同じであれば良いのか、あるいは風合いが一致していれば良いのか、補修紙作成の問題と補修紙としての似寄り紙との問題など、まだまだ克服すべき課題が多くあるわけですね。そうした課題を踏まえて、料紙一枚ずつの紙繊維や紙質など紙そのものを知ることから補修紙作りが始まったわけですか。それでは、大量にしかも多種多様な補修紙はどのようにして準備されたのですか。

田畔：上杉家文書や東大寺文書の料紙は楮紙がほとんどを占め、雁皮紙、三椏紙が少量含まれます。時代によっても紙の地合い・風合いにも違いが出てきます。また楮紙であっても産地によって違いがはっきり現れていて温暖な地方と寒い地方では楮繊維にも違いが現れています。楮紙であっても大量に、また多種類の補修紙を必要としますので、一部は紙漉きの専門家に依頼しますが、とても全ての種類には対応できません。現在ではそれぞれの工房内に紙漉き場を持ち、それぞれ異なる料紙に合わせた補修紙作りをしています。補修紙の質の向上だけでなく、各工房を回っての合評会を行っています。統一を図るために担当者間においての細部に至る技術にまで厳しい批評の目にさらされるわけです。

池田：大量文書修理の新しい考え方では、漉嵌技法とデジタルシステムの利用をものに即して導入していくことが大事になってくるのではないかと思います。修理を行う技術者には、補修紙に対する専門性は勿論のこと、幅広い知識と柔軟な発想が求められているということでしょうか。小さくまとまることなく、何事にも興味を持ち、貪欲に吸収して、その内容を消化し、自分自身のものにしていく不断の努力とが求められており、文化財に対する愛情は勿論のこと、正確な観察に基づく認識力・思考力・判断力、保存科学的な技術力、未来を見通す創造力・想像力が不可欠になっているといえるのではないでしょうか。

田畔：補修紙の選択の良否は当然のこととして、虫穴を繕う場合の補修紙と本紙の重なりや、その糊の濃い薄いや削り方、また修理の基本方針①にも関係する水の使いすぎや強すぎるプレスによってオリジナルを損なっていないか等々、修理技術に関するあらゆる問題について互いに議論し、また討論をしあって意識と技術の向上を図っています。

共同事業では、多くの工房による共同作業の中で文書の修理という限定された枠にとどまることなく、鑑賞の対象となる絵画や書跡を含めた文化財修理に共通の基本方針について、また修理の倫理や理念について議論・討論を重ねることになりました。試行錯誤しながらも結論を導く過程でそれぞれの共通認識が生まれ、修理技術者の意識と技術力の向上に非常な効果を上げていることは間違いないと私は思っています。

大量文書修理と同じく、数の多い一切経などの経典類や近世の写本の冊子類などの修理ものように取り組んでいったら良いのか、手作業による繕いでは時間がかかりすぎて緊急を要するものの修理ができずにいる現状がありました。大量に必要とされる補修紙の準備を合理的に行うことが求められたわけですが、経典類には染色された料紙が、冊子類には打紙加工の施された料紙が用いられていることで、従来の漉き嵌めでは対応しきれないところにきていました。その解決法として、染色された料紙でも、打紙された料紙でも対応可能な修理方法として、パッチ方式とでもいうべき新しい方法が開発されて、取り入れられるようになりました。

池田：伝統的な手法による繕い方法には削りの美しさがあり、新しい繕いの方法で行った彦根藩井伊家文書の漉き嵌めやＤＩＩＰＳ方式で修理した『秘抄《ひしょう》』（図版６）など、文化財に相応しい選択が確かに行われてきているように思います。そして、修理はそれを支えている多くの文化力

補修紙作成準備

補修紙作成（DIIPS）

補紙

図版6　『秘抄』の修理工程

の総体として成り立っていることを忘れてはいけないし、伝統的な技術とは確かで間違いのない技術の積み重ねであるとともに、新しい時代の要求への対応力を持っている技術であるということを自覚することが大切です。文化財そのものが持っている多種多様な情報をしっかりと把握し、時代とともに修理そのものに求められる要求などが変化し、多様化していることに対応して、それを実現していく必要があります。

有形文化財の保存のための取り組みである修理には、修理技術の観点を含みつつ学際的な広がりを持つ文化財学体制の創出が希求されることになります。個別・分散化している文化財に対する体制や価値観の総合的な把握を、修理技術と有形文化財との関係から再構築していく必要性が強く求められていると感じています。

文化財修理に対する考え方は不変ではありません。時代が変われば、新しい技術などが開発され、考え方も変わってゆくことでしょう。過去の修理を振り返れば、明らかなことです。現在、最善と考えて行われている修理が、将来において否定される可能性も否めないのです。しかし、文化財そのものは変わらないのです。時代が変化したからといって、その考え方を文化財に押しつけるのは間違いです。常に、広い視野を持ち、長いスパンで物事を考えていくことが必要です。今現在考えられ得る最善の修理であるということを前提にして、将来の修理技術の発展によってより良い修理が施されることを期待するとともに、文化財そのものに負担をかけずに取り外すことが可能な可逆性のある修理を行うことが、現在の修理技術者の義務であると考えます。

第2章　文化財修理の実践
――損傷と修理方針――

修理に際しては、文化財を「もの」として正しく理解しておくことが基本である。「もの」の形態・大きさ、「もの」が個別にもつ名称、素材としての料紙の種類について、書跡・典籍と古文書の典型的なものに関して以下に示してみよう（本書巻頭の「文化財の構造と名称」も参照）。

書跡・典籍、古文書の特質

1装訂

（1）糊を使う装訂

①巻子本《かんすぼん》（巻子装）　②折本《おりほん》（折本装）　③旋風装《せんぷうそう》　④法帖《ほうじょう》　⑤画帖《がじょう》（手鑑帖）　⑥粘葉装《でっちょうそう》

（2）糸を使う装訂

①綴葉装《てつようそう》　②折紙綴葉装《おりがみてつようそう》　③袋綴装《ふくろとじそう》　④横帳綴《よこちょうとじ》

（3）表紙の付け方

①大和綴《やまとつづり》　②包背装《ほうはいそう》

（4）綴じ方

①明朝綴《みんちょうとじ》（四つ目綴）　②朝鮮綴《ちょうせんとじ》（五つ目綴）　③康熙綴《こうきとじ》（六つ目綴）　④仮綴《かりとじ》　⑤紙釘装《していそう》

（5）掛軸（掛幅装）

2書型

（1）古写本：①四《よ》つ半《はん》本　②六《む》つ半《はん》本（枡形《ますがた》本）

（2）版本（美濃紙判：二八cm×四〇cm）：①大本《おおほん》　②中本《ちゅうほん》　③横中本《よこちゅうほん》

（3）版本（半紙判：二四cm×三三cm）：①半紙本《はんしぼん》　②小本《こほん》　③横小本《よここほん》

（4）規格外：①縦長本　②特大《とくおお》本　③特小《とくこ》本（袖珍《しゅうちん》本）　④懐中《かいちゅう》本

3本の各部

（1）表紙：①裂表紙《きれびょうし》　②紙表紙　（2）書袋《しょたい》　（3）外題《げだい》　（4）内題《ないだい》（首題《しゅだい》・尾題《びだい》）

（5）奥書《おくがき》　（6）刊記《かんき》　（7）印記《いんき》　（8）付箋《ふせん》　（9）朱書《しゅがき》　（10）紙背《しはい》

4料紙

（1）斐紙《ひし》：①厚様《あつよう》　②薄様《うすよう》　③鳥《とり》の子《こ》　（2）楮紙《ちょし》：①檀紙《だんし》　②杉原《すいばら》紙　③奉書《ほうしょ》紙

（3）三椏《みつまた》紙　（4）間似合《まにあい》紙　（5）宿《しゅくし》紙　（6）漉返《すきかえし》紙　（7）打紙《うちがみ》　（8）麻紙《まし》　（9）竹紙《ちくし》

5古文書

（1）文書：①竪紙《たてがみ》　②折紙《おりがみ》　③切紙《きりかみ》（横切紙、竪切紙、小切紙）　④続紙《しょくし》（継紙）
⑤折り畳まれているもの（絵図など）　⑥その他

（2）記録・日記　（3）系図・絵図　（4）封の仕方（切封《きりふう》、結封《むすびふう》、捻封《ひねりふう》、折封《おりふう》、糊封《のりふう》）

第1節　巻子装の損傷

巻子装の損傷として、（1）欠失、（2）折れ、（3）糊浮き、（4）シミがみられる。それらの損傷を引き起こす要因や原因を明らかにするとともに、各々の具体的な修理方針・方法を検討してみたい。

（1）欠失

虫害による欠失（図版1）では、①シバンムシ（死番虫）類のうち、ザウテルシバンムシは小型の甲虫（成虫の体長二・五㎜）で直径一㎜内外の丸い虫穴を穿つ。西日本に多く生息する。フルホン（古本）シバンムシは東日本に生息する。食害はトンネル状に貫通する。ケブカ（毛深）シバン

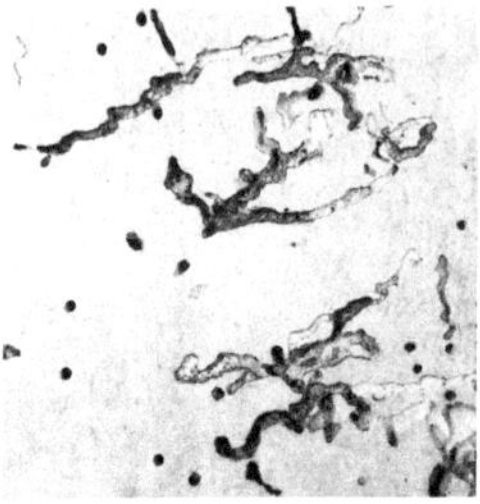

シバンムシ

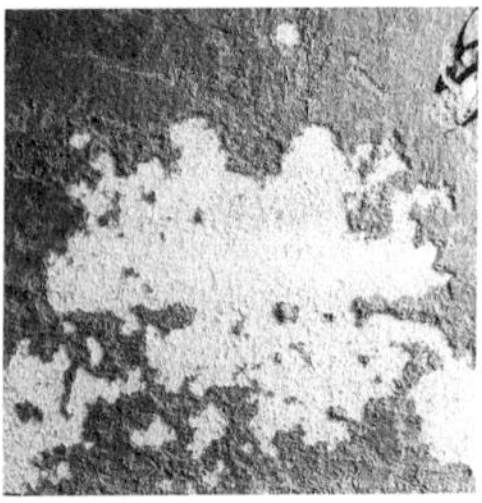

ゴキブリ

図版1　虫害による欠失
（『装潢文化財の保存修理』国宝修理装潢師連盟、2015年より引用）

ムシは紙類より木質への被害が多い。例えば、屏風の木桟や軸装の木軸にみえ、古材を好む。②ゴキブリ類は紙だけでも食害するが、雑食性で糊付けした部分を嗜好する。③チャタテムシ類は、大顎で障子紙の繊維を咬《か》む際にたてる音がお茶をたてる音に似ているところからその名がついた。埃と湿気を好む。

これらの虫害などによる欠失箇所をそのままに放置しておくと、その小口から傷みが進行していくことになる。欠失箇所に繕いを施さずに、裏打のみを行う修理が行われていることもみられる。一見すると、欠失箇所が埋まって平らになっており、問題がないようにみえるが、欠失箇所の小口の接着は不十分で、糊浮きしてくることが想定される。こうした糊浮き箇所は取り扱っているうちに擦れたり、引っかかったりしてはがれ、ついには失われていくことになる。また、たとえ糊浮きがみられなくとも、局所的には厚さが不均衡である状態には変わりなく、厚薄によって本紙は調和をくずしており、その弱い箇所から新たな折れが発生することになり、損傷を拡大することにつながる。

欠失箇所には、本紙と同質の補修紙を作成して繕うことが必要である。料紙の分析結果から、繊維の種類、繊維の加工（叩解度《こうかいど》、繊維の切断など）、塡料（添加物）、抄紙法（溜漉き、流漉き、紗漉きなど）、抄紙後の加工（打紙、染色など）を本紙と同じように行った補修紙を作成する。そして、補修紙を欠失箇所の形に合わせて整形し、本紙の裏から貼り付けて繕う。その際には小麦澱粉を原料とする糊を用いて接着させる。

なお、現在、文化財の殺虫燻蒸《くんじょう》剤として使われていた臭化メチルの使用が禁止され、伝統的な虫害防止方法としての通気、換気などによる環境維持が求められている。

（2）折れ

折れが発生する要因として、①裏打の糊の濃度と裏打紙の厚さとの不調和、②仕上がりの柔軟性と巻き径との不調和、という二つが考えられる。料紙の厚さや緊密度に差のある箇所から発生しやすい。折れが進行すると、折れ山が擦れて傷み、ついにはそこから切れて破れてしまう。

既に折れている箇所や新たに折れが発生する可能性が高い箇所には、折れを解消して折れにくくするために、折れ伏せという処置を行う。これは料紙の裏側から細く切った楮紙の帯を折れ線の上に貼り、補強して折れるのを防ぐ対処法である（第Ⅱ部第三章3参照）。また、現状の折れに対する処置を行うだけでなく、予防的な処置も同時に行う必要がある。実際、折れの発生を軽減するためには巻子装をできるだけ柔軟性のあるものに仕立てる必要が生まれてくる。

裏打の糊の濃度が濃いと乾燥後に堅くなり、また裏打紙が厚すぎても堅くなる傾向にある。しかし、糊の濃度を薄くしていくと十分な接着力が得られず、逆に将来的に糊浮きが生じるような状況を招いてしまう。そうなるとかえって損傷を進めてしまうことになる。また、裏打紙の厚さも同じように薄くすれば良いということではなく、料紙の厚さとの調整が大切になってくる。

細く巻くよりも太く巻く方が折れにくくなるので、細い軸径《じくけい》には太巻芯を新調して巻き取るようにすることが多くなってきている。余りに太すぎて取り扱い上、支障をきたすことのないように配慮が必要である。

このように糊の濃度、裏打紙の厚さ、柔軟性、径の太さ、いずれも調和の良い組み合わせを選択することで折れの発生を抑えることができる。

（3）　糊浮き

温・湿度の過剰な変化などによって、糊の接着力が低下して料紙と裏打紙との間に浮きが生じることになる。こうした糊浮きが生じてくると、巻き取るときに皺が生じたり、折れたり、さらなる損傷につながっていく。

修理に使用する接着剤の基本は小麦澱粉糊である。補修紙を本紙に接着し、また、本紙と裏打紙とを接着するときにも使用する。繕いにはペースト状の糊、裏打には水状の糊というように必要に応じて水で濃度を調整しながら使用している。小麦澱粉糊は十分な接着力を得られるとともに、併せて乾燥後も水で緩ませることが可能であるという特徴をもっている。文化財修理における可逆性の原則に合致する素材であり、伝統的かつ理想的な接着剤として重要なものである。小麦澱粉糊の他にも、布海苔《ふのり》をごく接着力の弱いものとして利用している。小麦澱粉糊に混ぜて使用することもある。

（4）シミ

シミ（紙魚）（図版2）には、日本在来のヤマトシミ、銀白色の西洋シミ、まだらシミがいる。被害は主として表面的なもので、深部にまで及ばない。シバンムシ類の被害のような円穴は認められない。虫糞の付着が多い。

図版2　シミによる欠失
（『装潢文化財の保存修理』国宝修理装潢師連盟、2015年より引用）

料紙表面に付着したシミに対して、薬品によるシミ抜きは、料紙を傷めることになるので絶対に行わない。ただし、水を使用したクリーニングは可能である。その際、シミ抜きを目的としては積極的に行わない。ここでいうクリーニングとは、修理における各工程で使用される水によってシミや汚れなどがごく自然に除去されることを意味している。ところが、料紙に水を通すことで、表面上の細かな付着物や染料などが動いて視覚上の雰囲気を変えてしまうことがある。そのため、水を使用する工程では、使用する水の量を必要最低限にとどめる工夫、例えば加湿法などの方法を行っている。

第2節　巻子装の修理仕様

1記録写真撮影を行い、本紙の状態を調査する。

修理前の状態から修理中、修理後に変化がないことを目視にて確認するために、修理前に現状の記録写真撮影（全体と細部のモノクロ、カラー、赤外線写真）を行うとともに、旧補修や補筆等箇所を明らかにしながら、原寸大の線描模写による損傷地図の作成を行う。

また、調査において修理に必要な判断材料としての情報を集める。補修紙を作成するために料紙の紙質を調べ、また部分的に実体顕微鏡やX線透過撮影・エミシオグラフィ（X線を照射した際に顔料から放出される光電子を利用して絵具の画像を撮影する方法）等を行い墨や絵具の膠着力を確認し、過去にどのような修理が施されていたのかについて調査と観察を行う。

補筆・補絹・補彩は、「もの」の美術的価値などの真正性を正しく認識した上で補う程度にすることを原則とするが、古い修理には、欠失した部分などに補筆が多くみえる。現在では補絹・

補紙を行うが、目障りにならない程度に色付けをする。復原の加筆は一切行わない。原画の色調と調子を合わせるが、原画と全く同じではオリジナルと補修箇所の区別がつきにくくなるという具合の悪い場合があり、彩色は控えめの態度が大切である。つまり、本紙の地色より薄くすることが求められる。水墨画は至難であり、彩色がある方がやりやすい。補彩するときは、補彩して乾きを待ってまた進めるという作業を繰り返す。剝落の近くは、剝落の調子に合わせて行う。古筆の胡粉《ごふん》の補彩においては、胡粉を改めてすると重苦しくなるので水彩で行う。補修紙と本紙との境目はぼかすようにする。補修紙には礬水《どうさ》を引くことが必要である。補絹もまた補彩しやすようにすることが大切であるが、原画を生かすために最小限にする。水墨画などには余白の美があり、それゆえ余白の補彩には注意が必要である。補彩は目立たぬように、しかも後補であることが分かるようにすることが求められる。雲母引《きらびき》の原画の補修紙には、必ずしも雲母引の補修紙を用いない方が無難である場合もある。大きい剝落はある程度復元も考慮すべきものであり、復元の下図を作り、現状変更の手続きをとって行う必要がある。

補絹は裏打した絹を本紙の上に置き、鉛筆にて蝕穴の形を描き、細刀で抑えて破り気味に切る。この際、本紙の絹の目に合わせるのが至難の業である。絹本著色にて絹が切れ切れとなって、彩色が肌裏紙によって保たれているものは、肌上げせずに表から水溶性樹脂でとめた後、肌裏のまま裏よりの麩糊《ふのり》にて十分な接着力を得られる。本紙の絹と密着させるのは表打ちによってとめられない場合に限る。

2本紙表面の汚れを払って除去する。

修理において、裏打紙を除去したり、本紙を平滑に伸ばしたりするときには水を使用する。その際に水を使うことで、本紙の汚れが自然に落ちるという場合と、表面に付着している汚れが紙の繊維の間に染み込んでかえって汚してしまう場合があるので注意が必要である。こうした汚れに対する処置として、表面の付着物などを筆や刷毛などで払ったりして、できるだけ汚れの元となる物質を除去してから次の工程に進むことが大切である。

3巻子装を解体して本紙に施されている旧裏打ち紙を除去する。

巻子の紙継ぎ目を適当な箇所ではずす。糊の接着力が強く、はずしにくい箇所はけっして無理をしない。

旧裏打紙の除去は、水を使って糊の接着力を緩ませてから、前の修理において施された裏打ち紙を順次めくっていく。

表装の解体方法には、①乾式肌上法《かんしきはだあげほう》（第II部第一章参照）と②湿式肌上法《しっしきはだあげほう》とがある。

①は、裏彩色があり、大画面であるもの、また複雑な構造のものに有効である。本紙の料絹や絵具が脆弱なため、除去作業において本紙を傷める危険性がある場合である。①を行うためには、表打ちの作業が必要になる。表打ちは布海苔を用いてレーヨン紙を二層にし、さらに布海苔と小

麦粉澱粉糊との混合糊を用いて楮紙にて表打ちの作業を行う。

②では裏をめくるときは、表面はアクリルにて剥落をとめる。めくりにくいものは、水をつける。下に養生紙を敷く。養生紙にはきざしがついて自然に洗われる。本紙と養生紙と台板と密着させて裏打紙をはぐ。裏打ちをはいだら、肌裏のついたまま養生紙を何枚も表から当てて湿しておく。乾かぬように随時ぬらして汚れを取る。

平成三年（一九九〇）に刊行された『美の修復』には、水を多量に使用する旧肌上法（湿式肌上法）の危険性と「乾式肌上法」の有効性についての記述がある。国宝・絹本著色釈迦《しゃか》金棺《きんかん》出現《しゅつげん》図《ず》の顕微鏡調査で、裏彩色が施されていることが観察されたことなどから、乾式肌上法による方法がとられ、旧肌裏紙除去において肌裏紙に墨染楮紙、糊に赤茶色に染め付けた糊が使われていることが判明した。「湿式肌上法」で行われた場合には、長期間に多量の水が使用され、色糊が溶け出して移動し本紙を染め付けてしまう危険性があるとする。

4本紙に用いられている料紙と同質の補修紙を作成して繕う。

本紙の欠失箇所（虫損・破損・欠損・損傷など）には、料紙と同質の補修紙を作成して裏面より補塡し、繕う。繕い後の本紙は一枚の紙として全体の調和・均衡がとれる状態にする。

繕いに用いる糊は、肌裏打に使うものよりもわずかに接着力の強い糊を使い、欠失箇所と繕いとの糊代部分（小口）が浮いてこないようにする。

補修紙は本紙と同じ紙を利用できれば一番よいが、現実的に不可能である。そこで、現在では本紙と似た厚さ、強さ、色の紙を使っている。経年劣化した本紙との均衡が重要である。また、本紙の紙質や簀目などを模した補修紙の作成が行われている。

補修絹は絵絹と同じ密度、糸の太さの等しい織組織の絹に電子線を照射して、人工的に劣化させた絹、いわゆる劣化絹を利用している。

繕いによって、本紙は虫損・破損などで欠損する前の形状に戻る。原状保存の形状は、繕いの作業でできたことになる。ところが、保存・公開を目的とするには、かなりの耐久性が必要とされるので、本紙の裏に和紙を糊で張る裏打を施して、耐久性を付ける。

繕いを表裏どちらから行うかについては、損傷の度合いによって判断すべきではあるが、原則的には裏から行う。繕い紙は本紙の地色よりも薄目の色合いにする。小口部分の虫損などはできるだけ小さい線香穴まで行う。小口部分は修理後においても負担が大きく、損傷しやすいためである。

繕い作業は虫損などの欠損が多くなればなるほど、手間がかかる。そこで、和紙の繊維を離解し、それを水の中に調合、分散させ、本紙の欠損部分に水の流出の力で穴埋めする漉嵌機（リーフキャスティング）を使用した繕いも行われている（第II部第一章参照）。

5染め薄美濃紙にて肌裏打紙を打つ。

繕いの終わった各料紙に一枚目の裏打紙（肌裏打紙）を接着させる。この肌裏打紙に使われる紙は、直接本紙に接する紙であることから、手漉きで質の良い紙を選択して用いる。

肌裏紙の裏打は肌裏紙をぬらさずに直接糊をつけてしばらく置く。十分に緩ませてから、端から刷毛を用いながら裏打する。裏打紙を置くとき、置き直しは不可能である。終えた後、当て紙を上に置いて、水刷毛で少し水気を帯びさせる。ここで、初めて表に返して表面のザラ紙をはいで本紙が現れるので乾かす。

裏打に主に使用するのは楮紙である。楮紙は繊維が丈夫で長く、ほかの紙や裂とのからみつきがよい。裏打替えは、掛幅装の場合は四回、巻子装の場合は二～三回行われる。

肌裏打では、薄美濃紙と小麦粉澱粉糊（新糊）を用いる。これは本紙を直接支える役割を果たす。色は全体の印象に影響を与えるので慎重に検討する。

増裏打には、美栖紙《みす》（漉いたまま干板に張る。脱水をしないので紙の両面ともザラザラしている。紙を漉くときに胡粉を混入させることで柔らかい紙になる。その柔軟さを利用して肌裏打された本紙や裂の厚さや伸び縮みなどのバランスをとる）と古糊とを使用する。

中裏打では、土佐の典具帖紙《てんぐじょう》（厚みの調整や強度の補強を目的とする。楮紙の中で一番薄いので、裏に文字のある文書（紙背文書・端裏書・裏書など）の裏打に適合する）と古糊とを使う。

総裏打は、宇陀紙《うだ》（脱水して板張りをしているので、ひきしまった滑らかな紙質）と古糊とで仕上げる。

裏打紙の接着方法として打刷毛《うちはけ》を行う。掛幅装の劣化現象として折れじわがよく見られるが、これは掛軸を巻くときの湿度及び箱の中の保存環境に大きく左右される。打刷毛を施した場合、五五〜七五％RHのいずれの湿度でも折れじわ、糊離れなどのない良好な状態である。撫刷毛《なではけ》の場合、五五〜六〇％RHでは良好であるが、七五％RH以上では糊離れ、四五％RHでは折れじわが生じる。打刷毛は撫刷毛に比べて保存湿度の変動に対して抵抗性があることがわかる。掛軸を箱の中に保存する場合、打刷毛、撫刷毛いずれにもよい六〇％付近が最適の湿度になる。しかし、巻くときには六五〜七五％の少し高めの湿度が好ましい。

新糊は小麦澱粉を四〜五倍の水で煮て作ったもので、透明状態になるまで掻き回しながら煮ればできあがる。三〜五日で腐敗するので、使う必要量を作ることが大切である。

古糊は大寒のときの作った新糊を甕に入れ、いったん冷ましてから「寒の水」（寒中に汲んだ水）を入れ、温湿度の安定した冷暗所において一〇年ほど寝かせる。毎冬に上水を「寒の水」で取り替える古糊は非常に接着力が弱いので、そのぶん乾いたときのしんの固さがなく、なめらかである。糊や膠《にかわ》は、湿気で接着力を失い、乾燥で接着が壊れることになる。修理でももっとも大切なことは糊加減である。糊加減はできるだけ薄くすることを常に心掛けなければならない。

6仮張する

肌裏打ち紙の入った本紙を仮張にかけて乾燥させる。

7仮張した本紙を貼り継ぐ。

仮張の終わった本紙を仮張からはずし、寸法に裁って順番通りに貼り継いでいく。

8折れ伏せを入れて折れを直す。

細く切った楮紙の帯（幅一・五㎜）を本紙の折れ山の裏側に新糊で貼り付けて、同じ箇所に再度折れが生じないように処置を施す。

折れは本紙の弱いところに生じやすいので、厚さに差のある本紙や裏打紙の継ぎ目などの箇所は注意が必要である。また、繕いが施されずに、一枚だけの裏打紙で補修されている場合には、損傷箇所が薄くなっているので、その弱いところをつないだ線で折れが発生する。

9本紙と同質の紙にて総裏打ち紙を行い、表張りして十分な乾燥期間を確保する。

総裏打ち紙は巻子装の一番外側で人の目にふれる紙になる。多くの場合、巻子装が仕上げられた当初は、裏打紙を施さずに本紙の表・裏の両面がみえる形で仕立てられている。それが、後世に行われた修理によって新たに裏打紙が施されて、現在の姿になっている。本来、巻子装の裏側は本紙の裏面がみえていたので、総裏打紙には本紙と同質の紙を作成して使用している。

総裏打紙の入った作品は仮張に表向きにして張り込んで乾燥させる。乾燥させる期間はできるかぎり長くとる。

10表紙、見返は新調し、各々裏打ちを施して仕立てる。

表紙、見返は作品の時代と雰囲気にできるだけ調和したものとする。

表紙と巻頭本紙との強度の均衡が崩れると、亀裂や折れが生じやすくなるので表紙の素材あるいは巻頭部分の肉付けなどの工夫が求められる。

11裏張りをし、十分乾燥させる。

表張りして乾燥させた作品を、今度は裏向けに仮張に張り直して、更に乾燥させる。

12軸首は元のものを再使用し、軸木、八双竹、紐などを新調し、巻子装に仕立てる。

軸首は再利用が可能なものは、元のものを使用する。軸木や八双竹は湾曲している場合が多いので取り替える。ただし、劣化が認められず湾曲も生じていない場合は、将来的に湾曲する可能性が低いと判断できるので、再利用することもある。紐は表紙を取り替えることから、作品の内容と表紙との雰囲気にあったものに取り替える。

軸木の樹脂（やに）による汚れ、特に赤味材《あかみ》は軸付紙や巻末本紙を汚す。軸木が反ってしまいまっすぐでなくなった場合、中央部に負担がかかり、損傷の原因になる。軸首が染色されている場合、本紙の小口を汚す。

軸付紙は本紙長の八割ほどを基本とするが、全体との調和が大切である。巻子装において太巻《ふとまき》芯《しん》の使用は安易に行うべきではなく、保存と利用などの観点から検討することが重要である。

仕立ては本紙を生かすも殺すも表具次第、といわれるように表具は大切な存在である。表具に必要な材料は、紙と裂と糊と水だけである。それだけにそれぞれの材質が大きくものをいう。表具は正直であり、一工程でも手抜きをすると、それがすぐ表具の出来不出来となって現れてくる。たとえ仕上がり直後には上々に見えても、季節が梅雨であったり、乾燥する気候が続いたりすると、てきめんに手抜きの結果が現れてくる。なすべきことを着実にこなしたかどうかは、時間がたてば確実に明らかになるものである。表具は繊細な天然材料を用いるだけに、天候という要素は重要になってくる。強い光線や乾燥している空気に直接触れると、表具に引張りを生じ、狂いが出てくる。そのゆえ、材料、天候、道具などのあらゆる状況を勘案しながら作業を進めていかなければならない。そうした時間と手間を惜しんでいては良い修理はできない。

13桐太巻芯、桐印籠内箱、桐漆塗外箱を各新調する。

細い軸径に巻くことで修理後に新たな折れなどを発生する恐れがある場合には、本紙にかかる負担をできるだけ軽減するために巻き径を太くする方法として、太巻芯を作成し、それに巻いて保存する。巻末にいくほど折れが多くなる。これは巻頭に比べて巻末の巻き径が細くなり、巻いたときと披いたときに本紙の表面と裏面とでの伸縮の差が大きくなることに起因する。巻子装の宿命的な損傷である。

太巻芯を新調すると、これまで収納されていた箱には納まらなくなり、新しい保存箱を作成する必要がある。元の箱は作品の伝来の経緯などを伝えている場合があり、別途保存することになる。

修理後において文化財の整理や管理のために用いられるラベルについては、素材、書式枠の印刷、糊、筆記具にどのようなものを使用するのかという問題がある。当然ながら、対象となる文化財を損傷させてはいけない。

そのために、ラベルの素材としては文化財と同類の紙を用いることが望まれる。少なくとも同じ原料から作成されたものであることが重要である。特に、紙は周囲の温・湿度に応じて空気中の水分を吸収したり、放出したりしているので、紙そのものが収縮・膨潤を繰り返している。異なる紙質の紙がラベルとして貼られた場合には、その収縮・膨潤に差が生じることから、損傷を引き起こす可能性が懸念される。

ラベルの書式枠は作業の簡略化と統一性という観点から印刷されることが多くみられる。しかし、印刷に経年の劣化によって酸性に傾くようなインクを使用することは極めて危険であるといわざるをえない。それゆえ、ラベルに文字を書き込むときに用いる筆記具の選択も同様の注意が必要不可欠である。

ラベルを貼る際に用いる糊については、接着力の弱い古糊が望ましい。糊の接着力が弱ければ、文化財に対する余分な力を軽減することができる。ラベルを除去する場合にも容易であることが求められる。

第3節　掛幅装の場合

1書の装い

装潢とは、表装することを意味する。表装は書画を鑑賞するために考えられた方法である。仕立てられたものには、掛軸《かけじく》（掛幅装）・巻物《まきもの》（巻子装）などの形状がある。掛軸・巻物に書画を仕立てることで、書画そのものが保護され、多くの書画の優品が今日に伝えられている。そのうち、書の優品の数々には名筆と呼ばれるものがあり、名筆家による連綿の仮名の美や禅僧の精神性を示す書の墨蹟が残されている。その多くは掛軸に仕立てられ、室礼《しつらい》あるいは茶掛けとして床の間に飾られ、愛でられてきている。

掛軸に仕立てられている書を鑑賞するためには、掛軸そのものを知ることが不可欠である。そして、掛軸の各名称を知ることで、書の装いのすばらしさを味わう手立てとして役立てることができる。

そこで、掛軸の基本的形式・特質・構造を確認しながら、書の装いを考えてみてみよう（本書巻頭「文化財の構造と名称」参照）。書そのものを本紙《ほんし》といい、本紙を装う部分が表具と呼ばれる。表具には幾つかの形式があるが、ここでは最もよく目にする三段表具という形式の名称を見ていく。三段表具は、室町時代に宋・元画の影響を受けて大成した上品で華麗な表具である。

まず、本紙に近いところから、一文字《いちもんじ》・中廻《ちゅうまわし》（中縁）・上下《じょうげ》（天地）・風帯《ふうたい》がある。これらには、様々な表具用の裂地《きれじ》が用いられている。一文字には印金《いんきん》、金襴など最上級の裂地、中廻には緞子など上級の裂地、上下には平絹など、風帯には一文字と同じ裂地を用いている。

これらの裂地の取り合わせに注目してみるのが、鑑賞要点のひとつである。裂地の色合い、文様、そして色合いと文様との取り合わせなどに自分の好みと合うもの、また逆に全く違うものに出会うことがあるかもしれない。あるいは自分の思いのままに裂地の取り合わせに想像をめぐらしてみることも楽しみである。

次に、見えないところの装い、つまり裏側の構造にも注目してみたい。裏側には裏打紙と呼ばれる紙が、四層に重ねて貼られている。（1）本紙の裏に直接打たれる薄美濃紙による「肌裏《はだうら》」、（2）その次に美栖紙《みすがみ》による「増裏《ましうら》」、（3）表具裂にも同様に肌裏・増裏を打って適当な寸法に断ち、次に本紙と表具裂とを合わせて全体に中広紙による「中裏《なかうら》」を打つ、（4）最後に宇陀紙《うだがみ》にて「総裏《そううら》」を打つ。

美栖紙は白土《はくど》、宇陀紙は胡粉《ごふん》を混ぜ合わせて漉いている特殊な紙であり、表具は巻いて保存するため、柔軟さが求められる。これらの裏打紙を着る物にたとえてみると、肌裏紙は肌着、増裏紙はシャツ、中裏紙はベスト、総裏紙は上着ということになる。本紙が美しくあるためには、見えないところで裏から支える裏打紙の存在がとても大切である。

2茶道の掛物としての墨蹟

『南方録《なんぽうろく》』（利休の侘茶を詳述する茶の湯伝書。元禄三年（一六九〇）福岡藩士立花実山《たちばなじつざん》によって成立）に「掛物ほど第一の道具はなし。客亭主共に茶の湯三昧の心得道の物也。墨蹟を第一とす。其文句をうやまひ筆者道人祖師の徳を賞翫するなり」と記されている。何ゆえ墨蹟を茶の湯の掛物の第一に挙げるのであろうか。それには禅宗と茶道との深い因縁を考えなければならない。茶道の祖といわれる村田珠光《むらたじゅこう》（一四二三〜一五〇二）をはじめとして、その後を受け継いだ武野紹鷗《たけのじょうおう》（一五〇二〜五五）、千利休《せんのりきゅう》等いずれも参禅修行し、坐禅工夫の精神的な悟りの境地を体験した人ばかりである。すなわち珠光は一休宗純《そうじゅん》、紹鷗は大林宗套《だいりんそうとう》（一四八〇〜一五六八）、利休は古渓宗陳《こけいそうちん》（一五三二〜九七）に、それぞれ師事し、この三人の禅僧はみな京都・大徳寺の住持となっているから、茶道と大徳寺との密接な関係も知られる。利休によって茶道が大成され、今日の隆盛をみるに至ったことは言うまでもないことであるが、その精神的な拠り所は禅であり、いわゆる茶禅一味の境地を求め、宗教的な雰囲気によって客と亭主とともに茶を楽しむ独自の世界がある。そこで、中心となるべき掛物は禅僧が悟道《ごどう》の心境を吐露した墨蹟を最適とする考え方が成り立つのである。

3表具の重要性

墨蹟を掛物として用いる場合、表具が問題となる。表具は本紙を最もよい状態で鑑賞するための形式として、宋より伝来した様式を基本とし、日本独自のものに発達してきた。特に、茶掛に用いられる場合は、床の間の空間に程よい位置に掛けられるよう、床の間の寸法と密接不離の関係にある。一休の一行書「初祖菩提達磨大師」（徳川美術館蔵、縦一四五・三cm、横三七・二cm）は珠光表具であったが、縦長の掛物であったため、利休は床天井を高くして掛けさせ、それ以後は床の真の天井が高くなったという伝えがある。いかに先人の掛物の表具を大切にしたかを物語っている逸話である。

4　墨蹟の表具

一般に表具とは掛幅装の表装のことをいい、それは書画に限定される。書跡の表具の中で最も変化に富むのは、墨蹟の表具であろう。墨蹟の表具には色調、裂地など多彩な材料が用いられる場合が多い。特に、金襴や印金《いんきん》で地色も濃色であることが少なくない。殊に、紫印金は墨蹟に必ずといってよいほど多く用いられていて、それも本紙を区画する一文字に使われる。濃い色は余韻を持たず、劃然《かくぜん》と本紙を区分けする強さがある。この強い性質の色調を用いることは、墨蹟そのものに調和するからにほかならない。墨蹟は禅僧が自家独自の悟道の境地を吐露した個性豊かな書風を特色としているから、平安時代の歌切《うたぎれ》などのような仮名書きの柔和な書とは趣が異なり、濃色で大きい文様の裂地であっても本紙が見劣りすることはないのである。

本紙を抜きにして表具だけを取り上げることは主客転倒であり、表具がいかに本紙と調和しているかをみるのが本来であるが、ここでは墨蹟を主体として、利休、織部《おりべ》、遠州《えんしゅう》の表具の好みについて考えてみたい。

〔利休好み〕

茶道四祖伝書のひとつ『三斎公伝書《さんさいこうでんしょ》』に「一文字風帯濃い萌葱《もえぎ》金紗《きんしゃ》細ぶる、利休気に入りたる切なり」と、また『望月集』に、「一、表具の取合はいかがあらんと利休へ問しに、むかしは上中下一文字色をハッキリと替りたるを好みし、夫にては広座敷は格別、小座敷せまき所には無相《ぶそう》応《おう》、似たる色相にて眠り目に心得て取合る事数奇《すき》の命ぞと也。一、利休心持表具の取合と云は、上下浅黄《あさぎ》のシケ絹にして中を薄浅黄の又シケ絹にして一文字風帯はほそぶるノ古金襴、色は紺地にして軸は象牙《ぞうげ》にても唐木《からき》にてもハチ軸にして、ヶ様に静成様に好むと也」とあって、絹の粗末なものを使うほどであれば、むしろ紙表具の方がよいと言っている。

寧一山《ねいいちざん》（一二四七～一三一七）墨蹟（「雪夜作」、建仁寺蔵）は上下に浅黄の紙を用いており、しかも一枚紙ではなく、縦に継ぎ目があるところから考えて、よほど由緒のある施工とみられ、やはり利休好みを踏襲して、当時と材料を変えずに表装を仕立て直したためであったと推定できるのである。この「雪夜作」一幅に「山之内八郎」と署名のある添状《そえじょう》があって、次のように記されている。「寧一山之墨痕雪夜之語、春屋国師外題、表具利休好之由申伝也」と利休好みの表具を伝えているのである。表装裂は一文字と風帯は紺地唐花草金紗、中廻しは萌葱地牡丹唐草文絽《ろ》、上下は浅葱《あさぎ》地染紙を使用している。特に上下に紙を用いていることは紙表具の始まりを利休とする伝えに合致し、しかも浅葱紙であることは稲垣休叟《いながききゅうそう》の『茶道筌蹄《さどうせんてい》』の記述と同じで、他にも利休の表具の文を添状とする中峰明本《ちゅうほうみょうほん》（一二六三〜一三二三）墨蹟が同色のもみ紙を上下に用いている例があって、利休表具の好みを如実に認識することができる。裂地の表具が高級だと考えるのは昔も今も変わらないようである。しかしながら、装潢師の言によれば、本格的な紙表紙はかえって難しいそうである。本紙に調和する色合いに染めるには多大の手間と時間を要し、無駄も多いわけで、古色仕上げとなればなおさらのことである。大正年間ごろの表具には「しけ唐紙」と呼ぶ一見裂地のように見える紙を用いたものがあるが、現今はみられなくなった。京都・東福寺や智恩寺などの掛幅の表装に確認できる。

紙表具は利休が始めたことが『茶道筌蹄』に記されている。すなわち、「紙表具の始りは、利休居士、笑嶺《しょうれい》和尚の文を、紫地印金の一文字に、白唐紙の中風帯浅黄地の上下を用ひられしとぞ、此一文字を去り、白の張風帯《はりふうたい》にせられしは元伯好也《げんはくこのみ》」と侘びに徹した元伯（千宗旦《せんのそうたん》、一五七八〜一六五八）にも言及している。利休が上下を紙にした例は、中峰明本墨蹟にもそのよい遺例がある。これは鼠色がかった浅黄色の胡引紙で、やはり上下とも二カ所に縦継ぎ目があって一枚紙ではない。これには利休消息が付され、確証ある利休表具で、「本表具忘れ候て来らず候」と述べているから、明らかに表装を取り替えたことが知られる。なお、ちなみに寸法のことを言うと、風帯の位置は、古くは三等分の場所に付けるのであり、この中峰明本墨蹟はその古式の寸法に則って風帯が付けられている。現今は左右の風帯の中間の幅は両脇の幅よりも風帯片方分だけ狭くなっていて、おそらく江戸時代に変化したものであろうと言われている。

〔織部好み〕

古田織部《ふるたおりべ》（一五四三～一六一五）好みについては、藤村庸軒《ふじむらようけん》（一六一三～九九）の子正員《せいいん》が著した『茶道旧聞録《ちゃどうきゅうぶんろく》』に、「織部はりんほうに一文字なしに表具をめされしなり」とあり、また他の古書に「竹屋町《たけやまち》切は、古田織部好みにて京竹屋町にて織部初たる切《きれ》なり」と述べられている。「りんほう」とは「輪甫」のことで、本紙の両脇の柱の部分を狭くした形式で、これに対して普通の幅広いのを幢甫《どうほう》と呼ぶ。輪甫表具の場合は仕上がりの表具幅が狭くなるわけで、織部はこれに一文字を略した形式を好みとしている。床の間の左右の空間に間を持たせるためには輪甫が好まれ、墨蹟は大部分この形式であり、横物の場合は特に考慮されたようである。

一文字なしの好みは『古織公伝書《こうしょくこうでんしょ》』にもみえる。加藤家蔵の兀庵普寧《ごったんふねい》（一一九七～一二七六）墨蹟は織部好みと伝えるが、紺地金紗の一文字風帯を付している。しかし、この裂は竹屋町切、一名織部紗と呼ばれる裂の古様のもので、いわゆる竹屋町と呼ぶのは紗地に金糸刺繍を施した裂である。この裂は濃色の紺地で、本紙に接して歴然と際立たせているにもかかわらず、本紙の墨蹟は一文字の強さに負けないところをみるべきで、しかも兀庵の書は細字である。常識的に細字は弱く感ぜられるのが、かえって凛然たる気魄に押され、本紙を浮き上がらせている観があり、墨蹟の強味が納得できよう。この中廻と上下は柿、黄色の同系統でまとめ、一文字のみが紺地であるが、金色が黄系統に属するので、色調として調和して見えるわけである。

織部表具として確証あるものとして注目されるのは、東京国立博物館保管の著名な「破れ虚《き》堂《どう》」の表具である。現在は遠州表具となっているが、その前の旧表具として本紙を抜き取った形で残っている。ちょうど織部と遠州の好みが一目瞭然と比較できて面白い対照となる。織部の本表具は輪甫、一文字なし、また後に竹屋町と呼んだ金紗を用い、織部好みそのままである。

織部と遠州の表具の材質と法量を掲げると、以下のようになる。

	織部好（旧表具）	遠州好（現表具）
形式	輪甫表具	幢甫表具
一文字	なし	白茶地二重蔓大牡丹唐草上代紗金
風帯	白茶地一重蔓花文上代竹屋町	白茶地二重蔓大牡丹唐草上代紗金
中廻	白茶地一重蔓花文上代竹屋町	薄茶地上代紗銀
上下	鶯茶古糸絹	鼠絹
軸首	牙切軸	牙切軸（出八分）

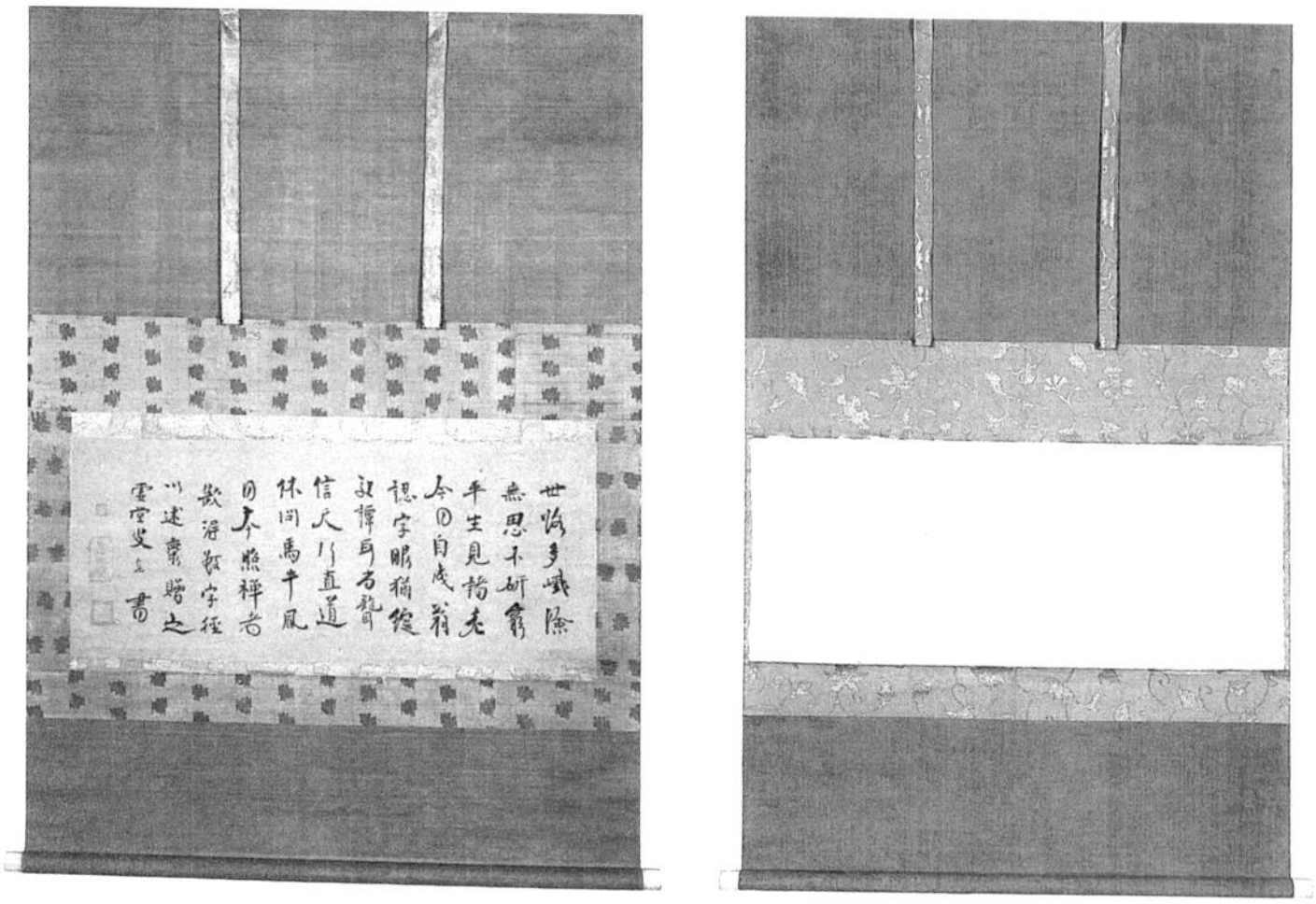

遠州表具　　織部表具

図版1　織部・遠州表具の例（虚道智愚墨蹟、東京国立博物館蔵、『装潢史』国宝修理装潢師連盟、2011年より引用）

このように、両者を比較することによって好みの違いが明らかに知られ、遠州は幢甫に改め、使用の裂は薄色と濃色と接した取り合わせにしてある（図版1）。

〈遠州好み〉

庸軒の孫弟子による『茶道望月集《ちゃどうぼうげつしゅう》』に、「遠州抔《など》は書院座敷向ヲ元として凡て取合ハッキリト大様成を好まれしと也」とある。遠州は白地《しろじ》や白茶《しらちゃ》を好んで、他の裂地と色目を明らかにし、派手な感覚を表現している。京都大徳寺の塔頭竜光院蔵の密庵咸傑《みったんかんけつ》（一一一八～八六）墨蹟は利休表具を遠州が改装して現状となったが、やはり白地の中廻となっていて、上下の取り合わせがハッキリと区画されている。なおまた、「破れ虚堂」には書付として「小堀遠江様表具御好　表具宗由」と記されたものが附属している。宗由は建部宗由に相違なく、寛永年間の著名な表具師で、『甫公伝書《ほうこうでんしょ》』にもみえ、珠光が古市播磨《ふるいちはりま》（澄胤《ちょういん》、一四五二〜一五〇八）に宛てて茶の湯の極意を書いたという「心の文」の表具を「細工ハ宗由ニ被仰付候也」と述べられている。当時有数の表具師であって、「破れ虚堂」はこの宗由によって遠州表具に仕替えられたことが判明する。

　このように、表具は見過ごせない歴史を物語っており、本紙の性格と合わせた、形式、裂地の色調、材質、文様などの取り合わせによって茶道具の第一として行き届いた感覚を表現しているものなのである。それは茶席における道具の取り合わせにも通じるものがある。『南方録』に「風帯と一文字を同切レを用るを中風帯と伝へり、一文字なしもあり、総て表具の事、切の取合等吟味すべし」と説いてある。

　なお、神谷宗湛《かみやそうたん》の著した茶会日記である『宗湛日記』には「上下茶ノホツケン古中アサギノホツケン一文字諷體カナ地ノ金襴〈モヱギ〉地ハ寶《たから》ツクシ牡丹カラ草バチ軸〈三重ニアリ〉クワリン也」とあり、原表具は旧表具・現表具とも異なっている。また、和漢の美術に通暁した彫刻家加納銕哉《かのうてっさい》の明治三四年三月二二日夜と二三日の書簡には、虚堂の表装に関することが具体的に記されている。

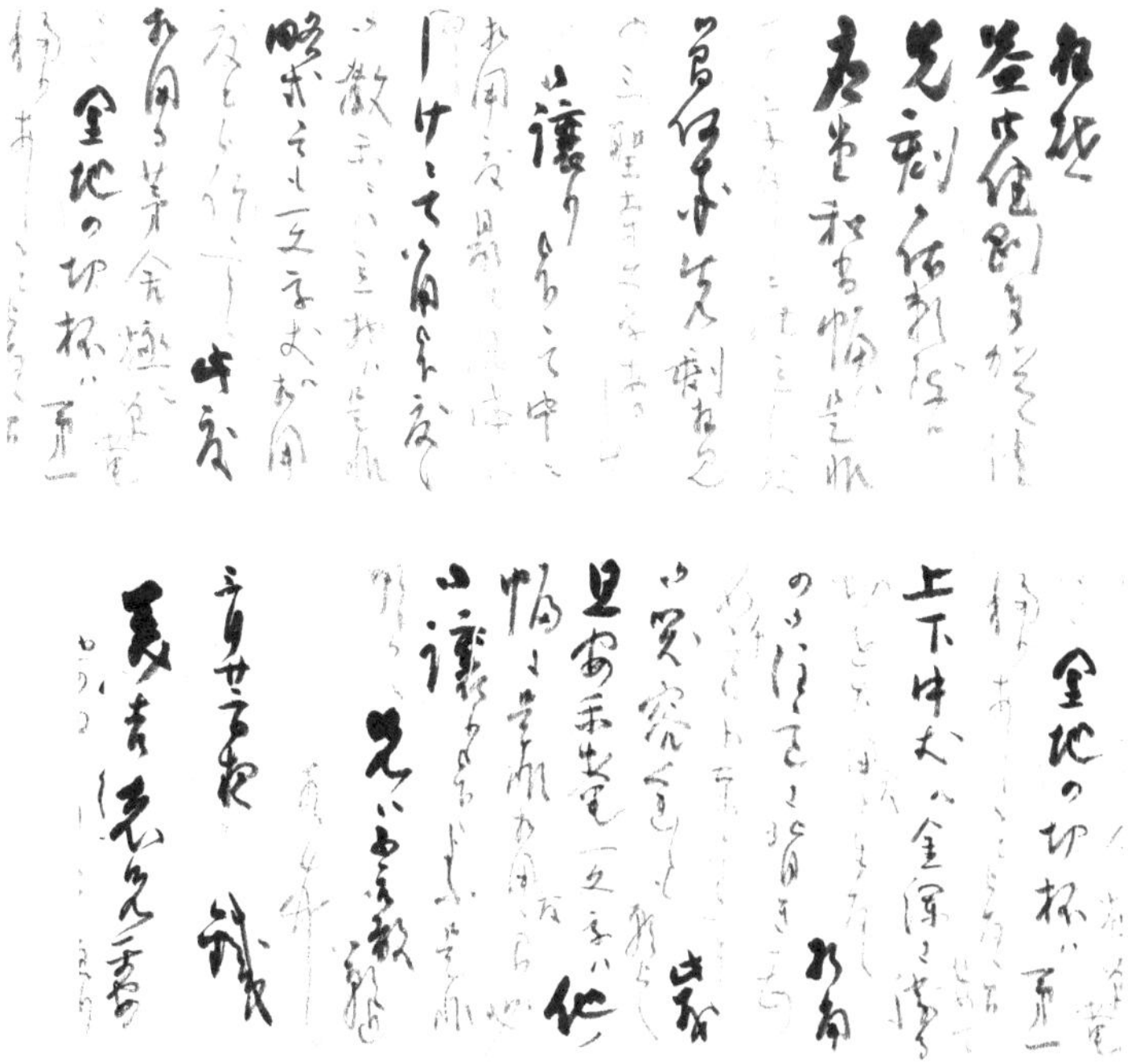

図版2　加納鉄哉・明治34年3月22日書簡

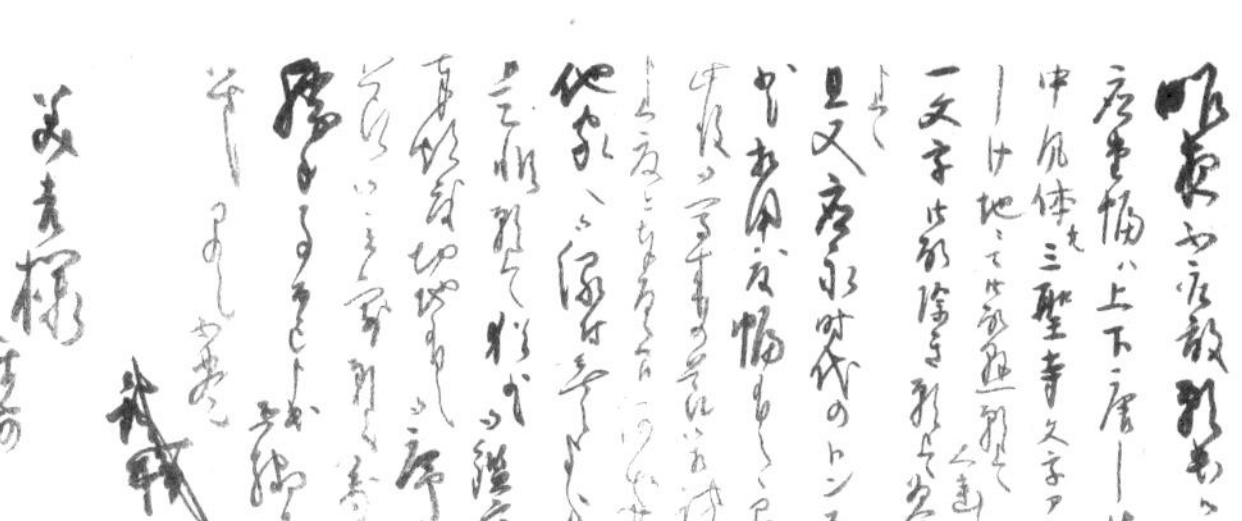

図版3　加納鉄哉・明治34年3月23日書簡

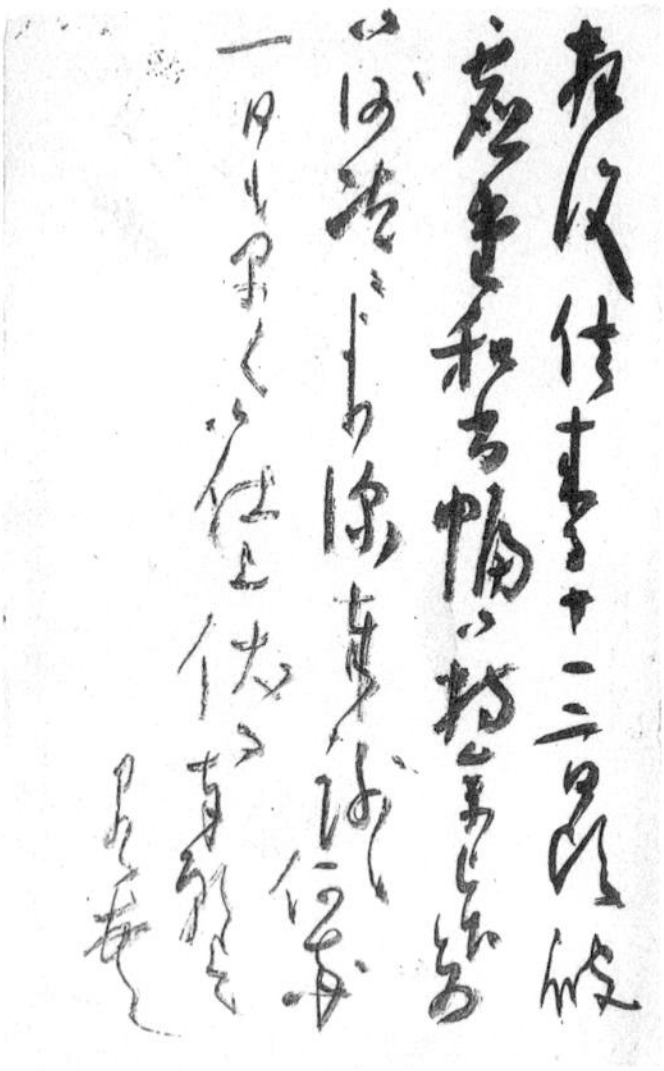
図版4　加納鉄哉・明治34年4月10日葉書

二二日夜の書簡（図版2）には「虚堂和尚幅ハ是非一文字なしニ仕立申度候間、何卒先刻拝見の三聖寺《さんしょうじ》文字あるしけ地御譲り被下候て中ニ相用度、最も諷體ハ同じしけニテ御用被下度候、御教示ニハ立物ハ是非略式ニても、一文字丈ハ相用度と被仰候へとも、此度相用る茅舎極ニ草庵ニて、金地の切抔ハ第一移りあしくと被存候間、せめて上中下丈ハ金襴ニ勝る切を相用度と奉存候、」とあり、翌二三日の書簡（図版3）には「昨夜不取敢願出候、虚堂幅ハ上下唐しけ、中風體共三聖寺文字アルしけ地ニて御取懸願上候、くれ〱も一文字御取除き願上候、為念申上候」と表具裂と仕立てについてほぼ同じことが書かれている。四月一〇日の葉書（図版4）には「来る十一・二日頃破虚堂和尚幅御持参被下（中略）何卒一日も早く御仕上、伏而奉願上候」とあることから、手紙にみえる虚堂幅が破虚堂であるといえる。

5仕立ての注意

掛幅装に仕立てあげるまでには、本紙の扱い方や仕立てのあり方などに細心かつ慎重な取り組みが求められる。以下に注意すべき主な点を列挙する。

①本紙が延びて、裂が縮むので、糊付けの部分が出ることになり、その部分が汚れているように見えるが、基本的には本紙いっぱいに出すようにする。

②裏打ちの紙は反りを防ぐために横使いとする。

③書状（二紙）の場合、本紙と裏紙の場合は突き付けとする。

④糊がきつく、とれにくいときは無理をせずに裏打を行い、本紙を安定させてから行うとよい。無理に行うと、本紙の墨が移動したりすることになるので注意が必要である。

⑤加湿法による修理の場合は、本紙の損傷やシミの部分は水分を吸収しやすいので、加湿の加減は控えめにし、時間の長短で本紙への加湿を調整する必要がある。時間をかける方がよい結果を得られる。

⑥経年変化や湿気などによって本紙の劣化が激しく、腐食している状態の場合は裏打が必要である。

⑦風帯の割り付けは三等分にしない。下の折れは二寸五分から二寸七分とする。折れは耳に重ならないようにする。

⑧巻緒の端にも露を作る。露の幅は緒の幅の内に収める。長さは三巻き分、太巻芯を付ける場合には四巻き分とする。

『職人衆昔ばなし』において、中村鶴心堂《かくしんどう》は、大和表具をみて、仕上げが見事なこと、ケバ一つなく、名刀で截ち落としたような小口に驚きをおぼえ、京都での修業を決心したという。京表具の素晴らしさを名人と称された墨光堂の岡岩太郎からの教えを受けることになる。そこで学んだ表具のツボとして次の三点をあげている。第一は配色で、書画に合う紙や裂地を使うこと、寸法には職人の性格が出るものである。表具が作品を邪魔して目障りのないようにすることである。第二は書画を傷つけることがないようにする。当然で、言うまでもないことではあるものの、仕上げた後でシミが出たり、糊のアクが出ることもあるので、注意が必要である。表具は、濡らして叩いて撫でるという作業が基本であり、濡れている紙を自由に扱える技術が不可欠であるとする。第三は技術で、とくに糊加減が大事である。糊は自分で作り、煮る時には必ず赤松を燃料に使うとする。『三十二番職人歌合《しょくにんうたあわせ》』にも「へうほうゑ師」は「いかにせん馬ならぬ絵のへうほうゑまきたしわろくのりのこはきを」とあり、糊は強くていけず、弱くていけず、糊加減は難しく昔から気をつけなければならないことであった。そして、良い仕事とは心にしみて良いもので、正直な仕事であるという。表具の究極は裂の取り合わせにある。表具を見て、これは利休好み、これは織部好み、これは遠州好み、と直ぐ見分けがつかないようでは職人とはいえない。

第4節　手鑑の修理

本来の手鑑の姿を伝えているのは、筆跡鑑定を業とする古筆家の台帖として伝来した『藻塩草』（図版5）などである。その特徴は向い合う本紙が接すことがないように台紙の継ぎ部分の段差をなくす工夫があること（図版6）、台紙は楮紙を層状に貼り重ねた構造であること（図版7）にある。

図版5　国宝『古筆手鑑「藻塩草」』（京都国立博物館蔵、『装潢史』国宝修理装潢師連盟、2011年より引用）

書見に際しては表裏の表紙を必ず下にして、鑑賞する左右の二面を開披するだけである。表紙自体に角金具《すみかなぐ》がほどこされているため書見台などと接触せず、表面が擦れるようなこともなく、ましてや本紙のある裏側が書見台などに触れることは決してなかった。角金具は表紙の装飾性のみではなく、手鑑の歪みやたわみを抑えて変形するのを防ぐことや、書見台などとの空間を保つ役割をも持っていた。また、台紙の雲母引はその装飾性だけではなく、本紙修理に際して剝がしやすくするためでもあった。貼り直しが行われた痕跡を台紙上に見ることができる場合もある（図版8）。そのため、手鑑に

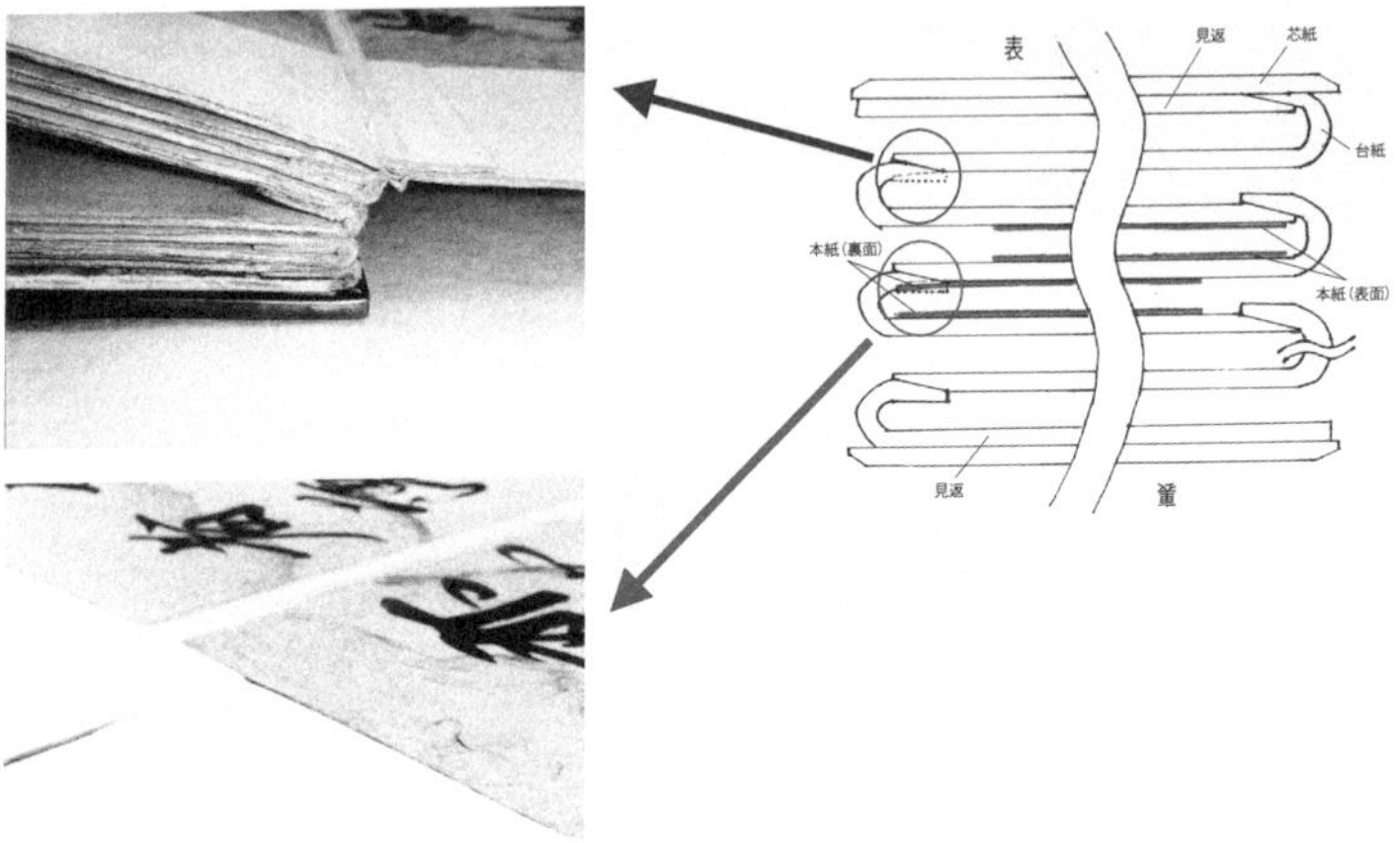

図版6　本帖の構造

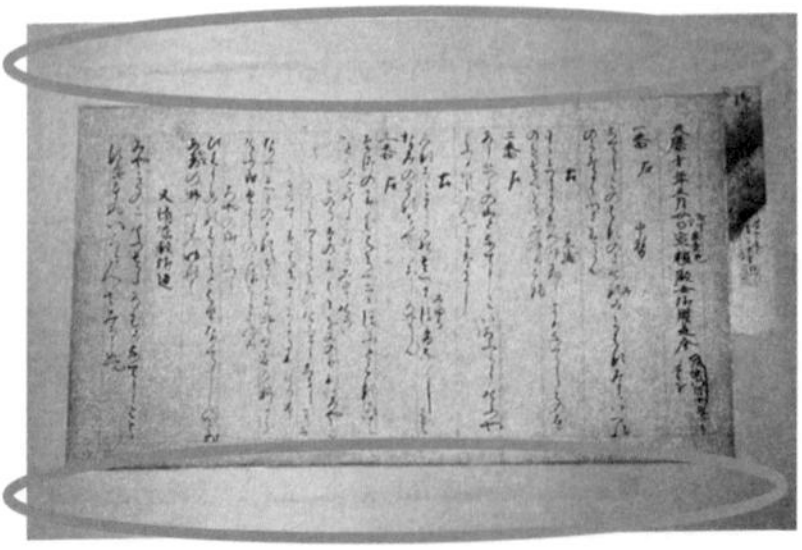

図版8　過去の貼り跡

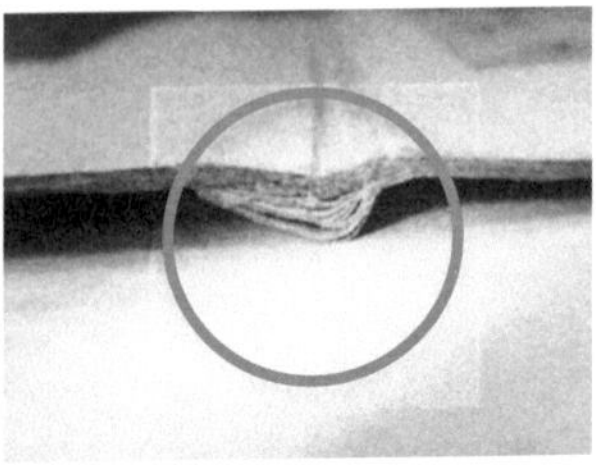

図版7　台紙の糊離れ

添付されていた本紙の裏面の糊代部分には、雲母が付着している。本紙をそのまま貼付せずに裏打を施す際、紙背に伝称筆者などが記されていることもあり、注意が必要である。

現在の手鑑の多くが、アルバム状の形態になったのは仕立てが簡単であることによる。アルバム状の問題点である開閉によって紙面が摩滅することを防ぐための工夫として、台紙は枠押しをして凹面を作って、本紙をはめ込むように貼り付けている。この工夫は田中親美氏が『野辺のみどり』の複製品を作成する時に発想したものであるという。しかし、本紙が蝶番《ちょうつがい》や台紙の縁を覆う覆輪《ふくりん》の厚さより厚い場合には、向い合う本紙が接触して擦れて毛羽立ちができる（図版9）。また開披する面が鑑賞の仕方の変化によって一度に多くの面を展開することになり、本紙が展示台などに直接に触れ、本紙と表紙に損傷を発生させる事態（図版10）や蝶番への負担が大きくなって外れてしまう状況を結果的に生じさせている。

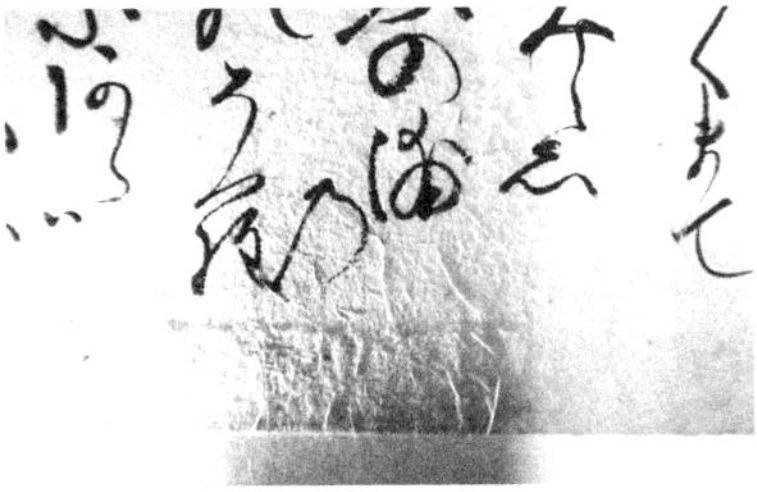

図版9　毛羽立ち

図版10　表紙裂は四辺の損傷が著しい

こうした手鑑をめぐる現状を解決する方法としては、今後の修理に際して前述した特徴をもつ本来の手鑑の姿に戻すことであるといえる。つまり、今日まで大切に伝世してきたものの構造を的確に把握するとともも、先人が創意工夫した形態を忠実に再現することを基本方針とすることにある。

第5節　文書の修理工程

古文書一紙の場合、次のような基本的な修理工程で作業が行われる。

1噴霧器で養生紙に水を少し含ませる。

2養生紙を水刷毛《みずはけ》（鹿の夏毛《なつげ》）で檜製の作業台（盤板《ばいた》）に撫で付け、平らに伸ばして敷紙《しきがみ》とする。

3敷紙の上に本紙を裏返し（文字面を下）にして置く。

4本紙全体に噴霧器で軽く水をかけ、適度の湿りを与える。

5本紙が伸びたら、角を持ち水刷毛や撫刷毛《なではけ》（棕櫚《しゅろ》）、手などでしわが出ないように、内側から外側に刷毛を動かして本紙を平らに伸ばす。

6本紙の中心部分から縦、横、斜めに刷毛を動かし、放射状に本紙のしわを伸ばしていく。文書を傷めないためにも、刷毛は力を入れすぎないように使用する。

7本紙を伸ばす際に、虫損などの箇所がめくれていても気にしないで全体のしわを伸ばす。捲れた部分は全体が落ち着いた後、丁寧に手直しする。

8本紙袖の欠損部分に補修紙を当て、細い毛筆に軽く水を含ませて欠損部分と同じ形に輪郭を取る。

9補修紙を欠損部分と同じ形に喰《く》い裂く。切断部分が均一な毛羽《けば》のような喰い裂き状態になる。

10本紙欠損部分の周囲に薄糊を付ける。

11補修紙の毛羽を利用して本紙の欠損部分にはめ込むように埋める。

12繕いが終わり、本紙は欠損前の状態に戻る。

13本紙天の欠損部分の繕いを行う。

14本紙の線香穴（穿孔《せんこう》）の繕いを行う。

15本紙全体の繕いが終了した状態になる。

16肌裏打の作業を行うために、繕いが済んだ本紙を裏返しにして、盤板の上に置き、噴霧器で適度の湿度を与える。

17撫刷毛で本紙を平らに伸ばす。

18裏返した本紙の伸ばし作業が終わり、本紙の袖、奥、天、地に付ける保護用和紙（足紙《たしかみ》）を準備する。

19本紙に薄糊を付け、足紙を張り付ける。

20足紙を本紙に糊付する。

21肌裏打紙に糊刷毛で水糊を付ける。肌裏打紙は糊がついていくぶん透き通っている。

22糊付した肌裏打紙を本紙裏面に下ろしながら撫刷毛で裏打していく。

23折れ伏せ用の紙に糊を付ける。

24本紙の折れがきついところに折れ伏せを入れて補強する。

25増裏打のために、噴霧器で湿りを与える。

26増裏打紙に古糊を付ける。

27糊付した増裏打紙を本紙のところまで運ぶ。

28撫刷毛でしっかりと撫で付け、本紙と増裏打紙を密着させる。

29打刷毛《うちはけ》（津久毛《つくも》）で紙面裏側から打ち、本紙と裏打紙の繊維を絡ませて、更によく密着させる。

30毛氈《もうせん》の上で乾燥させる。

31水刷毛で湿りを与え、乾燥させた本紙を伸ばす。

32本紙表面を仮張《かりばり》への張り込むために裏打紙の四周に三分弱の幅で糊を付ける。

33糊付の忘れがないように注意する。しわや歪《ゆが》みができることになる。

34爪の表面を利用して仮張用の糊の付いた裏打紙をまんべんなく撫で付ける。

35本紙表面を仮張に張った状態にする。その際には整然と張り付ける。

36水晶の数珠で裏面からこすり、本紙に腰を出す。

37本紙裏面を仮張するために、糊付する。
38本紙裏面を仮張した状態にする。仮張は表裏二回ずつ、長い時間張り付けた方がよい。

第6節　補修紙への取り組み

補修紙への取り組みとして大高檀紙の復元を行った鈴木裕《すずきゆたか》氏にどのような問題意識からの取り組みであったかを伺った。

書画の素材は、主に紙と絹である。文化財修理の現場では、紙素材の欠失部分には紙を、絹素材の欠失部分には絹を、それぞれ用いている。どちらにしても、本紙の素材に近いものを、そして近い状態のものを選んでいる。こうした修理の方法は古くから行われている。例えば、絹本著色の仏画の欠失部分に、裏側から別の仏画の一部分を切り取ったものをあてるという方法である。また、本紙そのものの四辺を断ち切り、裏側からあてるという方法も過去の修理ではみられる。

しかし、このような修理方法は、現在行われていない。本紙に使われている絹の太さを調べ、決められた長さの中で縦糸と横糸が何本あるのかを数えることにより、同じ絵絹を織ることができる。また、織りあがった絹に電子線を照射することにより、本紙に近い劣化した状態を得ることができる。劣化絹の開発により、絹素材の補修材料は本紙に近いものが得られ、近い状態に加工することができるようになった。

他方、紙素材の欠損部に用いる補修材料はどうであろうか。手漉和紙は現在でも漉かれているが、文化財の料紙として用いられた紙が、今も漉かれていることは極めて稀である。ほとんどが長い歴史の中で消滅してしまい、紙の名称だけが残り、全く違った紙に変化している。原料加工においては、煮熟《しゃじゅく》に用いる薬品の使用、叩解《こうかい》における機械の導入、そしてステンレス板などを加熱して行う人工乾燥など、作業工程においても様々な変化が見られる。紙素材の補修材料については、本紙に近いものが容易に得られないのが実情であった。

（1）上杉家文書と補修紙

上杉家文書は成巻、表装などの形状が変更されることなく、現在まで伝存してきた。文書の当初の形態を知る上で貴重な史料であると同時に、文書料紙は当時の手漉和紙の史料でもある。

修理は、以下のように原則として繕いと押しのみの仕様であった。修理に際して、本紙の裏側から糊で和紙をあてる裏打という作業はほとんどなく、本紙の虫損・欠損部分を補修紙で繕い、弱った部分を典具帖紙《てんぐじょうし》で補強し、本紙全体を湿して、製本用万力《まんりき》で押しをかけ、乾燥後改めて発給当初の姿に折り畳むという修理であった。

このような修理方法における補修紙のもつ意味は、従来の修理における補修紙の意味とは大きく異なる。掛幅装にしたり、巻子装にする従来の修理では、本紙の表面からの材質感が補修紙に問われる。それはあくまでも平面的な次元である。繕いと押しのみの修理となると、表側・裏側に必要な材質感や文書料紙と調和のとれた強度や柔軟さが求められる。それは単に表側からと、裏側からの問題ではなく、本紙や補修紙の厚みを含んだ立体的な次元の問題になってくる。

文書にとって欠損部分を補う補修紙は、どのようなものが最適なのか。修理技術者にとって大きな問題であった。かつて、本紙の欠損部分は質感の異なるものを選んで補修していた。本紙と欠損部分の区別がはっきりとわかるようにするためである。

現在修理の現場では、本紙の料紙に近いものを選んでいる。時には料紙を可能な限り復元的につくり補修紙として用いている。理由の一つに、古文書研究が本紙に書かれている文字史料のみにとどまらず、料紙にも及んでいることと深く関わっている。また、上杉家文書のような修理方法の場合、同素材を用いることで視覚的にも、強度においても料紙が安定した状態に保たれることになる。

修理方法・手段としては、現状維持修理という方針を根本にすえ、素材の部分では復元的な修理を施そうとした。素材の部分での復元的な修理が、将来どのような評価を得るかはわからない。文書料紙研究が更に進むことも考えられ、また料紙の製法が技術的に解明されていない部分が残されている状況では、料紙の復元が補修紙つくりの一つの到達点と考えられた。料紙の復元が技

図版11　漉き簀と桁（『「日本の技と美」展――重要無形文化財とそれを支える人々――』島根県立石見美術館、2011年より引用）

術的に可能な段階から、新しい補修紙の開発への展開が可能になるのである。

（2）大高檀紙《おおたかだんし》の復元

様々な文書料紙の内、一六世紀後期から朱印状などの料紙として用いられた大高檀紙の復元を試みた。

文書の料紙と現在の和紙との違いを特徴づけるものの一つに、紙漉道具の変化がある。紙漉道具には簀と桁がある（図版11）。明治時代に洋紙と出会うことにより、手漉和紙は大きな変貌を遂げる。表面のきれいな仕上がりが得られることなどから、パルプ材の混入が始まったのもこの時期である。道具に課せられた使命は量産化に適したものであった。紙の寸法を決める簀桁は、縦は二倍に、横は二倍、四倍となり、一度に漉く紙の面積は四倍、八倍となっていった。この変化の過程で、様々な工夫が生まれてくる。上桁と下桁は蝶番で繋がれ、重くなった桁は竹と紐で吊すようになった。今見られる手漉和紙は、明治時代以降の道具でつくられたものであり、修理の対象となる料紙は前近代の素朴な道具でつくられた紙である。道具の違いは紙の漉き方や仕上がりに大きな影響を及ぼすと考えられ、そのため補修紙の復元に取り組む中で、紙漉道具の復元も不可欠な要件となった。

1 復元の対象とした文書

上杉家文書　赤簞笥六の段

番号	縦×横	厚さ	重さ	密度	簀目	糸目幅
329	四六・六×六六・〇	〇・二八	二〇・四	〇・二四	九	三・四～三・八
330	四六・四×六六・二	〇・三〇	二二・四	〇・二四	九	三・四～四・〇
338	四六・三×六六・〇	〇・二〇	一九・〇	〇・三二	一〇	三・二～三・八
339	四五・四×六五・七	〇・三二	二四・八	〇・二六	九	四・〇
340	四五・三×六六・三	〇・二六	二一・六	〇・二八	九	三・六～三・七
341	四七・〇×六五・七	〇・三三	二五・四	〇・二五	一〇	三・五～三・七
342	四七・二×六六・六	〇・二八	一八・八	〇・二一	一〇	三・五～三・七
343	四六・五×六六・八	〇・三〇	一九・八	〇・二一	一〇	三・四～三・八
344	四五・二×六六・八	〇・二七	二六・四	〇・三二	一〇	四・〇
345	四六・一×六五・六	〇・二六	一八・六	〇・二四	一〇	三・五～三・八
346	二三・〇×六五・五	〇・二六	九・六	〇・二六	一〇	三・二～四・〇

347	四六・七×六六・八	○・三○	二二・四	○・二四	九	三・七

・346は何らかの理由で上下に半裁され、上部のみが現存している。
・重量はＩＳＨＩＤＡ・ＣＢ６００電子抵抗線式はかりで計量した。
・厚みは料紙の中央まで計測できるように改良したＭＩＴＵＴＯＹＯデジマチックインジ　ケータで、一二か所を測定し、最高値と最低値を除いた一〇か所の平均値で表す。
・密度は、重量÷面積÷厚みで計算した。
・縦横の単位はcm、厚みはmm、重量はg、密度はg／cm³、簀目は本／寸、糸目はcmである。

上記の文書は、347が「上杉少将」宛の豊臣秀吉自筆書状で、その他はすべて「羽柴越後宰相」宛の豊臣秀吉朱印状である。天正五年（一五八七）から慶長三年（一五九八）までに発給されたものである。ここに使用された料紙が、安土桃山時代の代表的な文書料紙である大高檀紙である。原料は楮で、荒く長い繊維で、繊維溜まりが全体にみられる。表面には太い簀目からくる「しぼ」という凸凹がみられる。料紙の隅には紙がまだ湿っている時に着いたと思われる引っ張り皺があり、湿紙を板に張り付けて乾かすのではなく、一枚ずつを吊ったり、ぶら下げたりして乾燥したと想像される。経年による汚れと黄変が料紙表面にみられるが、当時は白黄色の紙であったと思われる。荒々しい印象をうけるが、全体として厚手のしっかりとした紙である。

寸法の最大は、縦四七・二cm、横六六・八cmである。文書料紙の法量としては、最大の分類に入る。四方とも裁断されて仮粧裁ちになっているが、上下に紙の端が見え隠れし、紙を漉きあげて紙床に積み上げるとき、六㎜～八㎜の幅で折り返す紙の耳がみえる料紙もある。裁断前の寸法は現状よりひとまわり大きい程度と考えられる。縦・横の比率から横長である。

重量は、大きさや表面の凸凹からうける視覚的な印象より軽いといえる。密度も厚手の楮紙としては低く、乾燥の方法による影響ではないかと考えられる（復元した大高檀紙で、ほぼ同じ重さの紙で板干と吊干とでは密度で約〇・〇四g／㎤吊干の方が低かった）。

簀目は、一寸間に九本ないし一〇本と少ない。紙を漉く簀を作るのに太い籤《ひご》を使っていることと、太目の編み糸を使っている。太い籤と籤の間隔は約三㎜で、谷のようになった間隔に料紙がくいこみ、大高檀紙の特徴といえる表面の凸凹ができたと思われる。

料紙の漉き方は、現在の手漉和紙とは異なる。現在の手漉和紙は、縦揺《ゆ》りを基本として、横揺りを加えながら、捨て水を繰り返し、薄い料紙の層を積み重ねて一枚の紙をつくる。ネリを加えることで可能となる技術、いわゆる「流し漉き」である。繊維は細かく分散し、料紙はふねの中で十分攪拌《かくはん》されている。仕上がった紙は均一で、繊維は均等に分散している。墨書された表側（これが簀に面した側になる）には縦に走る繊維が多くみられる。裏側や料紙の真ん中では縦横に走り、その方向性はみられない。簀に面した側だけに縦に走っている繊維がみられるのは、化粧水（通し水）として最初に汲み込んだ薄い層である。表面の薄い層を除けば、層状を形成されているようにはみえない。繊維溜まりや楮の皮、皮の破片、ごみなどがみられるが、料紙の中で偏らずに均一に散らばっている。したがって、漉き方は化粧水で表側の面を薄く作り、次に厚みを付けるためにたっぷりと紙料を汲み込み、桁の中で紙料がまんべんなくいきわたるように桁を揺すり、その後は揺すらずに水が切れるのを待つ。この間は、溜め漉きのような動きの少ない漉き方になる。復元対象とした一二点の料紙に厚みや重量のばらつきがみられるのは、二回目の汲み込みの紙料の量の違いによるものではないかと考えられる。二回目以降の汲み込みは、厚みを調整する意味で二回目と同じ漉き方で、もう一度行っている可能性がある。漉きあがった紙は紙床《しと》に移し、紙床から剝がしやすいように手前側を折り返している。何枚も積み上げた紙床の圧搾を行って、水を切り、大高檀紙独特の方法で乾燥したと思われる。

料紙の墨乗りであるが、良いとはいえない。原料として使われている楮の繊維が荒く太いこと、独特の乾燥方法により表面に凸凹があることなどに原因があるが、墨は繊維の細部に滲んでおり、筆線が凸凹の部分でとぎれている箇所もみられる。書写材としては書きにくい文書料紙である。小さな文字や細い文字には不向きである。大高檀紙からうける印象は、熟紙《じゅくし》のような加工を施さない生漉きの紙として、風格のある力強いものである。

2 復元した料紙

①製作技術者　井上稔夫氏（高知県高岡町・井上手漉紙工房）

②原料　楮（多折）高知県産
③ネリ　トロロアオイ　高知県産
④道具　桁（檜材）簀（竹簀一枚、萱簀一枚）（道具の復元参照）
⑤原料加工　水洗い（工房の地下水）、煮熟《しゃじゅく》（ソーダ灰）、水洗い（工房付近の山手の谷水）、塵取り（谷水につけながら）、叩解《こうかい》（打解機で三時間、なぎなたビーターで約一分間）
⑥製紙　汲み込み1（少なめの紙料を汲み込む簀面全体にいきわたるようにする）、汲み込み2（多めの紙料を汲み込み、簀の上でくねらすように桁を揺らす。紙料が均一に分散したら、そのまま水がひくのを待つ。二回から三回、この工程を繰り返す）、通し水（少なめの紙料を汲み込み、そのまま向こう側へ捨て水をする）
⑦圧搾　電動式ジャッキ
⑧乾燥　吊干（湿紙の縦の一辺の両端をビー玉で挟み吊す。陰干）、板干（湿紙を馬毛刷毛で銀杏材の板に張り付ける。天日干）
⑨枚数　竹簀・板干八枚、萱簀・板干八枚、竹簀・吊干八枚、萱簀・吊干八枚
⑩データ

種類	縦×横（cm）	厚み	重さ	密度	簀目	糸目
竹・吊	四七・〇×六四・八	〇・三二	二九・三	〇・三〇	九	三・七～四・〇

竹・板	四八・〇×六六・〇	〇・二七	二九・一	〇・三四	九	三・七〜四・〇
萱・吊	四七・〇×六四・八	〇・三五	二八・六	〇・二七	一〇	三・六〜三・八
萱・板	四八・〇×六六・〇	〇・二八	二八・四	〇・三二	一〇	三・六〜三・八

・竹は竹簀、萱は萱簀である。
・吊は吊干、板は板干である。

復元した料紙は、厚みをかえて合計三二枚である。データはその中から、厚手のもの四種類を選んだ。吊干と板干では、縦一・〇cm、横一・二cm、板干の方が大きくなった。同じ重量であれば、厚みは吊干の方が厚く、密度は低い。板干では特徴である「しぼ」は全くでなかった。吊干にしてはじめてできる。料紙が簾と簾の間隙に食い込むので、この隙間の部分の膨らんでいる面が簀に面している。「しぼ」は竹簀、萱簀ともに同じようにみることができた。復元対象の料紙と比べると、密度は吊干であれば、ほぼ同様の結果が得られ、隅の引っ張り皺は想像していたほど顕著ではなかった。復元した料紙は、紙の重さだけで引っ張られている状態であるが、現存の大高檀紙は、紙の重さだけではない力が加わっていると推定される。

漉き方は、復元対象の料紙で想像していた方法とほぼ同じであった。ただ、通し水を最初にするか、最後にするかの違いがあった。井上氏は最初から溜め漉きのようにしたのは、表面の凸凹を漉き初めの段階から考えてのことであると説明した。しかし、通し水から漉き始めても凸凹は、吊干であればできたと考えられる。

料紙の漉き方の大きな特徴は、汲み込んだ紙料を簀の上で揺り動かしながら、まんべんなく行きわたらせることにある。復元対象の料紙に楮の皮のごみがみられたのは、捨て水をしていないことの現れで、捨て水をしないということは、溜め漉きであるともいえる。復元対象の料紙を漉く時に、通し水に伴う捨て水が行われていたかは不明であるが、流し漉きにおける捨て水とは意味が異なることが確認できた。井上氏の料紙を漉く方法や動作をみても溜め漉きと推測される。流し漉きは大高檀紙が料紙として登場する一六世紀にみられる技法であることを考え合わせると、大高檀紙の漉き方は当時としては古法で、伝統的な漉き方だったといえる。

大高檀紙の復元を試みて考えられる料紙の特徴は、溜め漉きによる楮の生漉き紙で、太い籤と太い編み糸からなる荒い簀と、その独特な乾燥方法により生まれる「しぼ」を生かした、大型の文書料紙であると結論付けられる。

(3)　大高檀紙を漉いた道具の復元

大高檀紙が漉かれていた時代の紙漉道具（簀・桁）はどのようなものであったろうか。

手漉和紙の原理は「水に溶かした靭皮繊維を木枠ではさんだ簀で汲み上げる」ということである。手漉きの原理が変わっていない以上、長い歴史の中で江戸時代後期までは大きな変化はなかったと

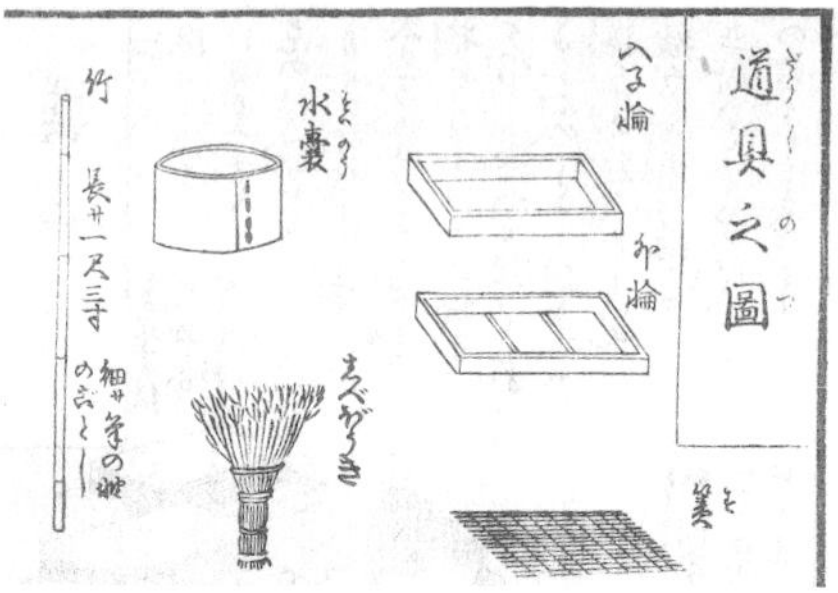

図版12　『紙漉重宝記』所収の紙漉道具（国立国会図書館蔵）

思われる。

明治時代に入り、紙漉道具は大きく変貌する。高知県吾川郡伊野町の御用紙漉であった吉井《よしい》源太《げんた》（一八二六～一九〇八）は、小半紙八枚、大判紙六枚分を漉く大型の簀と桁を万延元年（一八六〇）に開発し、高能率の漉き方を高知だけでなく全国に普及させた。その後、伊野町の紙漉たちが、講師として各地の紙漉き産地から招かれた。現在どこの紙漉場でもみることのできる上桁と下桁が蝶番で繋がり、上桁に取り付けられた取っ手を握ることで紙を漉く桁は、高知から始まり瞬く間に日本中に広がった。なお、奈良国立博物館にて近代和紙の普及に努めた吉井源太に係わる「和紙――近代和紙の誕生――」の特別陳列が平成二八年に開催された。

現在、紙の博物館（東京都北区王子）に所蔵される紙漉道具は、江戸時代から昭和にかけての簀・桁が一二〇点ほどあり、その多くが上桁と下桁が離れたものである。所蔵品の内［索引カード　へ-100　品名一枚取りすき枠及び竹簀］は「従来は一枚取りなりしが、明治二八・二九年土佐吉井虎之助（源太）を招き四・六・八枚取りの改良すきをなす。その以前に使用せし物」と注釈書がある。桁の寸法は三四・〇cm×四二・五cmで、簀が二枚ある。静岡県周智郡天方村栗島で使われていたものである。このように吉井源太が各地から招かれ、各産地の判の大きさなどに改良を指導していたことが窺える。この他にも改良される以前の江戸時代のものと思われる簀・桁が寄贈されている。これらの道具は『紙漉大概《かみすきたいがい》』（天明四年刊）や『紙漉重宝記《かみすきちょうほうき》』（寛政一〇年刊）の挿絵にみられる道具とほとんど同一の形である（図版12）。地域や時代、また漉かれる紙の種類によって大きさに多少の違いはあるが、江戸時代末期まで簀・桁の形はほとんど変わっていない。大高檀紙を漉いた桁も、ほぼこのような桁であったと思われる。

1 復元の参考資料とした道具

①島根県美濃郡美都町・大久保広兼石州和紙資料館所蔵の簀と桁

初代広兼又兵衛《ひろかねまたひょうえ》は慶安元年（一六四八）山口県玖珂郡宇佐村より島根県大久保に移り住み、紙漉を始めたと伝えられている。承応元年（一六五二）浜田藩の御用紙漉になり、名字帯刀を許された。明治時代になって廃藩置県と同時に廃業し、紙漉の道具を土蔵にしまい込んだ。昭和六三年（一九八八）、広兼重継氏が道具を整理し、旧宅と土蔵を資料館として平成五年から公開展示している。百年以上前の紙漉道具一式が揃っている貴重な資料である。

簀や簀編みを待つ籤が束ねられ、桐箱に納められており、紙を漉く道具が如何に大切に扱われていたかを物語っている。桁は、上桁と下桁が離れたもので、中には桐材で作られたものもある。

甲の道具は、石州和紙保存会前会長の久保田保一氏が調査したものである。桁の寸法と簀目、糸目が合致するものが、三隅町所有の文書の中にあり、この簀・桁が三〇〇年前のものである可能性が高い。久保田氏は、この簀・桁で試し漉きを行っている。古文書に似せて漉いたと思われるが、糸目がくっきりとみえる紙であった。桁は黒ずんでおり、簀もかなり痛んでおり、廃業の時には既に使われていなかったと思われる。

乙の道具は、江戸時代末頃まで使用されていたもので、甲の簀に比べると、籤が細く、編み糸の材は甲の簀と同じ麻糸であるが、糸目の間隔が狭くなっている。

〔甲〕

桁	寸法	縦三九・〇cm 横五三・〇cm
	材	杉
	桟	四本
	桁角	有
簀	籤材	竹
	糸材	麻
	簀目	一三本

〔乙〕

桁	寸法	縦四一・〇cm 横五一・〇cm
	材	杉
	桟	四本
	桁角	有
簀	籤材	竹
	糸材	麻
	簀目	二〇本

糸目　四・〇cm
時代　三〇〇年前

糸目　三・三cm
時代　一〇〇年前

②西宮市名塩・泥入り間似合紙を漉く簀と桁

現在、漉かれている手漉き和紙の中で、最も古法であるといわれている名塩では、今も上桁と下桁で簀を挟み、両端を握って漉いている。桁は角の出ない四角で、簀は竹簀を荒いものと薄いものとを重ね、麻の紗を一枚か二枚を縫いつけたもの二枚を用いている。桁一つに簀二枚で一組である。一枚目の簀で漉き終えると桁からはずし、ふねの脇に置き、水を切る間に二枚目の簀で漉き始める。二枚目の簀で漉いている途中で一枚目の簀を紙床に移し、二枚目の簀が漉き終わるとふねの脇に置き、一枚目の簀を紙床からはずして桁に挟む。この繰り返しで紙を漉いていく。

なお、紙の博物館所蔵の道具には、桁一つに簀二枚を一組として寄贈されたものがあり、それは障子紙などの生漉きの紙の道具である。どのような紙を漉く場合でも、基本的には桁一つに簀二枚を一組として、現在名塩で漉くような手順で漉かれていたことが考えられる。

桁
製作技術者　藤波博平氏（静岡県静岡市清水興津・和紙簀桁製造所）
材　檜（木曽産）
寸法　縦五一・五cm（内寸四七・〇cm）×横七〇・三cm（内寸六五・八cm）

	桟	厚み二・二cm（上桁・下桁とも同寸） 五本
	重量	九五〇g
竹簀	製作技術者	簀編み　藤波博平氏（静岡県静岡市清水興津・和紙簀桁製造所）
	籤	大村俊男氏（静岡県静岡市柳町・竹材工芸）
	材	編み糸　ナイロン
	籤	真竹（五分当たり六本）
	寸法	縦五三・七cm×横七〇・二cm
	籤径	二・五mm
	親骨	幅一一mm　厚さ　二・三mm
	簀目	九本／一寸
	糸目	三・七cm〜四・〇cm
	重量	六五〇g
萱簀	製作技術者	簀編み　山本忠義氏（高知県土佐市高岡町）
	籤	同上
	材	編み糸　絹三匁（一五〇mの重さ）
	籤	萱（五分当たり七本）
	寸法	縦五一・三cm×横七〇・二cm
	籤径	二・〇mm〜二・九cm
	親骨	幅一二mm　厚さ　二・一mm
	簀目	一〇本／一寸
	糸目	三・六cm〜三・八cm
	重量	二〇〇g

・藤波博平、山本忠義の両氏は選定保存技術団体の一員である。

2　復元した道具

桁は厚手の紙を漉くことを想定し、材は太めに寸法をとり、桟は重い竹簀と紙料を支えられるように五本とした。漉く紙が溜め漉きに近い漉き方になると考え、上桁を厚くすることも考慮したが、全体の強度などから上桁、下桁ともに厚めにし、同じ寸法にした。構造としては、桁角を出す方が歪みにくいので、桁角が出る形式にした。蝶番は付けずに、簀を上桁と下桁で挟み、桁の左右を握って漉くようにした。

図版13　竹ひごを編む簀編み作業（『「日本の技と美」展――重要無形文化財とそれを支える人々――』島根県立石見美術館、2011年より引用）

簀の復元では、竹簀か萱簀かという問題が生じた。復元対象の料紙の観察ではわかりにくく、どちらの可能性も否定できるものではなかった。そのため、簀は二枚復元する必要があり、それぞれ各一枚ずつ製作した。竹籤は一本で端から端まで通っていたと想定したが、竹の節の処理の問題などで編み糸の掛かるところで削り継ぎとした（図版13）。

編み糸はかなり太いものであると想像できるが、糸自体は絹糸か、あるいは麻糸や馬毛であった可能性もある。手に入る太い糸として、竹簀ではナイロンの太い糸を用い、萱簀では絹糸を数本縒って太くして用いた。

果たしてどこまで道具の復元ができたのか。料紙の特徴の知見も得られたが、問題点も多く残った。

桁は両端を握って漉く構造のため、手に水の掛かる横揺りの動作はあまり行われなかったと考えられる。問題はやはり簀である。料紙の「しぼ」の状態は、籤の太さと編み糸の太さの関係で決まることから、竹簀では籤径が〇・二㎜とやや太く、糸はもう少し太くても良かったかもしれない。萱簀では籤径がやや細く、糸が細く復元した料紙に糸目が出なかった。大高檀紙を漉いた簀の編み糸はかなり太いもので、麻糸や馬毛の使われた可能性が高いと思われる。なお、復元の参考にした島根県美都町の広兼家の簀は麻糸で、名塩の荒い竹簀も麻糸で編まれていた。紙の博物館所蔵の桁と簀［索引カード　へ1-211］は、桁は江戸時代末期の製作で、簀は桁より後で作られたとされているが、馬毛で編まれている。しかし、麻糸や馬毛は現在編み糸として使用されることはない。麻糸や馬毛で編むとすれば、均一で広げるときれいに平らになり、現在作られるような簀ではなく、簀面全体に凸凹があり、ごわごわとしたものになると想像される。

重量の点では、竹簀と萱簀とでは大きな違いがあった。竹簀と桁の重量の合計が一六〇〇gであるのに対し、萱簀と桁の重量の合計は一一五〇gであった。料紙を漉いた井上稔夫氏は、竹簀は重くて使いにくいという感想をもったとのことである。一日に何枚も漉くことを考えると、重量は作業上、大きな問題である。道具の扱い易さ、作業の効率から考えても萱簀であったと考えるのが自然であろう。

（4）料紙と道具の復元を終えて

手漉和紙や道具製作の技術は、江戸時代末期から現在に至るまで飛躍的に発展し、美術工芸品ともいえる段階に達している。輸出された紙も含めて手漉和紙の生産量は明治三四年頃最大に達し、当時七万戸の家で紙が漉かれていた。その後、激減するが、この間に紙の製造と道具の製作は完全に分離することになった。伝統的な紙に新しい用途が求められ、また手漉和紙の用途の広がりから多種多様の紙がつくられた。どちらも文化財修理の現場にはなくてはならない紙である。簀の編み糸に絹糸を用いるのが、一般的になったのはこの頃である。そして、道具の製作者の中には、全国にその名を知られる技術者が現れる。

紙の原料では明治以降、現在に至るまでパルプ材の混入が重大な問題であるが、これは紙漉きたちの切磋琢磨の結果といえる側面もある。パルプ材という新しい原料に出会った出雲の阿部栄四郎氏は、楮に混ぜるパルプ材の割合を変えることで、どのような紙ができるのかを克明に記録したメモを残している。

料紙の復元においても、できあがった紙のどこを測定しても同じ厚みになり僅かな重さを漉き分ける職人に、繊維溜まりがあり、楮の皮のごみが入った紙を依頼することや、水分を含んだときに桁に挟んで丁度寸法の合う簀を編む職人に、ごわごわの簀編みを依頼して理解を求めるのは難しいことである。

補修紙としての料紙の必要性を説き、決して稚拙な紙や道具を依頼しているのではないことに理解を求めるのは当然のことである。連綿と引き継がれてきた伝統的な技術や道具を、現在の職人の技術と知識で掘り起こす作業でなければ何の意味もないからである。

過去の技法についての知識を深めることは、復元や補完という目的のためになされるべきではない。それはむしろ、技法の選択や基準において慎重であるための指針として有効であり、役立つものでなければならない。復元は、それが与える最終的な効果に留意して行われる必要があり、オリジナルのものとは異なる材料によってなされることが求められる。

修理技術者にとって重要なことは、細心の注意を払いながら紙を見つめ、様々な時代のそれぞれに有する紙の特質と風合いに対する感覚を養成することにある。また、紙の色調を和らげる繊細な変化に感じ入ることも必要である。

なお、この他、補修紙作成のための紙復元として、明代の製造法を記載した宋応星《そうおうせい》『天工開物《てんこうかいぶつ》』に基づく自然発酵法による竹紙の試作や伝統的な手漉き抄紙法を用いた中世紺紙の復元などの取り組みがあることを附言しておく。

第7節　風合いと紙質調査

(1) 手漉和紙の特徴

和紙は薄くて、丈夫で、美しいという特質を持っている。補修紙には、干板《ほしいた》(銀杏・栃・松など)に張り、天日乾燥した紙を使用する。天日乾燥は本美濃紙《ほんみのがみ》(岐阜県美濃市)・黒谷紙《くろたにがみ》(京都府綾部市・福田氏)など一部のみとなっている。干板が水分を吸収し、天日で漂白しつつ乾燥した紙は、時がたつに従い更に白く軽くなり、「紙が枯れる」という独自の美しさを発揮するからである。

和紙の劣化が進むと、色は灰褐色化し、材質も弱くなり、折っただけでも裂けてしまう。そして、ついには粉となって砕けてしまう。劣化の度合いは製紙に用いられた原料や添加物と保存環境の条件で異なるものの、酸性の高い紙ほど分解反応が起こりやすい。しかし、素材を吟味し、最高の技術で作られ、よりよい環境で保存されれば幾世紀をも越えて生命が保てるものである。この事実は紙の保存を考える場合まず念頭に置いておくべきである。

各和紙産地は本来地元産の楮原料を使用していた。例えば、美濃紙は津保草《つぼぐさ》と呼ばれる地元産の楮を使っていたが、それが絶えたので似た性質の那須楮(茨城産)を用いている。越前奉書も地元楮が絶えたのち加賀楮を使い、それも絶えると那須楮を探し求めた。備後楮・丹波楮・丹後楮・群馬楮・信州楮などがあったが、現在はほとんど姿を消している。現在代表的なものとして、那須楮・石州楮（島根）・土佐楮（高知）の三種があげられる。那須楮は比較的細くて短いが、紙が穏やかで暖かみのある風合いを持つ。石州楮は石州半紙の原料として用いられ、繊維が長く光沢があり、強靭ゆえ幅広い用途を持つ。昔から栽培農家が白皮に剝がず黒皮のまま出荷し、紙漉が自ら削皮などの処理を行う。土佐楮にはアカソ・アオソ・タオリ・カナメ・クロカジなどの種類がある。それぞれに適した紙を漉いていたが、現在はみな混合されて売られている場合が多い。これら以外に特色のあるものとして九州楮があげられる。中心は熊本県菊池市で八女紙《やめがみ》に用いられている。荒々しい繊維で、赤筋の傷やくくりが多いが、太くて長く歩留まりが良いので表具用の紙などにむく。

雁皮は栽培が難しく野生のものを採取するため、原料の確保が困難であった。主要産地である名塩紙（兵庫）などはいずれも地元産の雁皮を使っている。伝統的な雁皮紙（箔打ち紙・間似合紙・金銀糸の台紙など）は、麻布を重ねた独特の簀で、緩やかに水を動かす紙漉操作など極めて古い方法が守られている。繊維は細くて短く、半透明で光沢があり滑らかである。

書跡・典籍、古文書の調査・研究において、自然科学的な分析手法を用いることで、文化財の有する多くの情報を得ることが可能になっている。紙質の調査としては、原料繊維の同定が非破壊の方法で行われている。これらに用いられている料紙には、主として楮、雁皮、三椏の繊維が利用されているが、これ以外に檀《まゆみ》、桑などの靭皮《じんぴ》繊維を用いた紙も漉かれている。原料処理の工程における晒《さら》しや叩《たた》き方の度合いなどによっても、様々な紙相を呈する和紙ができあがっている。非破壊方法のひとつとして、顕微鏡を用いる手法での繊維の同定を行っているが、その同定法には経験に基づく総合的な判断や幅広い視野が求められる。

紙は植物繊維のみではなく、白土や米粉《こめこ》などが漉き込まれているものを多く確認できる。こうした有機物系の填料や染料などは蛍光X線分析による同定が可能である。

紙の色については、近年持ち運びのできる色彩計が開発されており、非破壊でしかも簡便に客観的なデータを得ることができるようになった。紙の劣化の一指標という観点からデータを取っておくことは有用である。

紙の厚さは、マイクロメーターを用いて左右上下の四周の測定を行っている。ただし、紙の中心部分の厚さが測定できないという問題が残されている。

(2)　風合いとは

これらの調査・研究において注意すべき点として、ここでは料紙の「風合い」と紙質調査などの問題を取り上げてみたい。この課題は、『東大寺文書』の修理に際しての取り組みの重要な一つであった。

修理において紙文化財の料紙をみていく場合、大切にされるもののひとつに、紙の「風合い」

を残すということがある。「風合い」は極めて曖昧な言葉のように思われるが、それではすまされないのが修理の現場である。

それでは、修理における紙の「風合い」とは、どんな内容を含んでいるのか、まず確認しておきたい。この「風合い」に関しては、高橋寅雄・長谷川信夫・柳川明夫各氏による「紙の風合い」という論文がある。その中で「風合い」について紙の属性から明らかにしようということで、一五の項目から接近して、総合的に把握していくことが求められると指摘している。

その一五の項目とは、

①重さ：重い、軽い。
②厚さ：厚い、薄い。
③しまり具合：締まった＝緻密な＝つまった、ふわふわ＝かさ高。
④堅さ：堅い＝腰がある、柔らかい＝しなやか＝柔軟。
⑤視覚的な平滑性：滑らか＝きめの細かい、粗い＝でこぼこ。
⑥触覚的な平滑性：すべすべ＝つるつる、ざらざら。
⑦強さ：強靱《きょうじん》＝丈夫、もろい＝弱い。
⑧弾性：弾力性・伸縮性・反発性・圧縮性。
⑨触覚的な印象：しっとりした、しめった、あたたかい。

⑩表裏の差：両面性あり、表裏差なし。
⑪透明性
⑫光沢：光沢のある＝きらきら、光沢のない＝つやのない。
⑬地合い：均一な、むらのある。
⑭色合い：色相・明度・彩度。
⑮鳴り：紙のしまり具合で、指先で紙にくぼみを与えたときなどに発生する紙音。

がある。このように修理の現場で使われている「風合い」という言葉は、豊富な内容を含んでいることになる。

（3）紙質調査の方法

この紙の「風合い」とともに紙質調査が修理を行う上で必要となってくる。紙質調査には外観的な観察から科学的な観察まで様々な観点からの調査があるが、文化財の修理においては肉眼による観察と顕微鏡による紙表面の簡単な観察によることになる。

まず肉眼による観察では紙の大きさ、厚さ、光沢、色調、繊維の配列などの概要のほか、損傷の状態や保存状況の良否、虫蝕の有無などに及ぶ。

次に、透過光線による観察によって、繊維の分散状況、叩解の良し悪し、粗皮片、繊維塊などの状況を確認する。それによって、繊維の分散の粗密、厚薄などを知ることができるとともに、一寸幅当たりの簀目の本数とその太さ、簀目の幅の粗密、糸目の有無と太さ、糸目幅の大小を測定することになる。

　また、斜光線による観察で、板目《いため》の有無、刷毛目《はけめ》の有無、紗目《しゃのめ》の有無というような微細な凹凸による線を明解に確認できる。この観察時に、紙面をへこますことで示す角筆《かくひつ》や爪印《つまじるし》などを新たに発見することもなる。

　こうした修理上の発見は、専ら観察の際の優れた照明条件のおかげであったという場合がしばしばある。つまり、より良い照明があるため、見過ごされてきた細部に気づくのである。それゆえ、修理は文化財を至近距離で研究する唯一の機会となる。しかし、そうした修理の機会になされる発見は修理そのものの内実をなす作業とはかかわりがないことが多い。

　顕微鏡による観察では、一〇〇倍の倍率の顕微鏡を使用し、料紙繊維の種類の鑑定や填料などの分析的な判定と紙そのものの組織学的な観察とを行っている。

　繊維の種類として楮、雁皮、三椏、竹などが確認される。その外に、紙片の未溶解の残片、あるいは墨が付着した繊維が残る漉返紙や染紙なども認められる。

　填料などでは繊維以外の混入している物質がどんなものであるのか、また混入は偶然か人為的なのかを判断することになる。樹皮片などの異物混入は偶然であるものの、填料や粘剤《ねんざい》は抄紙の工程で人為的に加えられたものである。填料や粘剤に何が使われているのか、その正確な物質に関する判断にはさらなる科学的な分析、例えば蛍光X線分析法などが必要とされている。紙には不純物が含まれており、この不純物と填料や粘剤とを区別することが観察する上で大切になってくる。その違いはその均一性の有無とその大小により、均一で繊維より小さいものが填料で、大きめで不均一にみえるのが不純物ということになる。主な填料として澱粉である①米糊と②米粉とがある。①米糊は米を炊き煮沸して糊にしたもので、②米粉は石臼で引いて煮沸せずにそのまま入れたもので、製法に違いがある。填料としての効果としては、①米糊は煮沸によって、澱粉がフィルム化して、澱粉粒は見えなくなる。それによって紙の強度があがり、紙が硬化しぱりぱりする。②米粉では紙の強度はあがらないが、白くなる。不透明性が増すので、文字の裏映りや滲みがしにくくなる。手触りが柔らかくなることが確認できる。

また、紙表面の繊維の配向性を観察することで抄紙方法が溜め漉きか、流し漉きかということの判断材料のひとつになる。繊維の配向性のほか、同じく繊維の曲直、長短細大の性状を観察することで、紙に何らかの加工が施されたか否かについても検討することが必要である。

このように紙質調査による紙表面の状態はあくまでも観察時点での性質を示しているのみであり、紙そのものをどのように考えるのかは、総合的な観点から判断することが求められている。紙文化財の料紙に書かれている文字以外の情報をどれだけ蒐集《しゅうしゅう》できるかによって、修理の良し悪しが決まってくるともいえる。

しかし、地域や時代に応じて、様々な方法で製作される料紙の「風合い」や紙質は諸条件に規定されて極めて多様である。つくられた当時の紙質を保持したまま今に伝わる料紙はほとんどないわけであり、セルロースの色などは、時とともに変化する傾向にある。現在、我々が料紙の本来の風合いを決定できるほどに、十分な経験やデータを得てはいないことを素直に認めておくべきである。また、科学的な実証主義に対しては、常に一定の距離を保っておく必要がある。調査における科学技術の様々な成果を軽視しているわけではなく、その有効性と限界とをはっきりと見極めることが大切で、自覚しておく必要が求められているからである。

第8節　残すべき情報

（1）文書が何度か折り曲げられたり、綴じられたりしてきた状態を調べることで、その文書の形態の変化や保管されてきた状況などについての情報を引き出すことが可能である。それゆえ、一見すると偶然に生まれたかのように見えるこうした痕跡でも、修理によって消し去ってはならない。

（2）伝来の推移を証言する印章、ラベル、収蔵番号や過去の修理・保存の痕跡も保存されるべきである。忘れてならないのは、こうした情報について文書や写真による記録が残されているからといって、それらの保存が免除されるわけではない。それらは対象そのものの歴史の資料となり、アーカイブが失われ、それを利用できない場合でも、解釈の助けとなる。

（3）本来の機能性、例えば、冊子本は頁をめくって読む、あるいは巻子本は巻き広げして読む、というような機能をなくしてはならない。修理の対象となる文化財は、それが誕生したときの機能よりもむしろ保存の方に意が払われることになるが、その本来の機能について常に念頭に置いておくことが必要である。文化財を、本来それがあった世界から取り去って理解することはできないし、またそうしてはならない。

（4）料紙には植物繊維のみではなく、白土や米粉などが漉き込まれているものを多く確認できる。こうした有機物系の塡料や染料などは蛍光X線分析による同定の可能性がある。料紙内の情報量を減ずることがないような技法などが必要である。

（5）料紙の色については色彩計があり、非破壊でしかも簡便に客観的なデータを得ることができる。料紙の劣化の一指標という観点からデータを取っておくことは有用であると考える。

なお、絵画に関しては「制作当時の色彩を再発見」しようとしたり、あるいは色彩をその当初の状態に戻そうという試みがなされたりする場面がある。こうした科学的実証主義は無益かつ有害である。時間は、歴史的な研究を構成する重要な部分であり、復原は歴史を否認し抹消し破壊する行為になる。歴史的現実とは、当初の状態における現実であるのみならず、時間によって生み出された現実でもあることを忘れてはならない。過去のある時期に行われた変更作業を重要視する必要がある。

第3章　文化財修理の実例

修理理念の正しい認識をもって、また文化財そのものの現状を正しく理解した上で、具体的にどのように、修理を行うことが望まれ、求められているのか。本章では、典籍と古文書修理の実例について紹介する。間違いのない安全で最善の仕様や方法などを検証していくための資料・記録として、保存と活用を図り、考える修理の実例を提示するものでもある。

修理の原則に立脚した、具体的な修理方針や修理仕様の考え方、安全で安心な修理工程のあり方、工程中の検討・協議内容、それらの記録作成など、どのように取り組み、考えながら実施していったのかを、以下各節において重点的に述べる。

第1節　三千院円融蔵典籍文書類の修理

京都大原の三千院円融蔵《さんぜんいんえんゆうぞう》には多くの典籍文書類が伝来している。これらはどのようにして伝えられてきたのであろうか。

例えば、第1箱歩Iに納められている『証拠弥陀腹内書物《しょうこみだふくないしょもつ》』という系図には、「正治二年十月十六日重而修補之　佛師慶秀修補」「于時天文十三年甲辰七月四日修補ノコト」と書かれている。これによれば、鎌倉時代の正治二年（一二〇〇）に重ねて修理が行われている、とあり、「重ねて」と記されていることから、正治二年以前の平安時代にも修理されていたことが推測される。そして、三回目の修理が室町時代の天文一三年（一五四四）に施されている。このように、三千院では平安・鎌倉・室町と各時代毎に修理が加えられていたことが知られ、守り伝えられてきたものに、多くの人の思いが込められていることを感じられる事例である。

また、第5箱候Iには、『護摩私記《ごましき》』という題の典籍がある。この本は、護摩の作法や次第を記している冊子本である。表紙には、「無量光院」「舜仁」と書かれている。最後の頁には、「伝領金剛仏子承芸」とあって、この本を伝え持っていたのが「承芸」という人物であることが知られる。この次の行には「永享五年正月日遍昭金剛救算」と記されているから、永享五年（一四三三）に救算によって写されたことになる。これらのことから、この『護摩私記』は少なくとも舜仁、承芸、救算の三人の手許にあったといえそうである。おそらく師から弟子へ、あるいは法流において大切に相承されていたことが窺われる。

さらに『豊蘆原神風記《とよあしはらじんぷうき》』（第一箱照17）奥書には、「大乱之刻、紛失畢、此分新調之、追以鳥子紙、可加清書写之」と記されている。ここにみえる大乱とは、おそらく応仁・文明の乱と思われ、そのときに『豊蘆原神風記』が失われたとしている。この失った本を新調することが決まり、新たに写される清書の用紙に鳥の子紙が使われている。鳥の子紙は平滑で虫による損傷が生じにくいために選ばれたものと考えられるが、清書する紙を選別し、永く後世に伝えていこうとする姿が読みとれる。

このように、三千院の円融蔵という経蔵に伝えられてきた典籍文書類は、有意の人々の努力によって、今日まで守られてきたものばかりであるといえる。

特に、平成九年度から同一一年度の修理においては、料紙調査に特筆すべき点があった。そのことを以下に概説しておきたいと思う。文化財の修理は、破損などの進行を防止し、現状を保存して後世に伝えることにある。そのためには、もののありようを正しく認識した上で、正しい修理を行う必要がある。そのためには、典籍や文書などに、どのような紙が使われているのか、紙の材質、厚さ、重さ、大きさを始めに調査する必要がある。和紙は、材料によって紙の質が異なってくる。我が国の代表的な紙には、楮紙、雁皮紙、三椏紙がある。三千院円融蔵典籍文書類に用いられている紙を調べてみると、同じように楮紙、雁皮紙、三椏紙がほとんどである。

この典籍文書類の損傷としては、虫などによる損傷、カビの発生による汚損、取り扱いの際による折れ・破損などを確認できる。こうした損傷はいずれも伝統的な技術で修理することになる。

各時代の多種多様な典籍文書類の欠損している部分を修理するためには、様々な種類の和紙が必要となってくる。多くの場合、江戸時代以降の古い時代の紙を入手して修理の紙に充てているが、現在ではこうした古い時代の紙を手に入れるには限界がある。また、今回の修理のように大量の修理用の紙を必要とする場合は、伝統的な手漉き和紙の技法によって、各時代の紙に合致する紙の復元や製作が是非とも必要となってきている。こうした状況の中、幻の紙とでもいうべき檀紙《まゆみ》が発見された。檀紙は檀の繊維を原料にして抄造されたもので、「みちのくのまゆみのかみ」とも称されるものである。文献などにはみられるが、実物が残っているのは極めて稀なことである。この檀紙を補修する紙作りは試行錯誤であった。紙は周囲の湿度に応じて水分を吸収したり、放出したりしているから、膨潤と収縮を繰り返している。異なる紙質の補修紙を檀紙に使うと、膨潤と収縮の違いから、損傷が生じる場合がある。和紙は極めて繊細である。

また、一度別の用途に使われて反故にされた紙を原料にして漉き返されて使われている例もみられる。他方、反故にされた紙そのものも再度利用されている例もあり、三千院に宛てられた手紙などが使われている。手紙の裏側は白紙であるから、その白紙の面を新たに利用しているわけである。袋綴じに仕立てられている本では、綴じられている内側を覗いてみると文字の書かれていることが確認できる場合もある。中には、横長の帳面のように縦が半分に切られて、裏側の文字がそれだけみていても文意がわからないものもある。しかし、修理に際して綴じをはずして、半分になっている紙を文字の繋がり具合や紙質などから、もとの一枚に戻すことができたりする（図版1）。こうした裏側に書かれている文書は貴重な史料であるから、修理が終わる前にすべて記録している。

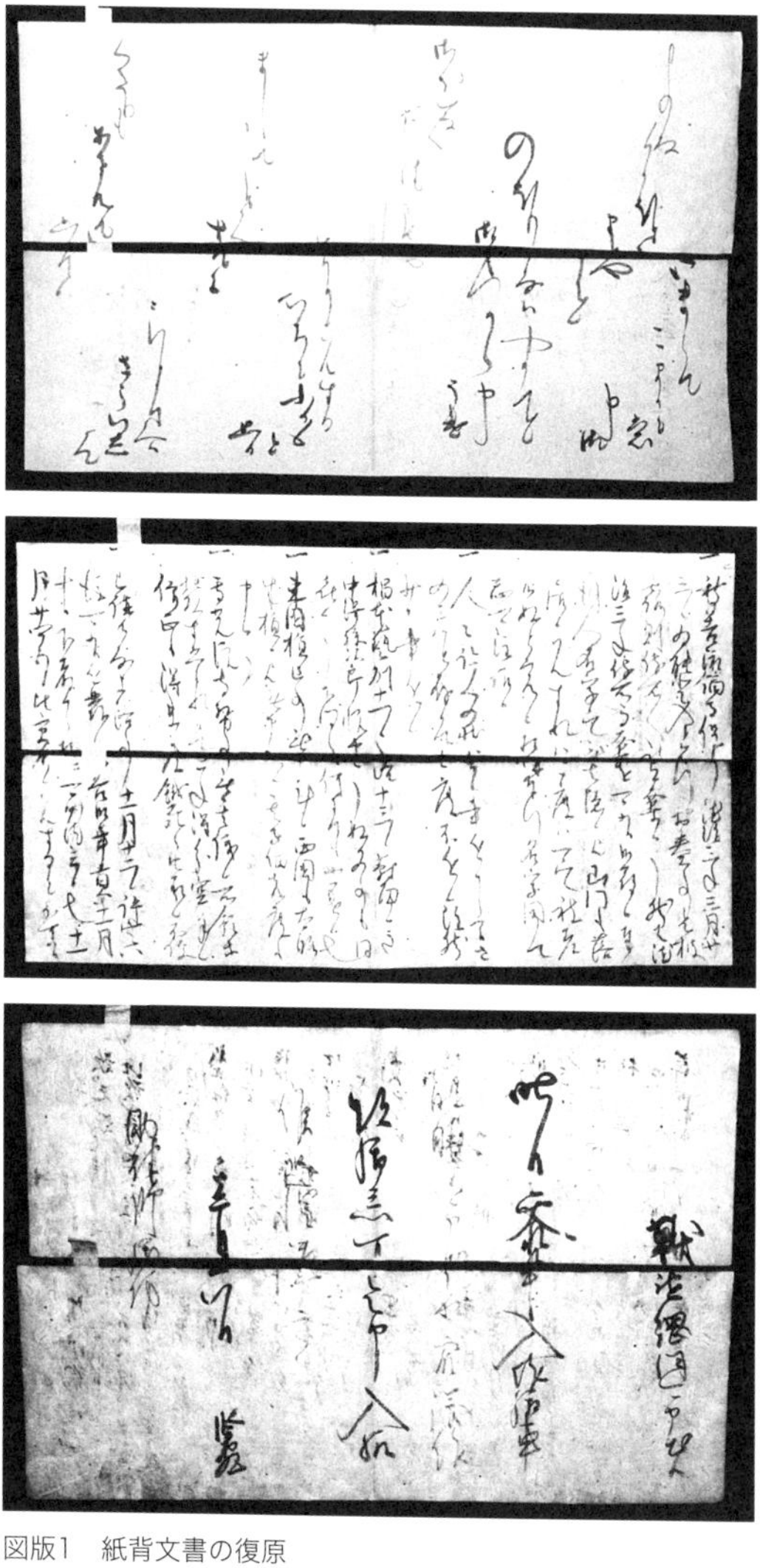
図版1　紙背文書の復原

第2節　二月堂修二会記録文書の修理――焼損文化財――

二月堂修二会《しゅにえ》記録文書とは、奈良・東大寺の二月堂で行われる修二会に関する法会記録と文書のまとまりの史料群である。二月堂は江戸時代に火災に遭い、そこに保管されていた修二会記録には焼損が残っている（図版2）。焼損による炭化のあるものは、虫損などの損傷とは全く異なっているので、その修理方針や修理仕様もまた特別なものであった。

まず、①記録として書かれている文字と冊子本としての機能の双方を残すことができるのか、そのための方法や技法はあるのか。次に、①が不可能である場合には、②文字を最優先するのか、機能を優先するのか、二者択一の選択をするか、②の場合にどちらを優先すべきなのか、それとも③修理を行わず、現状のままで取り扱いを制限するか、あるいは④修理を将来に託して保存を図る工夫を行うか、修理を行う前にこれらの選択肢を決定しておく必要があった。

焼損の著しい綴葉装冊子本は開披するたびに、微小片が剥がれ落ちるという状態になっている。炭化した料紙は脆弱であり、炭化箇所に補修紙をそのままに糊付けする紙の耐性に無理が生じることは容易に想像されるところであり、樹脂含浸などによる強化処置を施すことも考慮された。しかしながら、本紙そのものは打紙加工が施されており、強度的には大丈夫であった。問題は直接、水を付けると本紙が硬くなることである。

そこで考えられたのは、補修紙の糊付け部分を薄くして、本紙への負担を軽減すること、本紙の表裏両面を補修紙で挟み、紙の強度を加増することであった。しかしながら、焼損が大部の場所では、本紙と補修紙との均衡を図ることが難しいことが想定された。欠失部分を冊子本の大き

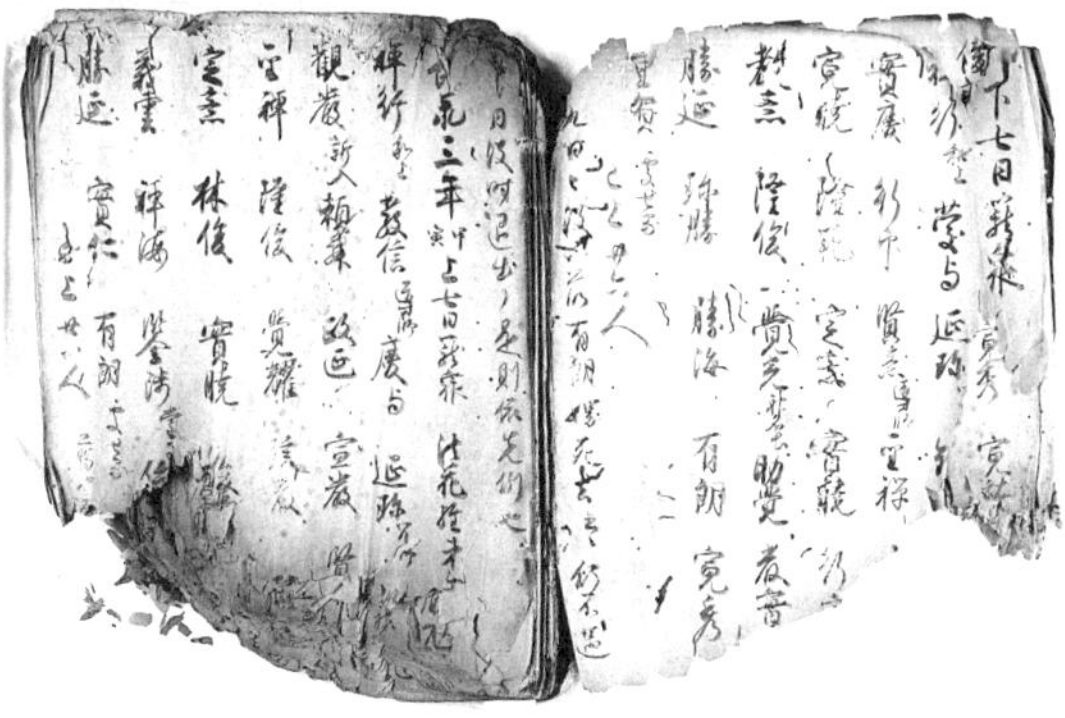

修理前

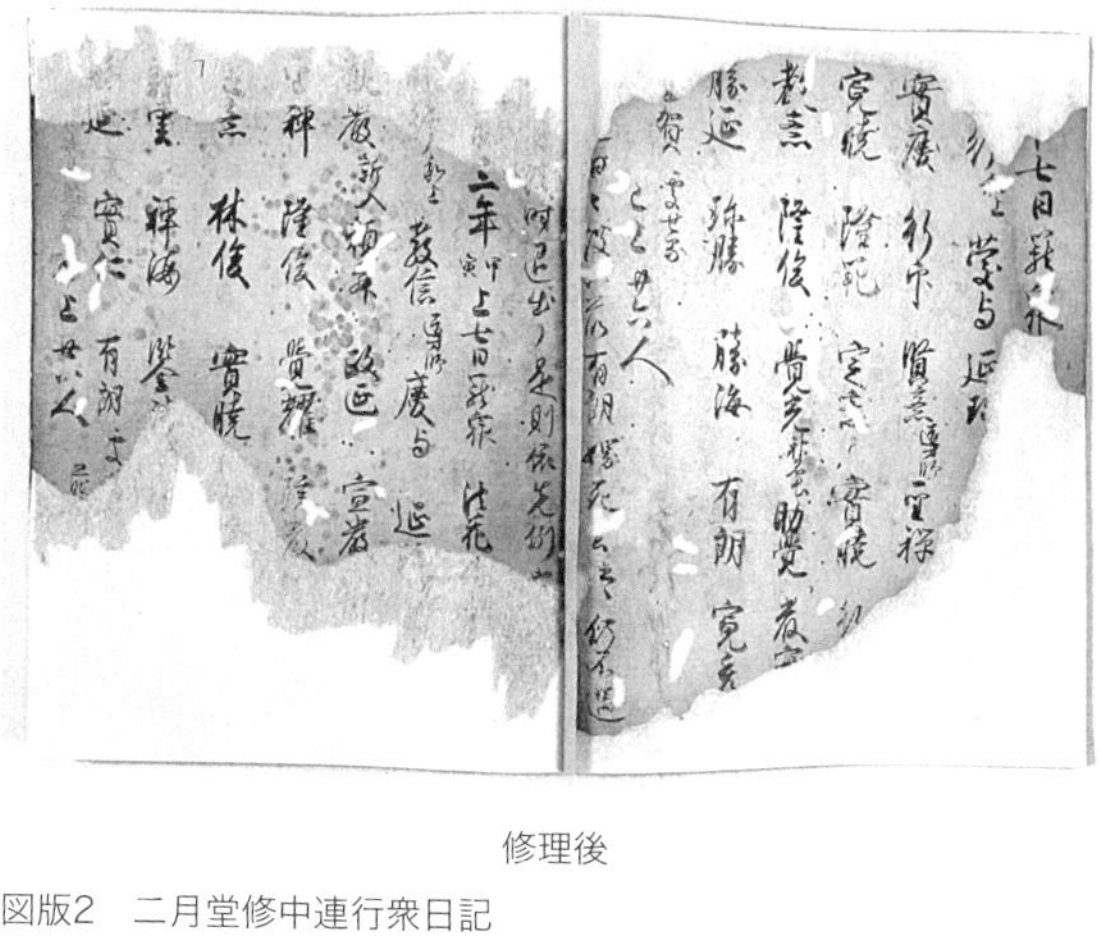

修理後

図版2　二月堂修中連行衆日記

さまでに繕うのが最良なのか、あるいは炭化の状況と欠失の大きさの具合から判断して各葉毎に補修紙の厚さや大きさを変えることが良いのか、という選択を求められた。

補修には、本紙より薄く、色味は損傷箇所を考えずに本紙に合わせた、生漉きと漉返しによる補修紙を作成することにした。生漉きは漉返しに比べて、繊維中に含まれる樹脂によって変色しやすい。他方、漉返しは材料の水洗いによって微細な繊維が流れ出てしまうので、繊維の結合がつまっておらず、繊維間の空間が多く、軽くて、柔らかくて、白い色合いになる。そこで、生漉きには黒谷紙を、漉返しの材料には石州紙、美濃紙などの耳の部分の切り落とし紙を利用した。漉返しは塵が多く含まれ、透明感がない特徴があり、また簀目が目立つので紗漉きにすることになった。繕い紙の厚さは〇・〇三〜〇・〇四㎜とし、接着部分は削って厚さを調整する。接着に利用する糊は純度が高くなると、接着が弱くなる。グルテンを加えると接着は強くなるが色が濃くなるので、注意が必要である。

第3節　王勃集の修理——損傷と仕様——

平成一三年に行われた『王勃集《おうぼつしゅう》』（唐写本・個人蔵）の修理は、旧裏打紙をすべて取り除き、欠失箇所に本紙と同質の補修紙を補塡し、物理的にも視覚的にも均衡のとれた状態に戻した上で、新たに裏打を施す修理仕様にした。紙背に平安時代書写になる『大乗戒作法《だいじょうかいさほう》』があることから、裏打をできるだけ薄く仕上げて判読できるようにする方針となった。①欠失、②折れ、③糊浮き、④シミなどについての現状と処置について、また本紙の紙質について以下に紹介する。

①は全紙にわたって虫損による欠失が著しく、前回の修理後にも新たな被害を受けている（図版3）。前回の修理以前の欠失箇所には繕いを行わずに裏打が行われ、接着が不十分で浮いてくる可能性がある（図版4）。部分的に厚薄の状態ができて均衡がくずれているので、脆弱な箇所から折れが始まっている（図版5・6）。処置は、欠失箇所に本紙と同質の補修紙を作成して補塡する。本紙の分析結果から繊維の種類、繊維の加工（叩解度、繊維切断等）、塡料、抄紙法（溜め漉き、流し漉き、紗漉き）、抄紙後の加工（打紙、染色等）に合わせて作成する。補修紙を欠失箇所の形に合わせて整形し、裏側から糊代部分を小麦澱粉糊にて接着する（図版7）。

②現状は、きつい縦折れが進行している。折れの発生の要因は、裏打の糊の濃度と裏打紙の厚さとの不均衡、仕上がった柔軟性と軸経との不均衡とに関係する。本紙の厚さや緊密度の差のある箇所から発生する。折れが進行すると、折れ山が擦れて切れて破れてしまう。処置としては、既に折れてしまっている箇所や折れが発生する箇所には折れにくくするために、折れ伏せの処置を施す。折れ伏せは本紙の裏側から細く切った帯状の楮紙を折れ線の上に貼ることで、折れるのを防ぐことになる（図版8）。また、折れの発生を軽減するには巻物全体をできるだけ柔らかく

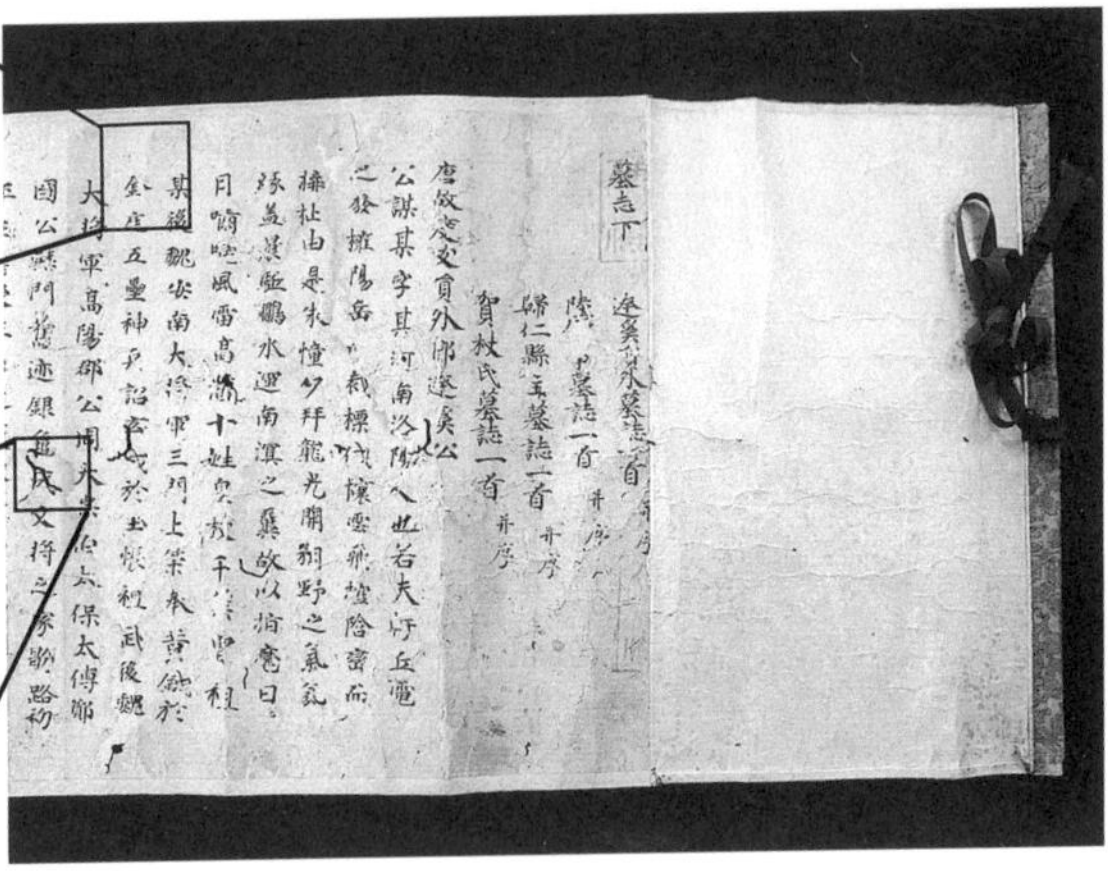

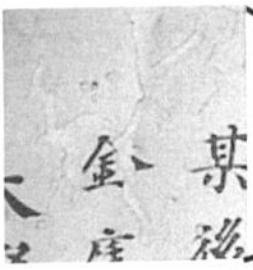

前回の修理装丁
以前の虫喰箇所

前回の修理装丁
以降の虫喰箇所

図版3　欠損箇所

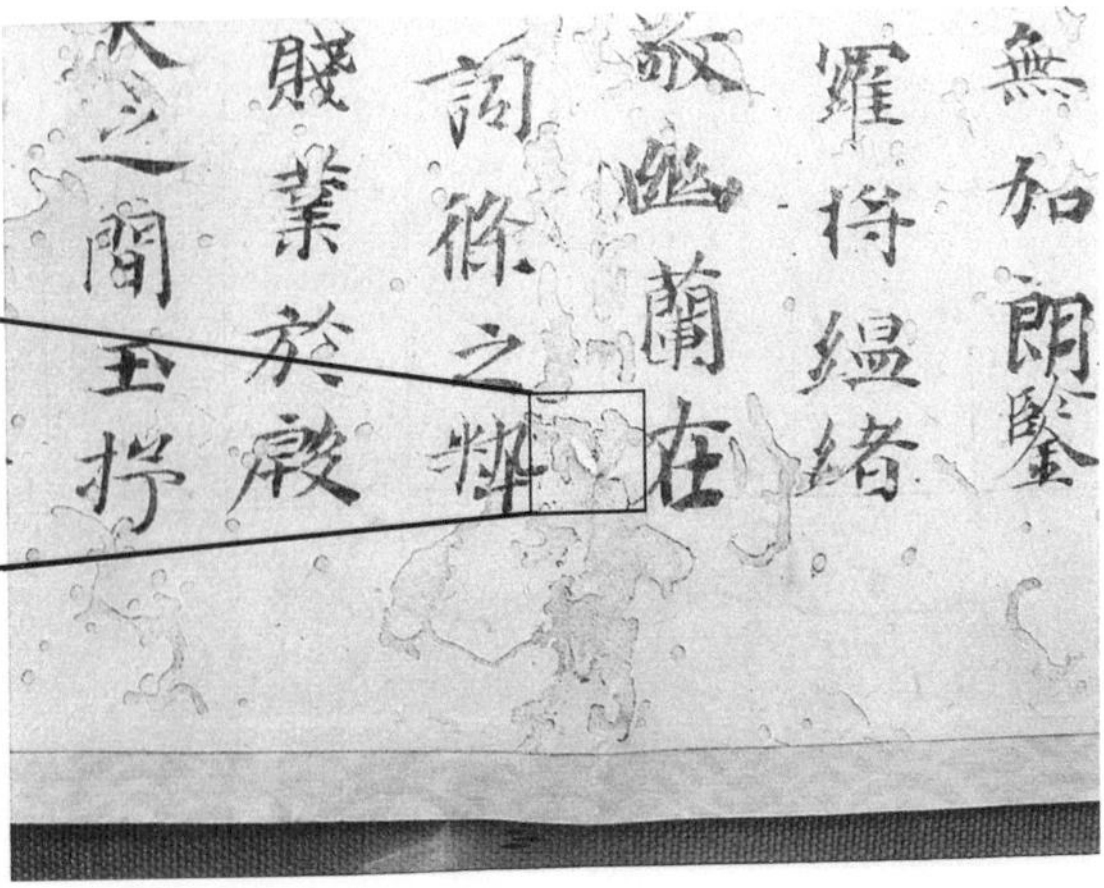

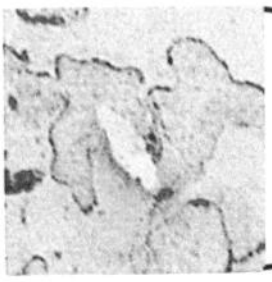

欠失部の小口部
分で糊浮きが生
じた箇所

図版4　糊浮き

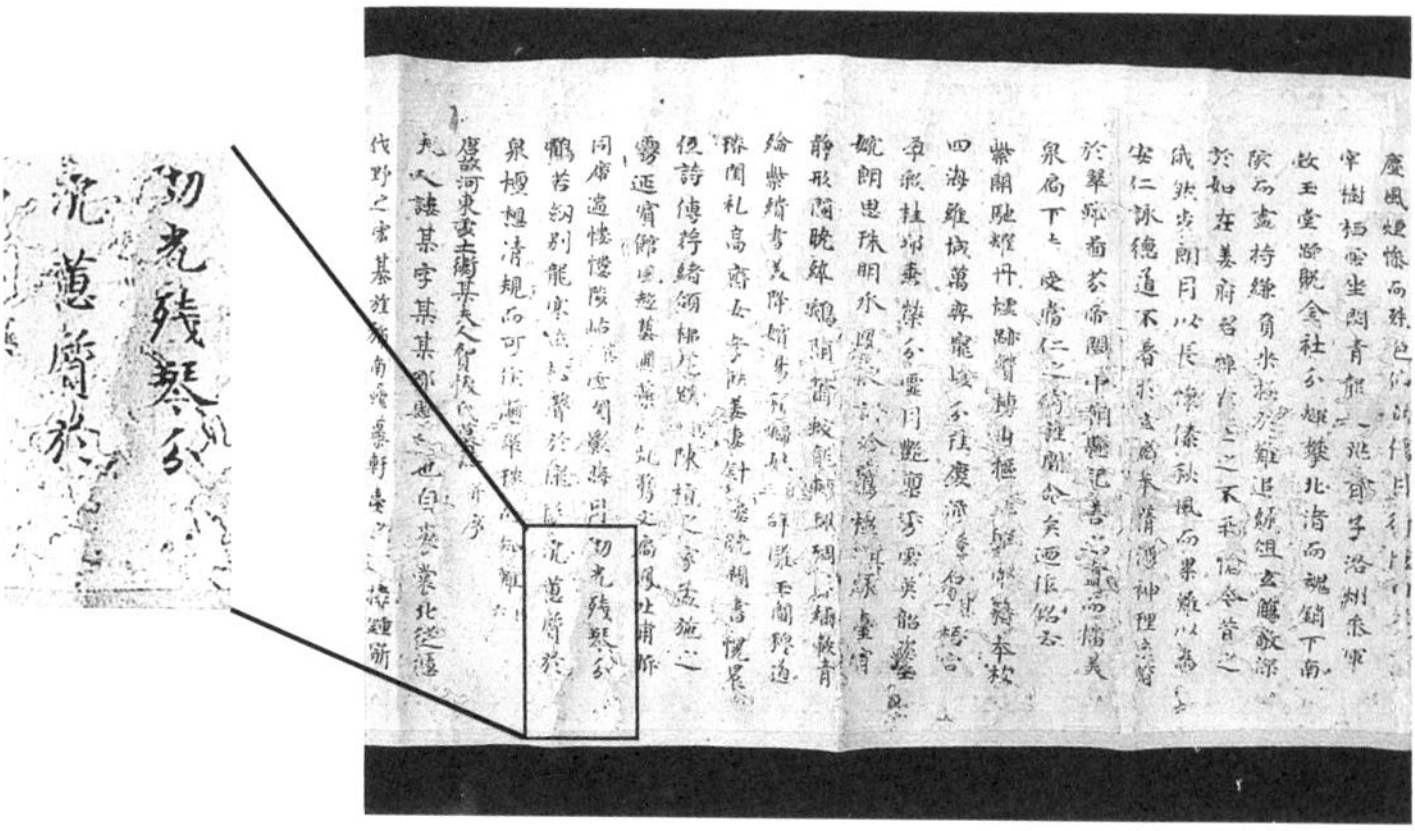

図版5　折れが生じた箇所

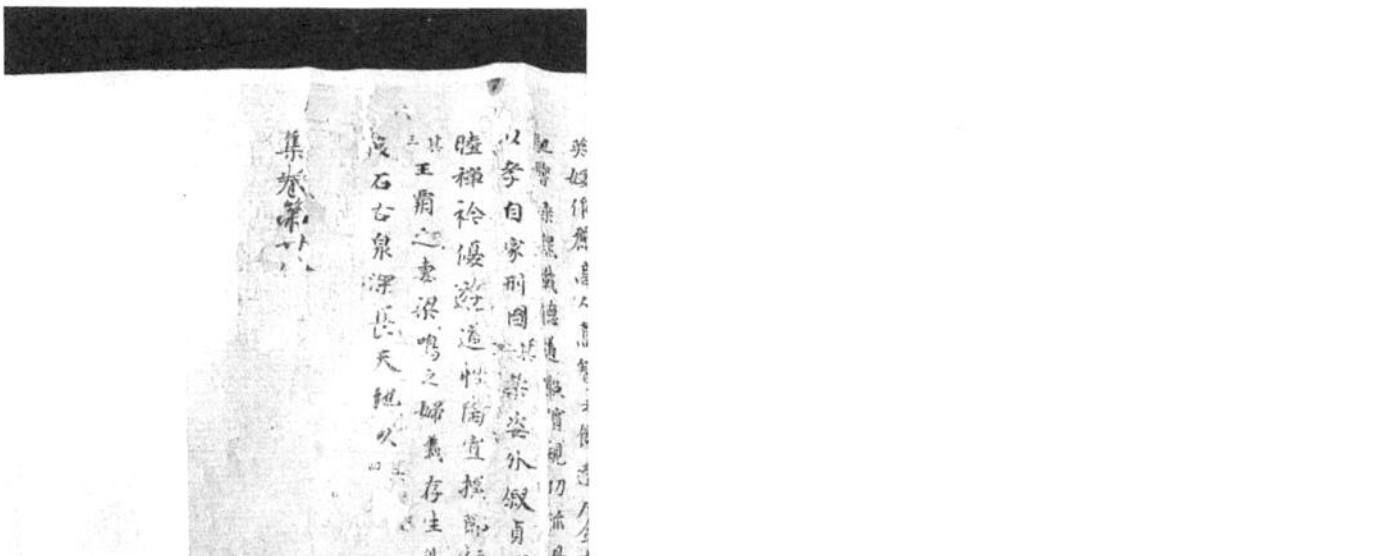

図版6　巻末の折れとイメージ図

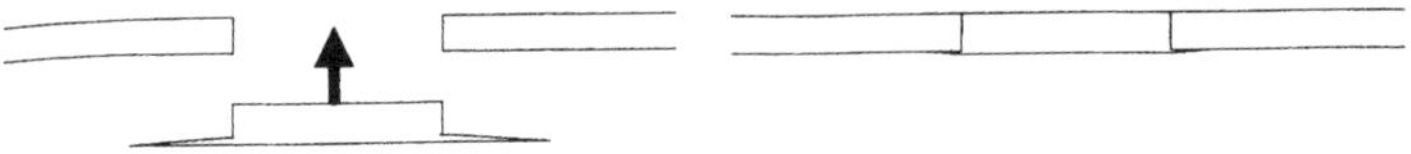

図版7　補修紙の接着法法

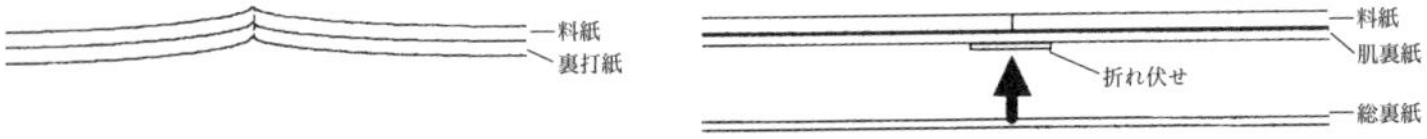

図版8　折れ伏せ

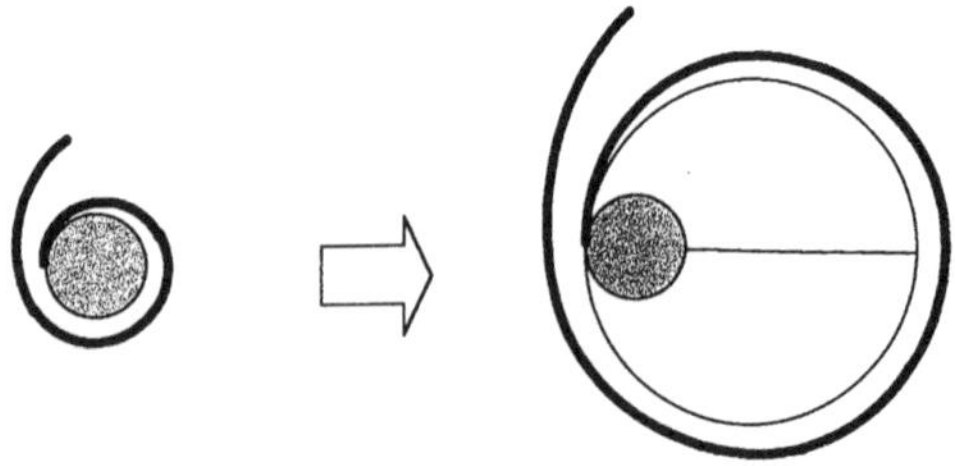

図版9　組巻軸から太巻軸へ

仕上げる必要がある。裏打の糊が濃いと乾燥後に硬くなるものの、糊を薄くすると十分な接着力が得られずに、糊浮きが生じかねない。裏打紙の厚さもまた同じで、薄くすれば良いというわけではなく、均衡を取ることが大事になってくる。糊加減と裏打紙との良い組み合わせを選択することで折れにくくすることができる。細く巻くよりも太く巻いた方が折れにくくなるので、保管時には太巻芯で巻き上げるようにする方法がある（図版9）。

③糊浮きは裏打紙と本紙との間に生じている。糊浮きがあると、巻き上げる時に皺ができたり、折れたり、

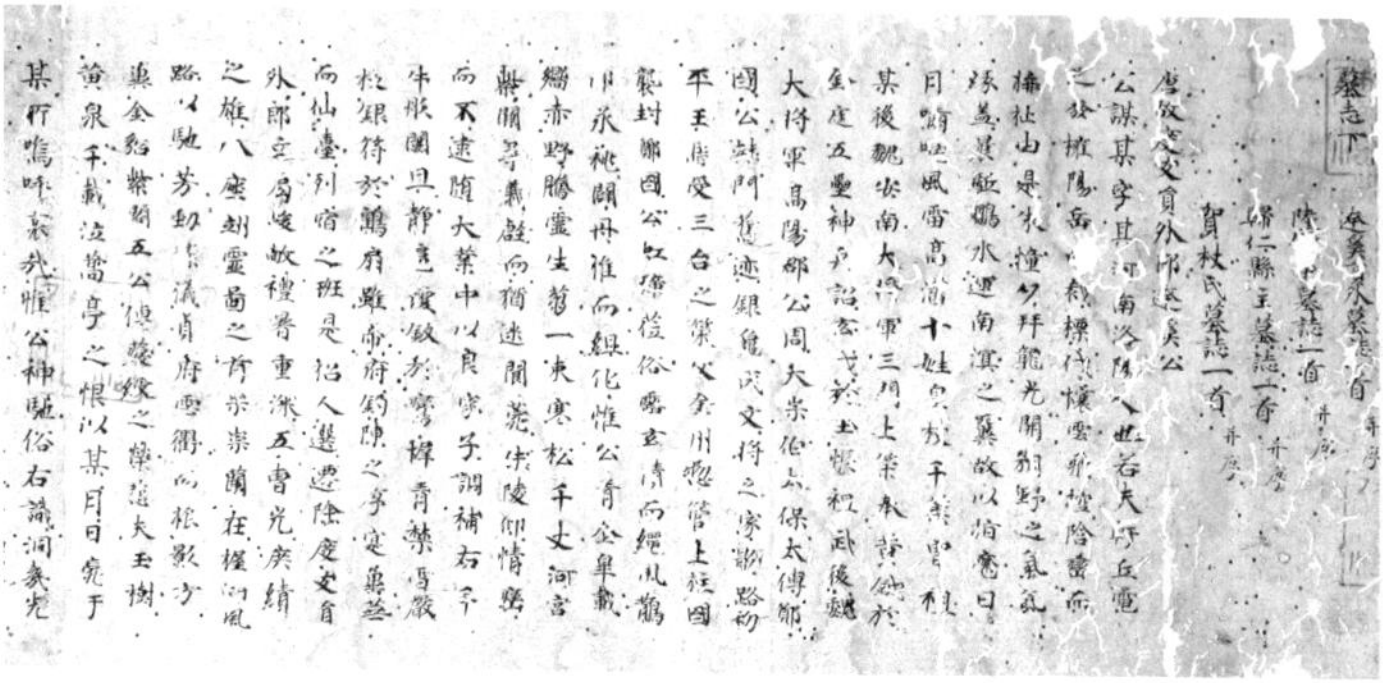

図版10　『王勃集』補修　修理後

損傷を拡大することになる。処置は裏打紙に最小限の湿り気を与えてめくって取り除き、新しく二層の裏打を行う。

④シミは巻頭部分に水浸によるものが確認される。薬品による染み抜きは本紙を傷めるので行わない。表面の付着物は筆や刷毛で払うことで除去することができる。水を利用したクリーニングは可能であるが、積極的には行わない。クリーニングとは水を使う作業工程の途中でシミや汚れが除去されることをいう。本紙に水を通すと、細かい付着物や染料などが動いたり、紙の繊維の間に入り込んだりして見た目の雰囲気が変わることがある。水を使用する作業工程では水の量を必要最低限に抑える。

なお、『王勃集』は表紙に蜀江錦《しょっこうにしき》の裂地、足紙に蠟牋《ろうせん》を使って巻子装に仕立てられている。衣装としての表紙裂、見返、紐等は時代性や雰囲気などの調和を大切にして選択する。使用する接着剤は基本的に小麦澱粉糊で、補修紙、裏打紙の接着に使用する。補修紙ではペースト状、裏打紙には水状で、必要に応じて濃度を調整して用いる。また、布海苔をごく薄い接着剤として使用する。

本紙の紙質は雁皮と楮からなるもので、その配合の割合は雁皮八五～九〇％、楮一〇～一五％であった。繊維長は平均一・四七㎜（最大二・八八㎜）で、繊維が切断されていることが確認された。その結果、本紙は裏打をしなくとも十分な強度のあることが確認できたので、裏打なしの仕様に変更して仕立て、表・裏ともに文字をしっかりと判読できる新たな状態になった。修理後（図版10）の本書の様相について、中国文学者の興膳宏《こうぜんひろし》氏は「見るも気の毒なほどやつれ果てた」姿がみごとによみがえったことに感慨ひとしお深いものがあったと述べられている（『日本中国学会便り』）。

第4節　東大寺文書の修理――修理報告書――

（1）　修理までの基本調査

東大寺文書は、文書群として質・量ともにおいて、我が国を代表する寺院文書であり、平安時代のものが多いのが特徴である。加えて未表具のまま伝来し、当時の原装の姿をとどめており、古文書学上において極めて価値が高い史料群として位置づけられる。

保存修理事業は、平成一二年から同二二年までの施工期間で、一期を二箇年として五期一〇年間に及ぶ大修理であり、七工房（光影堂、松鶴堂、岡墨光堂、修美、墨珠堂、文化財保存、前橋工房）の共同事業であった。各工房が協力し合い、良い意味において競い合い、現代における「最高の修理」を目指して修理に当たった。

修理を行う前に、設計のための基本調査を平成七年から三年間にわたり、調査日数は八日間で、総人数五八名が各々の役割を決め、分担して調査・撮影・記録に当たった。この間、所有者の東大寺、奈良県文化財保存課、文化庁との間で、今後の修理方針、修理後の保管方法・場所・環境などについて協議を行った。

この基本調査では、保存状態、損傷状態や損傷度、損傷原因などについて調査・分析を行い、同時に員数確認、一通ごとの寸法取り、紙背文書や墨引きの有無、前後欠の有無、押紙・符箋の有無などについて調査を行いながら、簡単な記録・撮影を行った。

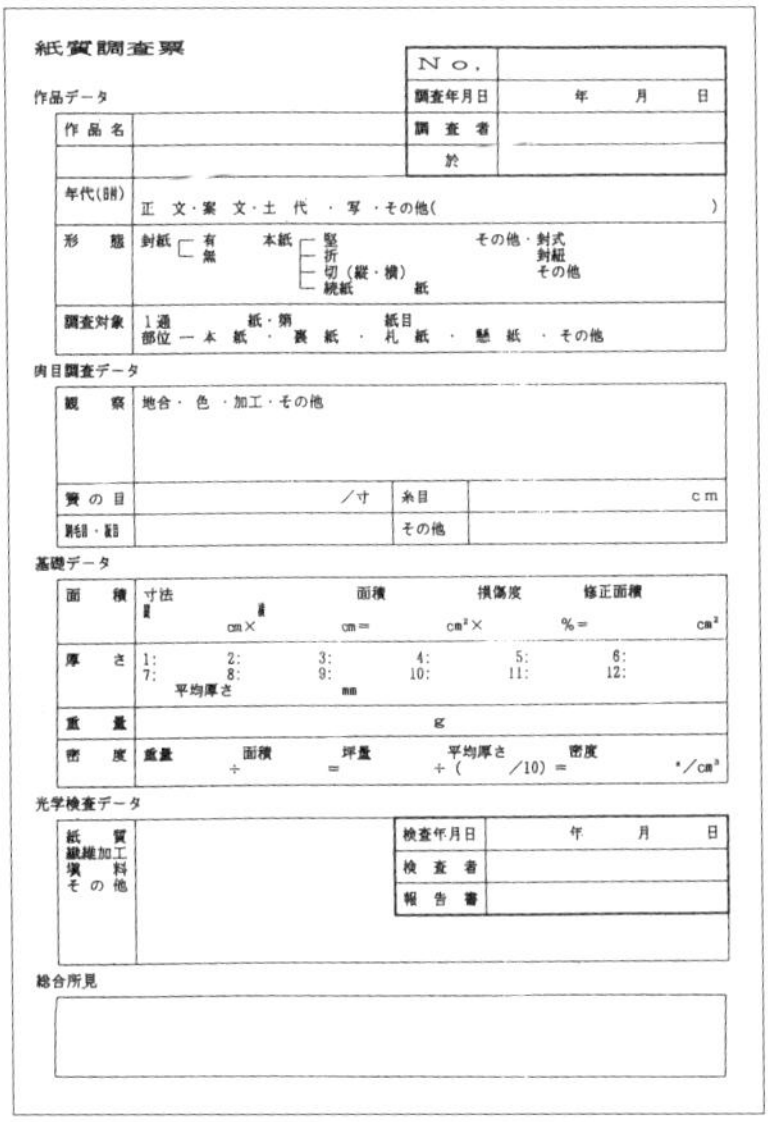

紙質調査票
No.
作品データ
調査年月日　年　月　日
作品名
調査者
於
年代(時期)　正文・案文・土代・写・その他(　)
形態　封紙─有・無　本紙─堅・折・切（縦・横）・続紙　紙　その他・封式・封紙・その他
調査対象　1通　紙・第　紙目　部位─本紙・裏紙・礼紙・懸紙・その他
肉目調査データ
観察　地合・色・加工・その他
簀の目　／寸　糸目　cm
その他
基礎データ
面積　寸法　cm×　cm=　面積　cm²×　損傷度　%=　修正面積　cm²
厚さ　1:　2:　3:　4:　5:　6:　7:　8:　9:　10:　11:　12:　平均厚さ　mm
重量　g
密度　重量　÷　面積　=　坪量　÷（　平均厚さ　／10）=　密度　g／cm³
光学検査データ
紙質　繊維加工　填料　その他
検査年月日　年　月　日
検査者
報告書
総合所見

図版11　紙質調査票

特に、風合いの変わった本紙や他と違った地合いの本紙については、補修紙作りの基礎的な情報にもなるので、紙質調査票（図版11）をもとにデータ取りを行い、透過光や斜光による撮影記録も行った。

東大寺文書保存修理では前述のように対象とするデータ量が多い上に、修理年数も長い事業となるのでデータ管理は最も重要な事柄であった。データについては、基本調査後、パソコンに入力し、整理してCD-RWにて保管することとした。

(2)　修理担当者会議と修理カルテ

各修理工房内へ搬入後、修理に先立ち、各工房から担当者数名ずつが参加して「修理担当者会議」を開催し、今後の修理方針、修理記録の内容など、修理仕様全般に関する統一すべき注意点・問題点などについて個別具体的に検討を行った。この会議は、修理を進めていく上で出てきた疑問点などについての共通認識や、修理の進捗状況などを確認する場としての位置づけの性格も同時にもつこととなった。

東大寺文書というまとまりのある文書群を七工房で共同作業するため、修理に対する方針や意識・知識・技術的な方法を、できる限り均一化し、統一化するという方向性を常に堅持しなければならないので、定期的に会議を実施することにした。もちろん、会議内容については議事録を作成し、問題などの共有化を図るために担当者に配布し、保管・活用するようにした。

例えば、補修紙では①紙質、②色合い、③繕いについて、以下のようなことを問題にした。

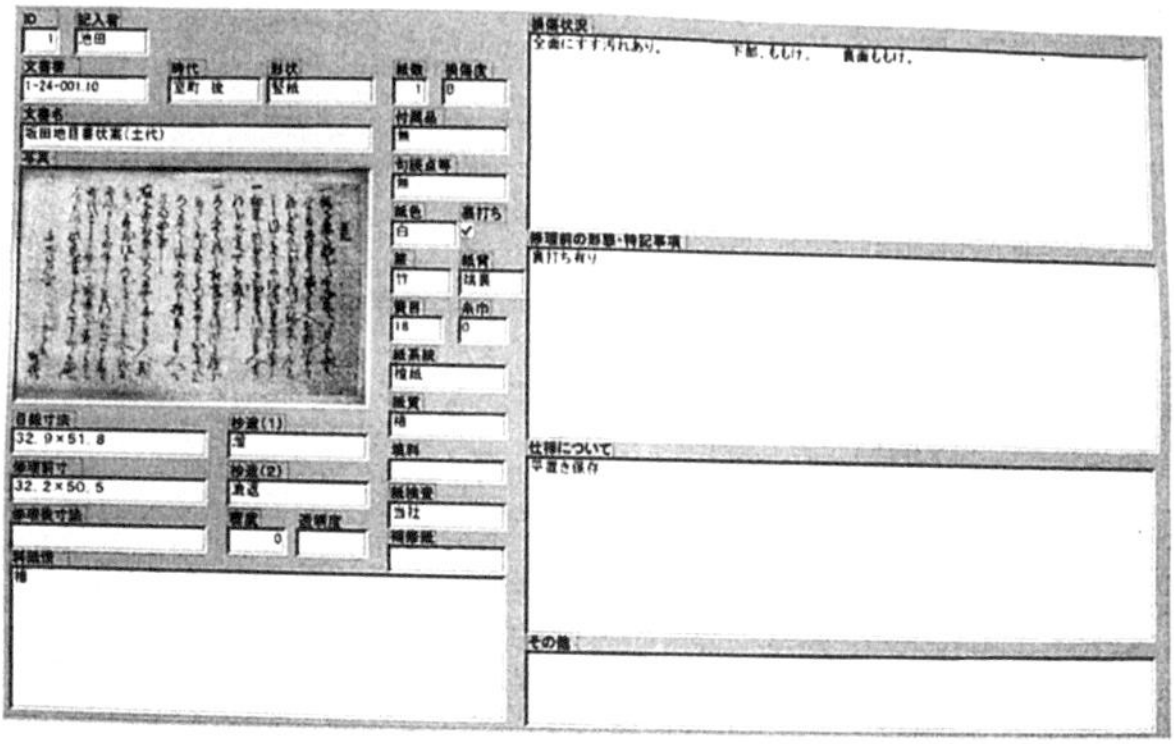

図版12　東大寺文書修理カルテ

①紙質では透け具合はどうか、簀目は合っているか、風合いはどうか、厚さや硬さは適切か、②色合いでは明度や彩度が適切かどうか、基本的には染めは行わない、③繕いでは、削り、接着、線香穴について検討した。削りでは本紙の厚みに適した削りが行われているか、本紙の腐蝕部分は補強を含めた補修方法が行われているか、削り跡の毛羽立ちは水のみで押さえるか、接着では糊の付き具合はどうか、糊染みは出ていないか、線香穴では本紙の厚みを考えた補修紙の選択がなされているかのような項目を取り上げた。その他、補修は本紙裏から行うが、紙背がある場合には表から施すのか、虫糞処理をどこまで行うのか、現状維持が難しい切封への対応などについて意見交換を行った。

その後、会議において修理前・中・後の本紙データや修理データを記録できるように「東大寺文書修理カルテ」（図版12）を作成し、カルテをもとに本紙の寸法や形状・形態、紙背文書や墨引きの有無、付箋の記録や、損傷状態などの詳しい記録の保存に努めるようにした。また、手書きのカルテと並行してパソコンによるデータ入力保存の方法も行った。この二つのカルテは各工房に配布し、同じ記録保存方法をとり、一期が終了した時点で各工房分のパソコン入力データを取りまとめ、修理記録の一環として所有者に提出した。

修理カルテは、情報の均質化・客観化、共有化、活用のために必要であり、また情報公開のためにも不可欠な記録である。記入項目は、文化財に関する情報と修理のための情報とが必要である。文化財の情報としては製作技法、使用した材料、修理の情報としては過去の修理履歴とその際に使用された修理材料と技法、今回の修理計画、使用する材料と技法について記すことになる。具体的には、①基本的な文化財の情報、②損傷記録、③修理計画、④作業体制と工程表、⑤修理結果、⑥修理中の新知見、⑦収集したデータの種類と量、ということになる。

修理カルテとは、「もの」としての文化財を過去・現在・未来にわたり、一貫して把握するための台帳であり、しかも通時的記録としての役割を果たす記録であることから、常備すべき基本台帳である。

(3)　修理の基本

古文書の料紙と形状などは密接な関係があり、時代や内容によってその関連性に相違がみえる。

古文書の形状に応じた紙素材が使われていることを意識した修理が行われる際には、形状によって、また時代によって、どのような紙が使われていたかを調査・記録し、修理に当たることになる。

東大寺文書には、いろいろな形状や形態の本紙が混ざり合って存在している。原則として、これまで伝わってきた形状の姿を尊重する姿勢で修理を行った。しかし、以前に修理が行われ、原状とは違うものなどがあったので、保存修理に際して現状と原状を明確に記録・撮影する必要があった。

巻子装などはモノクロ撮影したものをＣＨ焼き（写真紙焼き）し、継ぎ合わせ、損傷地図を作製し、その地図の中に損傷箇所の記録や、本紙がもっている諸情報の記録を行うこととした。また、冊子装においては様々な形状があり、解体に際して綴じ方の図解や糸の材質・色などは重要な情報として記録した。文書の料紙には、まくり（表装しないままの状態）の一枚物や一枚の紙を折って使ったもの、切ったもの、貼り継いだもの等、いろいろな形状があるので、複雑な折り方については、折り方の図解や別の紙で折り見本を作成することなどを行って現状を再現できるように図った。

一枚の文書を前にしたときには、（1）前後に糊跡がないか（前後欠の確認）、（2）本紙中に糊跡がないか（押紙などの有無）、（3）他の文書と虫損などの損傷が類似していないか、（4）本紙の折れ、しわ、汚れなどの状況はどうか、（5）紙質や法量はどうか、（6）筆跡や墨書などをみる、という確認を行った。

東大寺文書修理の基本は、できる限り不必要な裏打ちは行わず、損傷部分のみを繕い、本紙の持つ優しい風合いを残すために、ほんのわずかな湿り気をもって、本紙を自然に伸ばし、ゆっくりと時間をかけて押しをかけ、現在まで残ってきたうぶな姿や弱さをそのまま保存する方針で修理を行った。

（4）補修紙と風合い

過去の古文書修理では、本紙欠損箇所にもちいる補修紙には各工房が所持する風合いが似た似寄りの古紙などを使用し、繕い修理に当たっていた。補修紙となる似寄りの紙の選択・選別は、料紙表面の色や風合い・手触り等による修理技術者の経験や勘に頼って行ってきた。

こうした過去の修理の問題点を検討した結果、本紙の欠落・欠損部分に施す補紙については、できる限り本紙と同じ紙組成や風合いを持ち備えた補修紙を作り、繕うという方針を確認した。また、染色等で加工される本紙は別にして、基本的には補修紙の色味は染色せずに用いるという方針も理解した。

この補修紙作成の基本方針に基づき、各工房や高知県立紙産業試験センターによる繊維組成の検査を実施し、染色液と光学機器（光学顕微鏡・走査型電子顕微鏡・透過光顕微鏡）の使用により、紙の繊維を緻密に観察し、料紙の素材を的確に判断できるようにした。料紙の検査結果として、繊維の種類、長さ・太さ、切断面の有無やフィブリル化の有無、填料の有無やその種類（米粉・白土等）、粘剤などについて一通ごとに記録を残した。

これらの料紙データにプラスして、実際に本紙を自然光や透過光・斜光等を使い、肉眼でよく観察した。透過光では、繊維の流れ具合・分散状態・ムラ・溜まり具合・叩解の状態など紙質、簀の材料・一寸幅当たりの簀の本数・太さ・幅、糸目の有無・幅など漉桁の情報を観察した。斜光では、板目・刷毛目・紗目などの有無、角筆の確認を行った。観察・調査を行うとともに、記録化を図った。

また、料紙データとして、本紙の厚みをマイクロメーターで十数箇所測り、平均の厚さを出し、本紙の重量を量り、本紙面積を求め、密度を計算していくことを行った。この料紙の基礎的な情報を基に、表具用手漉和紙（補修紙）製作の選定保存技術保持者である井上稔夫氏・江渕栄貫氏に依頼し、二三判（紙の大きさで、尺寸法で表現したもの。縦二尺×横三尺の用紙）で注文する際の一枚あたりのグラム数や匁についても算出し記録を行った。具体的には、まず、重さ÷面積で米坪量（g／㎠）、米坪量÷厚さ（㎝）で密度（g／㎤）を算出する。二三版（六三㎝×九六㎝＝〇・六〇四八㎠）で注文する場合には、米坪量（g／㎤）÷二三判で、二三判で一枚のグラム数が出るので、匁で注文する場合には、三・七五で割ると一枚あたりの匁数が出ることになる。

前述のように、これまで経験や勘に頼っていた紙の風合いについて、補修紙作成のために様々な観点から検討を行うことにした。料紙によって異なる風合いについて、以下の一五の観点から分類することを試みた。

①重さ（軽い、重い）、②厚さ（厚い、薄い）、③しまり具合（しまっている、しまっていない）、④堅さ（堅い、軟らかい）、⑤見た目の平滑性（平ら、でこぼこ）、⑥触った感じの平滑性（つるつる、ざらざら）、⑦強さ（強い、弱い）、⑧弾力性や伸縮性といった弾性（ある、ない）、⑨触った印象、⑩表裏の差（ある、ない）、⑪透明性（透明、不透明）、⑫光沢（ある、ない）、⑬地合い（むらがある、むらがない）、⑭色合い（白、黄）、⑮鳴り（よい、よくない）、である。

判断基準は風合いの特徴を際だたせるために二者択一とし、また料紙としての特質をも理解できるようにした。料紙の分類としては、時代的な特徴をもつ院政期、室町期の紙、檀紙、杉原紙、大高檀紙を主な分類対象とした。風合いの検討を通して、料紙に対する感覚とともに数値化の必要性を再認識できた。

補修紙作成のための料紙の観察・調査は、紙のもっている諸情報をどれだけ確認できるのかが問題であり、この結果は原状を残していく修理の成否を大きく左右するものであった。

本紙の風合いを残すためには、従来行われてきたクリーニングを、必要としない限り行わないことを大原則とした。なぜなら、従来のクリーニングでは本紙を吸取紙の上にのせて表面に精製水を噴霧し、水溶性の汚れなどを除去するもので、作業中における本紙中の水分量は飽和状態に近くなるためである。それゆえ、水の使用量および使用回数を必要最低限にとどめることを共通認識とした。風合いを残すために必要な水とは、①過去の古文書の取り扱いなど、物理的な力によって失われたと想定される場合、②保存上必要と考えられる紙の強度を取り戻すために必要な水素結合を引き起こすために使用する場合、③本紙に残る文書形式の痕跡以外の皺や折れを軽減するために必要な場合、④繕いを行うに際して本紙に付着する水溶性の汚れなどが、使用する糊などの接着剤などによって本紙の繊維中に固定されてしまう恐れがある場合、⑤本紙中に含まれる汚れなどの成分が本紙に明らかな悪影響を及ぼす原因となっている場合、その汚れなどを除去するために使用する水をいう。

このように、使用する水は①から⑤までを同時に一回で各々の目的の状態を得ることができる場合もあれば、別々の場合もあり、本紙の状態を見極めた上で使用を決定する。③から⑤までは必要としない場合も想定されるが、①・②はほとんどの本紙に必要である。こうした必要な水の使用によって、水量に応じた水溶性の汚れは除去可能であり、クリーニング効果を含むものであると考えた。そこで、従来のような積極的な水を使用したクリーニングは行わず、風合いを残し損なわないように安全な修理を行うために、前述の水を使用した際に得られるクリーニング効果を「クリーニング」という言葉で表現し、作業の共通化を図ることにした。

(5) 補修紙検討会と補修紙サンプルの保存

本紙データをもとに、補修紙作成に向けての検討を行う必要があったので、修理担当者会議とは別に補修紙検討会を新たに設け、どのようにしたら本紙に近い補修紙を作れるのか、本紙に対して優しい補修紙を作れるのか、最高の補修紙作りを目指して検討会を重ねた。

各時代、発給者別による料紙の相違を反映した、ある意味、復原を意識しての補紙の作成でもあった。ただし、この復原は、あくまでも補紙作成における抄紙における技術的な復原を目指すものであった。

補修紙作成に当たっては、まず各地の原料の違いや漉き返し、原料処理や加工方法、粘剤の量の加減、漉き方、脱水の圧力や時間、乾燥方法などについて問題を提起し、補修紙サンプル表を作成し、紙漉の方々に依頼して、サンプル作りから実施した。サンプルができあがると、検討会を開き、このサンプルはこの本紙に対応できるとか、この点を改良すれば補修紙の完成度があがって使用できるとか、意見を出し合い、補修紙作成時における具体的な情報を記録していった。

補修紙のサンプル作りは、漉き手と使い手との相互理解を目的とした「ものさし作り」に重点をおいて実施したものであった。このサンプルデータをもとに、時代ごとの紙の特徴をとらえたサンプル作りに取り組んだ。

その後、補修紙を漉いている方々に京都国立博物館保存修理所へ来所してもらい、本紙を見た意見や感想などを伺いながら、意見交換を行い、時には補修紙検討会において出た疑問点などについて、技術者各々が漉いた紙のサンプルとそのデータを持ちより、実際に技術者で紙を試作的に漉いて感じた意見などを取り入れて、あるべき姿の補修紙作成を行った。

補修紙を作成するために①材料、②処理、③煮熟《しゃじゅく》、④叩解《こうかい》、⑤こぶり（流水による時間）、⑥ビーター（機械で繊維をほぐす）、⑦粘剤《ねんざい》、⑧填料《てんりょう》、⑨漉き方、⑩紙料濃度、⑪板と重石による脱水、⑫乾燥という項目を設定した。

材料	石州楮						土佐楮					
処理	生漉			漉返			生漉			漉返		
煮熟	木灰	通常	曹達	木灰	通常	曹達	木灰	通常	曹達	木灰	通常	曹達
叩解	多	通常	少	多	通常	少	多	通常	少	多	通常	少
こぶり	長	通常	短	長	通常	短	長	通常	短	長	通常	短
ビーター	多	通常	少	多	通常	少	多	通常	少	多	通常	少
粘剤	多	通常	少	多	通常	少	多	通常	少	多	通常	少
填料	多	通常	少	多	通常	少	多	通常	少	多		少
漉き方	溜漉		流漉	溜漉		流漉	溜漉		流漉	溜漉	通常	流漉
紙料濃度	濃	通常	淡	濃	通常	淡	濃	通常	淡	濃	通常	淡
脱水時間	一昼夜	六時間	一時間	一昼夜	六時間	一時間	一昼夜	六時間	一時間	一昼夜	六時間	一時間
乾燥	板干		鉄板	板干		鉄板	板干		鉄板	板干		鉄板

このように補修紙を作成する際に必要なデータは、紙情報として重要であるので、とにかく細かく記録して保存した。補修紙は記録だけではなく、実物である補修紙そのものが大切であるので、記録と一緒に保存を図った。というのも、修理後の補修紙にもしも変化が生じた場合には、保存しておいた補修紙との比較検討が可能となり、問題解決の手立てとして、また検証する物的証拠として不可欠なものとなるためである。

本紙の欠失箇所にあてる補修紙は、漉いてすぐに使用できないので最低一年以上は寝かしたものを使用する方針で行った。紙は「枯れる」と表現されるように寝かすほどしまって安定した状態になるので、補修紙検討会で計画的・継続的に取り組んだ。かなりのサンプル量が確保され、本紙の紙質データも豊富に揃うことになった。その結果、時代別による料紙の使われ方や、装幀形態、また補修紙作成時のデータ資料などが充実した。今後の古文書修理の基礎的データとして重要な位置をしめることになると思われる。

(6) 日々の管理と環境

修理中の日頃の管理としては、本紙の出入り表を作成して対処に当たった。本紙は幾つかの中性箱の中で保管したので、箱に番号をつけて、毎朝何番の箱から、何番の本紙を取り出して修理を行い、その日の終わりにはその本紙が元の箱に戻ったのか、本紙のシワや折れを伸ばすための押し等の作業途中にあるため箱に戻らなかったのかなどの、工房内での本紙の所在場所についての通時的な記録を行い、作業開始時と終了時においての本紙の員数確認を必ず行った。

また、保管場所の環境については、温湿度を一時間ごとに二四時間分のデータ取りを行った。データを一ヶ月ごとに回収し、グラフ形式で作成し、データ読みを行い、環境対策を考え、文書管理に当たった。紙にとっての良好な環境である温度二二〜二五度、湿度五五％前後にて保存した。

（7）保存箱

東大寺文書を納入する桐簞笥は前田友斎《まえだゆうさい》氏の製作になるが、場所の関係上、光影堂本社作業場にて保管した。この作業場には人の出入りがなく、暖房も入らないので、四季を通じての温湿度の変化は少ないことからの判断であった。しかしながら、完成後の桐箱は不安定な面もあり、温湿度管理を十分に注意しないと、反りや割れ、膨れなどがあるので、一日三回温湿度のデータ記録をつけ、湿度六〇〜六五％を保つように加湿器などで調整に当たった。少し高めの湿度の方が桐箱は安定するので、乾燥時には特に注意をはらった。

（8）合評会

すべての本紙を対象にして、現状維持修理と再修理が可能な修理という基本的な方針にそって、最終確認の合評会において、修理後の状況確認を担当する技術者全員で行った。合評会は、修理を担当する技術者一人一人の修理に対する意識を最大限に向上させる良い機会であった。七工房で担当するので、修理に対する倫理観を含め、修理に関わるあらゆる事柄を共有化する上でも目指すべき在り方であったと考える。この検査結果の記録や他工房から出た貴重な意見などの記録は、再修理において極めて重要な修理記録になるに違いない。

修理の専門家である技術者は、その高度な専門性ゆえに断片的な思考様式にとらわれがちであり、マニュアルのような形で定式化された知識以外の暗黙知や慣れ親しんだ世界観とは異なるものの見方を学び続けることは難しい。そこで、技術者相互の間で「ダイアローグ」の場を設けて互いのものの見方から学習し続けることが求められる。ダイアローグとは、合意や意志決定を目的としてなされるものではなく、言葉に定式化しがたい諸問題を多様な角度から探求し、断片的なものの見方に呪縛されることから互いを解放し、互いに学び合い、変化し合うためになされる共同作業であるという。だからこそ、対立を恐れて話題を限定したり、表面的な同調に終始するのではなく、互いの考えのどこがどう違うのか、些細な差異に注目して本音による意味の流れを生み出し続ける必要がある。言葉になりにくい感覚や洞察などの感覚知、対立する意見からも学ぼうとすること、つまり、互いに相手の見方から学習しようとする傾聴姿勢を保ち、生産的で協働的な効果的な質問を向け続ける過程が大事になるといえよう。

次に、修理後の記録に関しては、修理後の記録や報告書作成についての項目・添付材料などについても検討を加えた。修理を施した処置内容やその結果についての記録・撮影、修理に使用した材料についての記録・撮影、また本紙が本来持ち備えている性質や風合いを保存できたか、本紙と補修紙との調和はどうかなどを記録・撮影して残した。また、修理後の保存形態が修理前と異なる場合は、その理由を明確に記録・撮影を行わねばならない。もちろんカルテのみの記録だけでなく、パソコンにあらゆるデータを記録し、蓄積していくことは、後世の修理において料紙や補修紙を考えていく上で大変役立つものであると考えるからである。さらに、大量文書の記録保存方法として、一期ごとに修理後の記録をカラーマイクロで一紙ずつの撮影を行い、その後データをプロフォトCDに焼き付け、所有者に提出した。東大寺において、今後のデータ管理と文化財管理システムの充実化が図られることを期待したい。

まとめ——修理の姿勢——

東大寺文書修理を担当した修理技術者は、文化財に対しての意識・知識・技術の面において、現在できうる最大限の努力と高い修理理念を持ち、文化財を将来まで少しでも永く生かしてあげたいという強い気持ちで、文化財と正面から向き合ったことを記しておきたい。

なお、古文書学的な新知見で注目されるのは、本紙の表・裏が案文で、かつ各々に端裏書がある相論文書の続紙は折本にして活用・機能していたことが確認できたことである。また、文書の表と裏は相互に関連性を有することも認められた。また、料紙に藍繊維が含まれていることを発見したが、藍繊維は料紙を白くし、墨の発色を良くする効果があることを検証できた。室町幕府の発給文書に散見されるので、文書料紙の白さの要求に対応する一つの方法であったことが推測される。

第5節　成実論巻第十二の修理――補修紙――

『成実論《じょうじつろん》』巻第十二（国・文化庁保管）は敦煌《とんこう》出土と伝える遺品で西魏時代（五三四～五五六）の書写とされていたが、紙質や書風などからみて時代の下がる唐経とするのが相応しいと考えられた。

本紙は、①目視による紙質調査では、黄褐色の染料で染められている。顕微鏡（×100）で確認すると繊維は飴色を呈しており、填料のようなものがあるように見られた。繊維は短く裁断されている。触感はしっかりして粘りのある紙と感じられた。地合はきれいで、厚みのムラはない。簀目は顕著で二八／一寸で、糸目は三㎜の間隔で並び、次は三・三㎜というもので中国の紙に見られる特徴を示している。ムラがないことから、抄紙方法は粘剤を効かせた溜め漉きである。表・裏両面ともに平滑で打紙加工が施されている。次に②繊維組織分析によれば、繊維はよく叩解（フィブリル化）しており、一㎜程度に切断されている。麻繊維としては亜麻、大麻、苧麻が考えられるが、繊維内部に繊維長方向に窪みが見えないこと、繊維内部に条痕が見えず透明感があることから大麻繊維と判断できる。密度は〇・五五g／㎤、厚さ〇・〇七㎜で打紙加工が行われている。以上の調査結果に基づいて補修紙の作成を行った。

原料として①大麻の麻袋と②福井越前の岩野平三郎《いわのへいざぶろう》氏製作の苧麻繊維の紙を使用した。①麻袋を利用した麻紙は締まりがなく馬糞紙《ばふんし》のような風合いで、繊維の絡みが悪くて水に漬けると簡単に溶けてしまった。出来上がった補修紙は紙とは呼べないシート状の繊維の塊でしかなかった。そのため、打紙加工を施しても密度が上がらず、締まった質感にならなかった（図版13）。②苧麻繊維の補修紙は風合い、地合ともに本紙と近い紙に漉き上がった（図版14）。そこで、打紙加工を行い顕微鏡にて表面観察すると、風合い、地合、質感とも本紙と近似の紙になった（図版15・16）。

課題としては、本紙と補修紙の伸縮率が相違することである。麻繊維、繊維長の違いなどが考えられる。

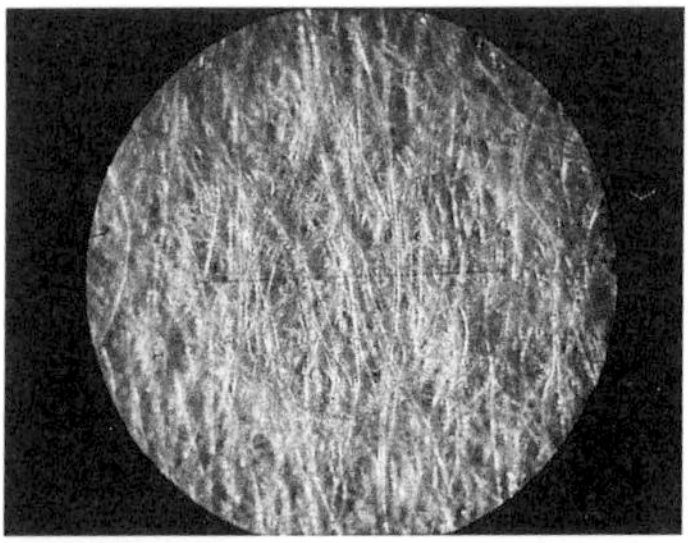
図版14　越前和紙原料(麻繊維)(×50)

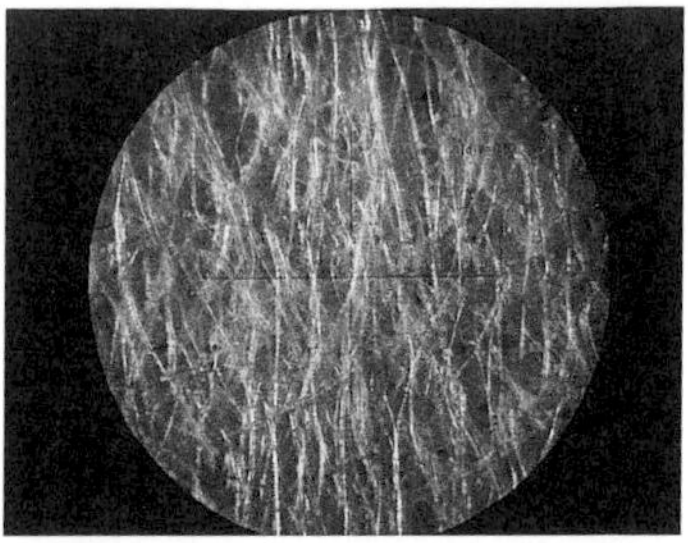
図版13　麻袋から作製したサンプル(×50)

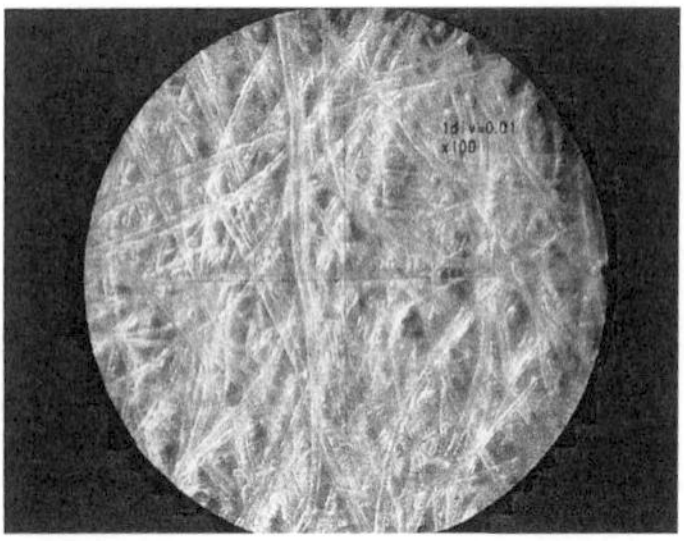
図版16　補修紙(越前の麻繊維)(×100)

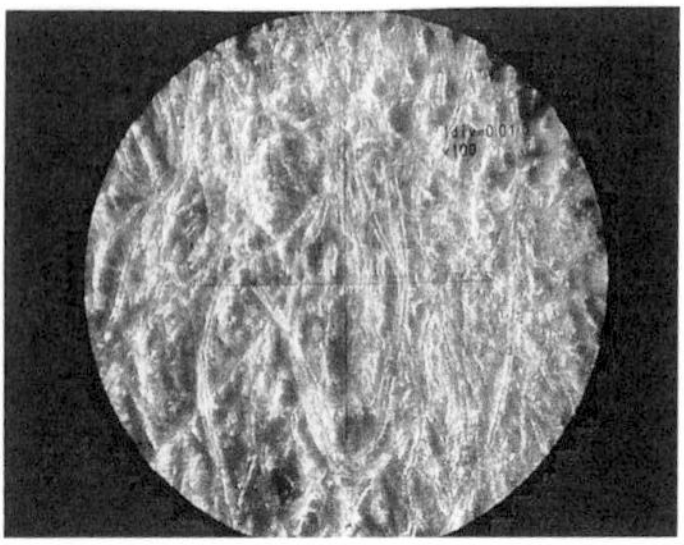
図版15　本紙(×100)

第6節　大乗掌珍論の修理——補修紙の染色——

『大乗掌珍論《だいじょうしょうちんろん》』（国・文化庁保管）は清弁が著したもので、内容は唯識説《ゆいしきせつ》に反対して分別を離れた空智をもって八正道《はっしょうどう》と六波羅蜜《ろくはらみつ》を完成すべきことを力説した経典である。本巻は唐・玄奘訳本を宝亀三年（七七二）に書写した巻上で、全巻にわたって二種の白点が施されている。一つは仮名とヲコト点で見返の白書識語の天暦九年（九五五）に観理已講より聴講したのに対応する。第二はヲコト点の星点を主とするもので、平安初期に東大寺辺で用いられた形式である。国語学資料としても貴重なものである。

本巻は表紙と本紙一三紙からなる。巻頭から数紙の色は褪色あるいは変色が見られる。巻半ばから巻末までは一紙毎に多少の濃淡はあるものの、色味はほぼ一定しており、赤みがかった薄い褐色である。後半以降は天地の褪色や変色が認められないことから、経年による色味の変化は少なく当初の色合を残していると判断した。補修紙の染色は、当初の色合を目指すことにした。

試験染めでは、ヤマモモ、ツルバミ、ヤシャを煮出して染料を抽出し、浸け染めによる試験染めを行った。試験は単独あるいは二種類の染料の重ね染めである。その結果、ヤマモモ単独の重ね染めで行うと黄味のない赤味がかった薄い褐色が得られた。天然由来の植物染料や触媒剤を用いての染色で色味を再現することは難しい課題である。目指す色合は薄い色を何度も重ねて染め出すという繰り返しの手順では予測しにくく、また染め回数を重ねれば様々な要因が複雑に絡み合い、目指す色合が得られたとしても本染めで再現することは難しいのが現状である。

本染めは、染め↓乾燥↓洗い↓乾燥↓媒染↓乾燥↓洗い↓乾燥という工程である。重ね染めはこの工程を数回繰り返す。補修紙染めでは、まず後半以降の目指す色合を染め、次いで巻頭の褪色した色合に染めた。これにより濃淡の確定し、次に濃淡の中間色を染め、さらにそれぞれの中間色を染めるという手順で色味をつなげていった。目指す色合を染めた液の濃度と重ね染めの回数とを基本の染め方として求める色味に応じて希釈率《きしゃくりつ》と回数、媒染液のpHを加減して染め分けを行った。

染め液濃度の定量化に対する工夫つまり基本となる染め液の再現性に留意した。染め液の抽出に際して材料と水、火加減、抽出時間を一定にするという基本的な抽出工程を踏んでも、蒸発量にばらつきがあって抽出液の濃度が一定しない。一回の抽出で作った染め液を用いて充分な枚数の補修紙が染められれば問題ないが、実際には染め液が不足して二度、三度と抽出し直さなければならないこともある。こうした再抽出の場合でも基本となる濃度の染め液が準備できれば色味の再現は容易になる。

媒染液は楢《なら》の木灰《きばい》で抽出した。基本的にはpH11〜12で媒染した。繰り返して使用したpH11になった媒染液と未使用のpH11の媒染液とでは発色が相違するが、求める色味にどちらが適しているのかは媒染してみないとわからない。原料である木灰が変われば異なる発色をする。天然由来の材料での染色の再現性の難しさは、媒染液の「わからなさ」によるところが大きい。しかし、この不安定さの傾向性を把握することで微妙な色差を出すことに利用できるという利点もある。この媒染液の発色の差で濃淡の隙間の色味を緩やかにつなげていくことができた。

第7節　是法非法経の修理――光劣化と加熱劣化――

『是法非法経《ぜほうひほうきょう》』（国・文化庁保管）は、釈迦が諸比丘に対して賢者法と非賢者法との十法を説いたものである。内容は十法において自らを誇り、他を賎しむことがあれば非賢者法といい、如法であれば賢者法であるとする。本巻は奈良時代中期の写経で、朱印「塔宝傳法」（図版17）が捺されていることから、奈良西大寺宝塔院《さいだいじほうとういん》に伝来していたことが知られる。紐の残欠（図版18）を含めて略原装を伝えている。

古写経の本紙には、黄色を呈しているものが多い。正倉院文書には「黄蘗貳百漆拾肆斤五両染紙卅張」「黄蘗《きはだ》五百五十二斤、以一斤染紙卅張」などとみえ、黄紙は黄蘗による染色した紙であることが知られる。しかしながら、黄紙の経典には、黄蘗が変色したと判断できないような茶色の本紙も多い。『是法非法経』も、巻頭の本紙が茶色に変色しているが、巻末に近づくにつれて

図版17　朱印「塔宝傳法」

図版18　紐残欠顕微鏡写真（×25）

鮮やかな黄蘗の黄紙が残っている。なお、経典に用いられた黄紙は黄蘗先染めによる染色で、黄蘗の効用としては、防虫効果、抄紙におけるネリの役割、料紙の滲め止めとしてのサイジング効果、黄色の蛍光発色と経文の黒とによる読経の容易性が認められる。

この茶色に変化した本紙の補修紙には、その茶味を出すヤマモモ、ツルバミ、ヤシャなどの染料を用いて染色してきた。黄蘗で染めて荘厳することには、装飾性や防虫効果などを目的とした染色だけではなしに、経典に相応しい色として作成当初の意識を持って取り組む必要があろう。そのため、現在呈している本紙の色味に合わせる補修紙には、安易に黄蘗以外の染料を用いることをしないという方針にした。

黄蘗は、紫外線に対して極めて弱く著しく退色する。しかし、褪色の色味は黄色が褪めた薄い色味までで、茶味までに至ることは光学的には難しい。これまでの補修紙の変色実験に関する事例として、①日光による染色見本曝露《ばくろ》テスト（平成一一年度国宝修理装潢師連盟定期研修会報告書）、②光照射装置による補修紙曝露（平成一五年度国宝修理装潢師連盟定期研修会報告書）、③強制劣化処理（光・加熱乾燥）による補修紙処理（平成一六年度修復学会報告書）がある。各々の結果は、①のサンプル紙では黄蘗を日光に当て続けることで茶味までには行かないものの、赤味が出てくる。②では赤外線照射でサンプル紙が白くなる傾向を示した。③でも②と同様に光照射では白くなる傾向が確認されたが、加熱乾燥では赤味と黄味が増す傾向になった。以上の結果を受けて、黄蘗を自然に本紙の茶味を感じる色合まで変色させることは難しく、人工的な装置を用いて退色試験を行うことに決めた。同時に黄蘗に関する炊き出し方法、媒染方法、乾燥方法などで黄味を抑えた発色が可能かについて調査、実験を行った。

黄蘗調査から、黄蘗は染料のうちで「単色性染料」に分類されること、一つの染料から一つの色相《しきそう》しか得ることができないことがわかった。媒染の試験では、補修紙に用いるために適した媒染剤である椿の木灰では色の相違を確認できなかった。明礬《みょうばん》による媒染は撥水性が高いため補修紙としては適さないとの理由から試験は行わなかった。もう一つの黄蘗の特徴として「塩基性染料」がある。黄蘗の成分である色素は、ベルベリンという天然染料で唯一の「塩基性染料」であり、その性質に沈殿しやすいこと、他の染料との重ね染めが難しいこと、水洗いで多くの色素が流れ出てしまうことが知られた。このように、黄蘗は一度の染色で濃く染まりつくが堅牢度の弱いことが想定され、そのままでは定着性の高さを必要とする補修紙を染める材料としては不安的要素が多いといえる。染色実験においては黄蘗の抽出時の温度や時間を変えるなどの試みも行ったが、黄色に赤味を持たせることはできなかった。

そこで、赤味を持たせるために、光照射と加熱処理という強制処理による補修紙作成の実験を行った。光照射では赤味がわずかに出るものの白っぽく褪色する傾向が顕著であった。他方、加熱処理は一五〇度の高温で実施した結果、濃い茶色に変化した。高温に過ぎたので、実験に使用したサンプル紙は簡単にちぎれてしまい補修紙としての強度はなくなってしまった。黄蘗の主成分であるベルベリンは、光照射によって形状である分子内の発色あるいは助色をする部分の化学構造が変化して「黄色」を呈しなくなった。加熱処理では、ベルベリンが酸素を取り込んで酸化および熱分解により、別の物質に変化した。本紙に起こっている経年による茶変化も空気に触れることで酸化および熱分解を起こした可能性を想定できる。そのゆえ、光照射による色変化よりも加熱処理による方法が本紙の色変化の過程に近いという仮説を得ることができた。なお、紙の酸化は酸性化ではない。安全性を確保するために、加熱前と加熱後におけるpH値を測定した。結果は中性に近い値であり、補修紙として使用可能な範囲にあることを確認できた。また、高温で短時間に色変化を起こした場合と、低温で長時間をかけた場合に同じ結果が得られるのであれば、補修紙への負荷の少ない方法が相応しい。そこで設定温度を五〇℃から徐々に上昇させる実験を繰り返し行ったが、ベルベリンの融点が一四五度であることから一〇〇度以下で茶味を出すことは難しく、一三〇度前後で変色を確認した。実験成果から、補修紙作成には一三〇度で一〇日間・二四〇時間の恒温加熱処理を行った。

加熱処理を行った補修紙では強度に問題がないかどうかが心配された。そのため、加熱処理前つまり染色後に繊維間の水素結合を強化して紙の強度を上げるための打紙加工を行った。また、処理後の補修紙を加湿して再び打紙を行い、加熱により乾燥した紙にしなやかさを与えることで、補修紙としての強度と柔軟性を保つことできた。次に、加熱処理補修紙の色変化については、pH値測定と同時に色素の加湿による移動の有無を実験した。具体的には、補修紙を濾紙《ろし》で両面から挟み、補修紙に段階的に加湿し、乾燥させながら色移りの状況を確認した。変色した茶味の物質は濾紙に移動することはなかった。色変化の問題として褪色も推測されたので、サンプル紙に自然光を照射した結果、黄味が明らかに褪色した。加熱処理補修紙にも自然光による褪色の工程は不可欠である。そこで、補修紙作成では黄蘗染色・水洗いを施した補修紙を自然光に数日曝して黄味を褪色させてから加熱処理を行った。加熱処理補修紙にも自然光を数日当てた後を補修紙の完成とした。本紙の巻頭から巻末への自然な色調の濃淡に対して、加熱処理補修紙の色味微調整を自然光による褪色度に相応させることで可能とした。加熱処理による染料の劣化などに関する調査、実験などの課題が残されてはいるものの、加熱処理補修紙は絵画などの絹本修理における劣化絹に比すべき補修材料の一つとなり、紙本修理における新たな選択肢を得ることができたといえる。

加熱処理補修紙を修理に用いるための耐折強度などの試験を実施し、数値化することで補修紙としての安全性を裏付けることにした。

サンプル紙として、以下の一〇種類を用意した。

①生漉楮紙

②生漉楮紙を加湿して押して乾燥させた紙
③生漉楮紙を加湿して打紙加工を施した紙
④生漉楮紙を加湿して打紙加工後、再度加湿して押して乾燥させた紙
⑤生漉楮紙を加湿して打紙加工後、加熱処理を施した紙
⑥生漉楮紙を加湿して打紙加工後、加熱処理を施し、再度加湿して打紙加工を施した紙
⑦生漉楮紙を加湿して打紙加工後、加熱処理を施し、再度加湿して押して乾燥させた紙
⑧生漉楮紙に加熱処理を施した紙
⑨生漉楮紙に加熱処理を施した後、加湿して打紙加工を施した紙
⑩生漉楮紙に加熱処理を施した後、加湿して押して乾燥させた紙

物性試験は高知県立紙産業技術センターに依頼した。まず、耐折強度の試験は日本工業規格のJIS P-8115に基づくもので、表記はＩＳＯ耐折回数とし、縦横方法各一〇回ずつ行った。

方法	①		②		③		④		⑤	
	縦	横	縦	横	縦	横	縦	横	縦	横
平均値	2300	64	1900	70	3100	610	3900	890	130	23
最大値	4658	88	2477	108	5772	1103	4611	1203	194	36
最小値	1004	49	406	48	1197	301	2933	530	78	10

	⑥		⑦		⑧		⑨		⑩	
	縦	横	縦	横	縦	横	縦	横	縦	横
	210	40	140	26	34	9	170	18	57	11
	260	74	237	33	46	16	228	25	78	17
	136	17	87	19	19	6	82	13	35	8

次に、JIS P-8124に基づいて坪量測定（試験回数一回）、JIS P-8118に基づいた厚さ、密度測定（試験回数五回）を行った。柔らかさの試験は紙パルプ技術協会が定めるJAPAN TAPPI紙パルプ試験方法No.34に基づいて試験片の横方向のみ、クリアランス20㎜として試験回数一回で行った。柔らかさは数値が大きいほど堅い。

	坪量（g/㎡）	厚さ（㎜）	密度（g/㎤）	柔らかさ（mN/100mm）
①	57·6	0·209	0·28	849
②	55·8	0·196	0·28	609
③	62·3	0·095	0·66	146
④	56·9	0·086	0·66	161
⑤	55·0	0·115	0·48	220
⑥	54·7	0·087	0·63	153
⑦	48·4	0·097	0·50	224
⑧	53·8	0·196	0·27	662
⑨	51·5	0·087	0·59	113
⑩	57·9	0·184	0·31	616

耐折強度試験の結果、加湿して押しすることで強度がやや上がること、打紙加工で強度が大幅に上がること、打紙加工後、押しすることで大きく強化されること、加熱処理後に打紙加工を施すことで一層強化されることが実証された。

補修紙として相応しい紙の数値化として強度と柔らかさとが必要不可欠である。打紙加工を施すことで紙が柔らかくなることは予想できたが、加湿して押しするだけでも柔らかさの数値は相対的に変化することが確認できた。

最後に、JIS P-8133に基づく冷水抽出法で実施したpH試験の結果は、以下のようである。使用したイオン交換水の電気伝導率は0・15mS/mである。

	pH値
①	6・5
②	6・4
③	6・3
④	6・4
⑤	6・3
⑥	6・4
⑦	6・4
⑧	6・5
⑨	6・5
⑩	6・5

第8節　三十帖冊子の修理――新知見――

『三十帖冊子《さんじゅうじょうさっし》』（京都・仁和寺蔵）（図版19）は、空海（七七四～八三五）が唐から将来した真言密教の重書であるとともに、我が国に現存する最古の粘葉装冊子本としても著名なものであるものの、表紙裂の経年劣化などが著しく取り扱い上に困難を生じていた。修理によって、巻子本から冊子本への変遷を跡付けることが期待された。平成二一年から同二六年に施工された修理によって、新しく得られた知見について修理報告書から紹介してみよう。報告書は松鶴堂の松枝礼子・森川洋子の両氏が作成したものである。

『三十帖冊子』は「総目録」にみえる三十八帖からなる冊子本であったものが、現在の三十帖になり、冊子本の当初の構成と異なっていることは周知のことであった。『十地経《じゅうじきょう》』『十力経《じゅうりききょう》・廻《え》

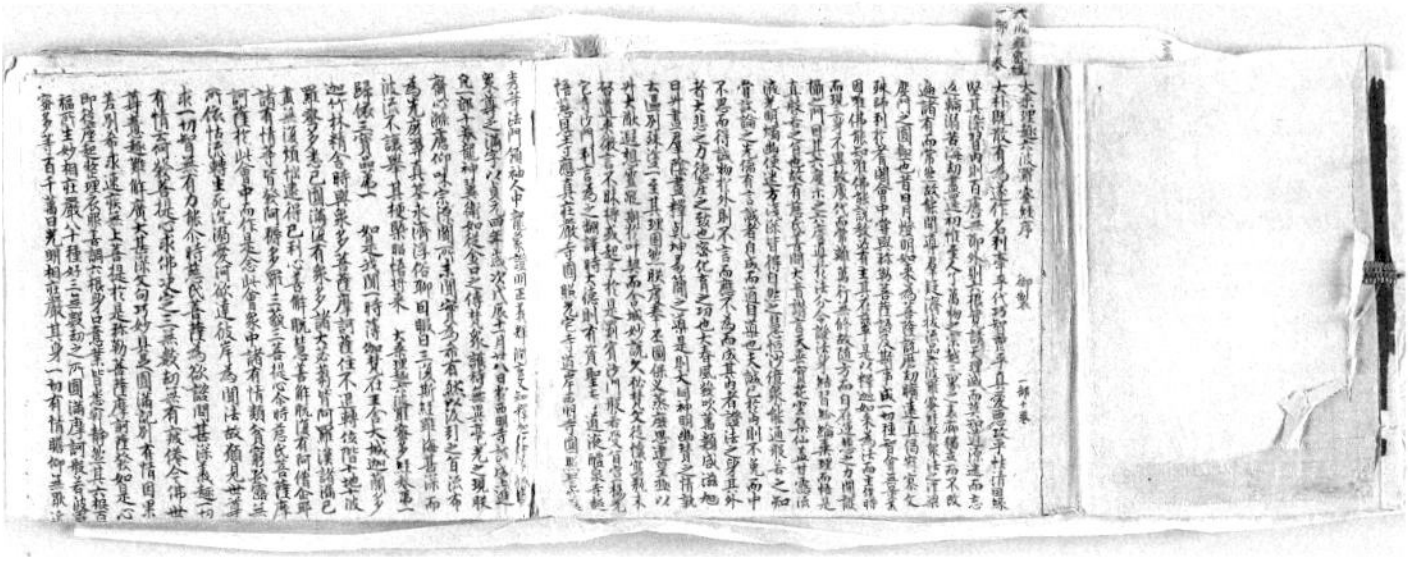

修理前

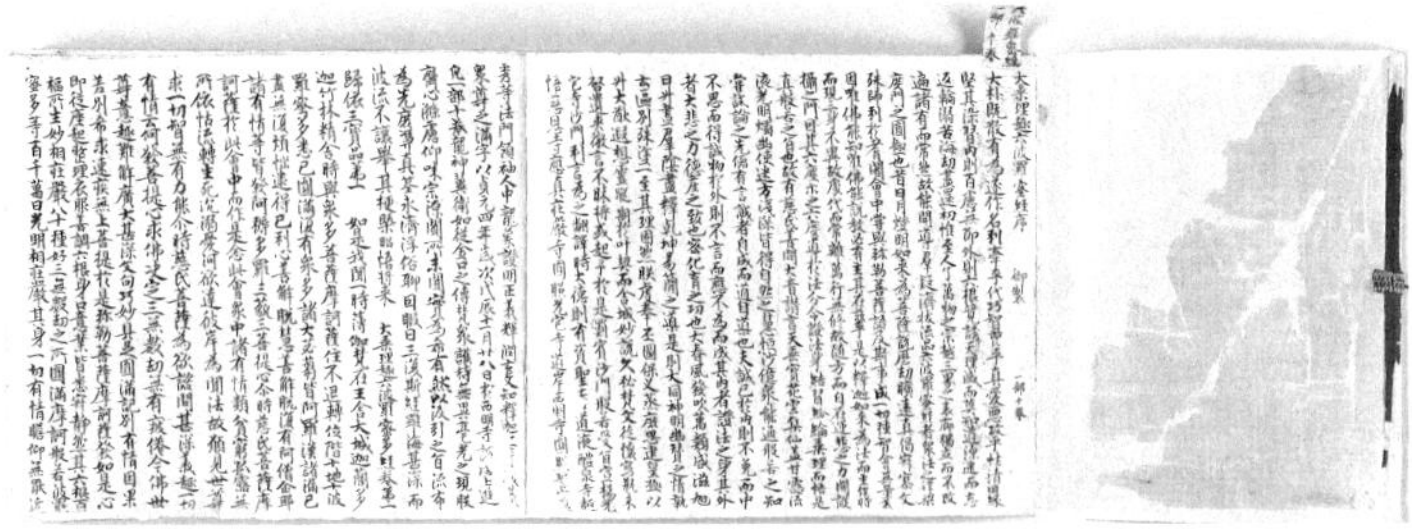

修理後

図版19　三十帖冊子

向輪経《こうりんきょう》』二帖（縦一四・〇㎝、横一四・五㎝）は本来一具であった。その歴史的な経緯などを確定できる所までには至っていないのが実情であった。

解体修理によって、糊代の痕跡などから、どのように改編されたのか、推測できるようになった。

①料紙には、麻紙と斐紙とが使われていた。斐紙は薄手と厚手の二種類がある。

②帙表紙の裂は紫地平絹、見返裂は白茶地平絹である。紐は六種類で織紐と組紐とに分けられる。

③外題の金字は、蛍光X線分析から「石黄《せきおう》」であることが判明した。補筆には金泥が用いられていた。剥落によって判読不明な箇所もあると思われていたが、蛍光X線分析によって文字が判読できるようになった。また帙表紙下にある元表紙の外題墨書が赤外線調査にて判明し、この外題は帖内目次とほぼ共通することがわかった。

④訓点として墨点、朱点、黄点、白点、角点が確認できた。朱点に三種類（辰砂、臙脂、丹）、白点に二種類（鉛白、胡粉）が認められた。黄点は樹脂の藤黄《がんぼうじ》色であった。

⑤「総目録」にみえる「有標」「無標」の注記は冊子体裁の成立と関係性が強い。

⑥冊子の体裁には、帙表紙冊子《ちつびょうしさっし》と覆表紙冊子《おおいびょうしさっし》を基本とする。帙表紙冊子は「有標」に合致することから、空海による編集が裏付けられた。

⑦『三十帖冊子』に捺されている朱梵字印が、京都・勧修寺蔵『仁王経良賁疏《にんのうきょうりょうひしょ》』、滋賀・宝厳寺蔵『御請来目録《おんしょうらいもくろく》』、仁和寺蔵『法華玄義《ほっけげんぎ》』にも確認されていた。梵字印のある経典には、

唐の遺品であること、空海将来経に確認できることが共通する。また、新たに大阪・金剛寺蔵『梵漢普賢行願讃《ぼんかんふげんぎょうがんさん》』にも梵字印が認められた（『天野山金剛寺善本叢刊』第二期第五巻所収の宇都宮啓吾氏による解題参照）。空海将来本の全体像を再検討する必要が生じることになり、研究に大きく裨益するとなるものであろう。

その他、修理で得た代表的な新知見として以下のものがある。

①兵庫・清水寺蔵『大字法華経巻第五』で、胡粉と鉛白による訓点が確認された。二種類の訓点は時代差によるものと考えられる。紙継ぎの糊に、澱粉糊と豆糊の二種類があった。澱粉糊の糊代幅は一分五厘、豆糊は五厘であった。糊代幅の相異は接着力の強度に基づいている。現状の形状は折本であるが、本紙の状態や修理銘などから、本来の巻子から折本、冊子、折本へと形状の変更が行われたことが確認できた。

②三重・専修寺蔵『西方指南書《さいほうしなんしょ》』は過去の修理に際して、六穴から四穴に綴じ直しが行われていた。六穴の綴糸は白茶の絹糸一本どり、四穴は萌黄の絹糸二本どりで違いが確認された。

③京都市蔵『兵庫北関入船納帳《ひょうごきたぜきいりふねのうちょう》』で、親指の爪による合点が確認された。

④京都・妙心寺蔵『大燈国師墨蹟《だいとうこくしぼくせき》』は軸木墨書から慶長一五年（一六一〇）に京都の表具師によって修理されたことが知られた。『関山恵玄《かんざんえげん》墨蹟』の軸木墨書から『大燈国師墨蹟』を修理した表具師が「天下一」を名乗ったことが確認できた。

「法華経」

「華厳経」

図版20　京都・永明院蔵『円鑑禅師・釈迦如来像々内納入品』修理の様子

⑤京都・永明院蔵『円鑑禅師《えんかんぜんじ》・釈迦如来像《しゃかにょらいぞう》々内納入品』の多くは固着した経巻であった。紙が虫の排泄物などで固着して蠟燭状《ろうそくじょう》になっていた。無理に開けることをしないで、加湿しながら一枚ずつ開き、島状になっている微細な断片を本来の位置に戻す作業を最初に行うことになる（図版20）。こうした慎重かつ丁寧な作業の結果、納入品の内の一つである延慶二年（一三〇九）七月恵真書写になる法華経は、巻頭から巻き上げて、巻末を糊で封をしていることが確認できた。封は喰い裂きで、糊が茶色に変色していた。また、元応元年（一三一九）、明貞、祖心等書写になる竹筒入の経典も巻頭から巻き上げて、巻末を切封にするものであった。その姿からは経典の像内への納入方法や作法などが知られる稀有な史料であった。さら

に、開披不能であった大方広仏華厳経《だいほうこうぶつけごんきょう》の巻第一には、仁治元年（一二四〇）祐昌書写になる奥書などが確認された。

⑥京都・知恩院蔵『宋版一切経』の内、『大宝積経《だいほうしゃくきょう》』巻百一と『毘耶婆問経《びやばもんきょう》』巻上の料紙紙背に「開元経司《かいげんきょうし》」の朱方印（二・一㎝）が確認できた（図版21）。経巻の紙数には多い、少ないの差異があり、そのため多くの紙数からなる経巻を含む十帖毎のまとまり所謂千字文《せんじもん》による整理では、両面印刷することで紙数を減らして一帖の厚さを減らして帙内に収められるように工夫していたことが知られた。

⑦静岡・妙法華寺蔵『法華経』では、旧表紙と見返との間に原表紙が挟まれて保存されていた。表紙にみえる霞引は霞の形を置いて文様を施していたことがわかった。各巻の文様を同一にするための工夫であった。

⑧茨城・徳川ミュージアム蔵『ドチリナ・キリシタン』では、料紙のコットンペーパーとウォーターマーク（透かし）、キリシタン版のつくり方の手順や製本方法の特徴などを原本にて確認できたことの意義は大きい。

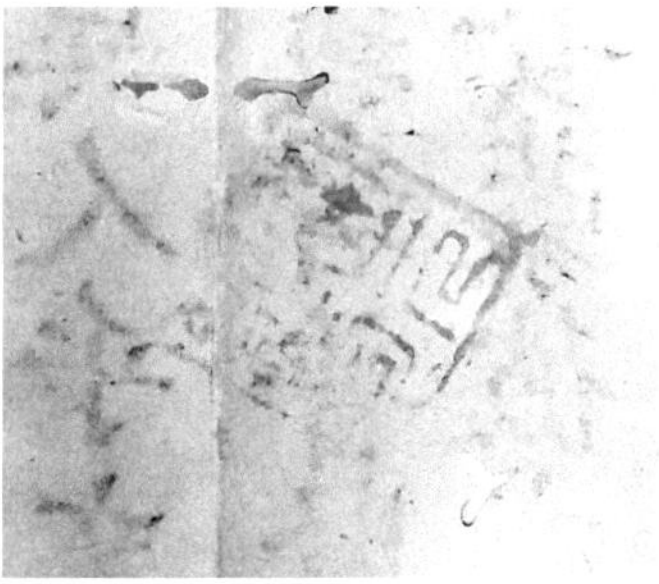
図版21　「門元経司」の朱方印

第４章　文化財修理の世界

日本文化の魅力として、ここでは修理技術者がどのように修理に取り組んでいるのか、修理技術者の世界、つまり伝統的な手仕事について述べてみたい。

技術者は良い物を実際に製作し、そのノウハウを他の技術者に伝え、共有していくこと、つまり多様なファクターを総合的に考慮して、社会のニーズに合う技術や製品を開発することが至上命題となる。社会の変化に対応し続けていかなければならないし、絶えず新しいノウハウを身につけていかなければならないのである。

丹念な手仕事になるものは、私たちに繊細な美を感じさせるものである。手でつくり出す美術工芸品にこそ、日本人特有の美意識がいきいきと躍動しているように思える。日本の伝統的な美学は、細やかなもの、清らかなものなどや、自然なものに美を見出すところにある。それゆえ、「もの」をつくる精神、気持ちのありようを重視するのも、日本人の大きな特徴の一つである。使う人が「これは心がこもっている」とか、「心がこもっていない」などというのは、こうした精神を意識していて、それを「もの」の良し悪しの基準にしているからであろう。つまり、「もの」を使う人々にも、そのように「もの」をつくる精神を重視する傾向がある。日本人の美意識に基づいて、修理の終えた古い文書や巻物、掛軸などをみることによって、修理技術者の世界観を垣間見ることができる。

現在、修理において抱えている問題に材料と技術がある。どの分野の修理技術者であれ、現在良質な材料を手に入れることに苦心している。材料が悪くなり、入手するのが難しくなったからといって仕事の手を抜くわけにはいかない。よく材料を吟味しながら仕事をする必要性が生まれてきている。

また、「もの」をつくる技術にしても、その技術を習得するには、昔ながらの「人から人へ」という伝承があり、やはり修業と忍耐が今でも当然必要となっている。このように、材料や技術もさることながら、仕事に対する姿勢、精神のありようも厳しくなくてはならない。いい材料でいい「もの」をつくろうとすれば、当然厳しくならざるをえない。一見無駄だと思えるようなことでも手抜きをせず、手間ひまをかけて、ただひたすらいい「もの」をつくり続ける努力が修理技術者の世界には求められている。

こうした修理技術者の姿勢や精神に触れることによって、熟練と技、伝統を後世に残したいという情熱が統合され初めてすばらしい修理が行い得ることを実感する。とりわけ、手仕事は、熟練した技と勘がものをいうから、その技を身につけるには、一にも二にも根気と忍耐である。伝統工芸関係の手仕事は、どの分野であれ、できあがった「もの」はひときわ美しいものであるが、その裏にある仕事は必ずしもきれいとはいない。むしろ汚れたり、つらかったりということが多いように思われる。また、修業の場を通じて、伝統技術が伝承し継承されてきたことを確認しておく必要がある。今は学校形式が主流で、理論や手引きがつくられ、それに従って技術を身につけていくという例が多い。ところが伝統工芸関係の場合、理論や手引きでは伝わらない部分がかなり大きな比重を占めているのが実際である。作業を通して伝えられることもあるし、人間と人間との交流の中から学ぶこともある。無論、だからといってかつての徒弟制度のすべてを肯定するつもりはないが。

手仕事は経験を積むにしたがって技術が向上し、ものをみる目が鋭くなっていく。材料が悪くなり、入手するのが難しくなったからといって、材料に妥協を許せば確実にできあがった「もの」の質も落ちることにつながるから、よく材料を吟味しながら仕事をする必要性が生まれてくる。いい「もの」に仕上げるには、感覚や技術もさることながら、よいものはよい、悪いものは悪いと、本質を見抜く目が必要である。ただし、自分のやった仕事を最高だと思ったら、職人としてはもう駄目だろう。また、一〇年やっても下手な職人は下手で、根気だけでがんばれば技が何とかなるものではない。

修理技術者の言葉をかりるならば、「もの」は嘘がつけないし、つかないから、虚心にその「もの」に立ち向かわなければならない、また誠実をもって「もの」と付き合えば、「もの」も誠実に応えてくれるはずである。こうした姿勢や精神に触れると、すばらしい修理が修理技術者に負うところが多いことを実感せざるをえない。たとえ、補修用のいい紙を見つけることができたからといって、すぐにその紙で損傷している箇所の修理をしはしない。修理に用いる紙は少なくとも一〇年以上は寝かせておき、それから使うように心がけている。仕事において日限の遅れは許してもらえるが、「もの」の悪いのは一生許されるものではないのである。常に真摯な態度で修理に打ち込んでいる。

修理技術者として心懸けることを伺うと、一つは全体の調子・均衡を大切にすること、二つ目は素材の選定、三つ目は下仕事を大切にすること、絶対に手を抜かず、途中で妥協しないで、嘘のない「もの」をつくることに努めること、四つ目に伝統工芸として美観を大切にすることであろうという意見をよく耳にする。

苦心するのは「もの」の本質を見わけることで、長い間付き合っていると、「もの」は必ずものをいうし、自分が考えるのではなく、「もの」の方から教えてくれる。目で見るというより、「もの」の言葉を聞きわけることが大切で、もしも間違った使い方をすると「もの」はあばれるともいう。いい「もの」をつくるためには妥協をしないで、これでもかというくらい丹念に、一見無駄と思えるようなことでも絶対に手抜きをしないで、手間ひまをかけてつくり続けていくことが望まれるということであろう。

修理に関わる職人の世界をみてくると、手技の世界に古いも新しいもないと思えてくる。ただあるのは、確かな仕事だけであると。特に、単純なものは誤魔化しがきかないだけに難しく、そこが職人の腕の見せどころでもあるという言葉には、間違いなくこれまでに蓄積された多くの経験や実感がこもっているのであろう。

修理は、未来に生きる文化財を守る仕事であるだけに、まずは身の回りにあるものを大切に扱い、愛着をもってながく使い続けようとする心懸けを職人は常日頃から求められているといえよう。そうした気持ちの持ち方が身近な文化財の保存、さらには文化遺産の保護につながっていく。文化財には多くの先人の心が込められており、修理を通して先人の心を伝え続けていかなければならない。

第1節　修理技術者と職人

これまで修理を行う技術者を修理技術者と呼んできたが、本来の意味からみると職人と呼ぶべきだと思う。この職人という言葉は、今では人によって受け止め方が違っている。例えば、職人は手作りですばらしい、仕事の専門家であると肯定的にみる人もいるし、他方で職人は手作りで遅れている、新しいことを嫌う、と否定的な考え方の人もいる。全体の傾向では、肯定的なものよりもむしろ否定的な考え方が支配的なのではないか。技術者と職人の重要な違いは、職人の仕事の場合は必ずしも科学技術と結び付くわけではないことにある。いま、職人の仕事という場合は、手作りであることを指すことが一般的である。昔ながらの技法や方法を守り続ける、あるいは変化しないことによって評価されることもありうる。

ところが、本来の職人とは、統合的な知識を持ち、判断力があり、人間でなければできない仕事をする人のことを指していた。それゆえ、職人は初めての仕事が来ても、これまでの経験を応用して仮説を立て推論することができる存在であった。つまり、職人とは時代が要請するものに対応して、もっとも新しい技術を取り入れるなど最新の技術を担ってきた人のことを意味していた。こうした時代の要請に応えることのできた職人こそが今日まで生き残ってきているといえる。それぞれの特定の分野に関して高度な専門的な知識や技能を持っている専門職である。

修理という仕事において、答えのわかっていないことは、職人が判断し工夫しながら試みるしかない。これが職人の勘を働かせる仕事である。勘とは学習や経験による情報を自分なりに体系化した価値判断から生まれるものであり、独創的なものを生み出す原動力である。

伝統技術を守るというと、現在では先人がつくっていたのと同じ技術で、同じ寸法でつくること思われがちである。しかし、伝統技術は幾多の荒波にもまれ、新しい時代に対応して進化してきたものである。時代が求めるものは刻々と変化するものである。それぞれの時代が求めているものを感じ取り、新しい時代に対応する能力があったものが伝統技術として残ってきた。新しい時代に対応できなかったものは、歴史の中に消えていった。変化への対応力が、伝統技術の真骨頂であったといえる。何でもかんでも守ればよいのではない。実際、伝統技術の中にも、新しい技術が次々に導入されてきている。

納得のいく仕事をするということは、仕事の種類に関わらず知的に仕事をすることである。この職人性はある限られた範囲の仕事をするだけでは足りなくなり、関連する様々な知識を吸収し、それを自分なりに消化して組み立て直されなければならない。

職人が誇りを持って仕事ができるように、評価システムを工夫してみる必要がある。例えば、印刷会社の博進堂では、

新人：就業を認められる。実地以前の基礎研修。
見習：現場に出て部分的に実地の仕事に参加できる。
補佐：大部分を習得し担当を代行できる。
担当：責任を持って一定の仕事を遂行できる。
玄人：常に落ち度、難点のない仕事ができる。

真打：常に見本となる水準の習熟度で仕事ができる。
傑人：一般に期待される以上の優れた水準にある。
達人：常に立派といえる仕事をし輝かしい業績をあげる。
名人：感動に値する高い水準の仕事が頻繁にできる。
天才：未到の境地を切り開いて歴史的に貢献する。
聖人：境地を極め高度な品格の備わった仕事ができる。
神様：覚者の域に達し人為を越えた力を発揮する。

と技能による名称で呼んでいる。修理技術者の社会にも通用するものであろう。
文化財修理は、根気、細やかさ、美的感覚を問われる仕事であり、未来に生きる文化財を守る仕事である。また、文化財には、多くの先人の心が込められており、その心を伝え続けていかなければならない。日本の文化を支えているのが、修理そのものであることを強調しておきたい。

第2節　修理を支える人たち

書画の修理を直接に施行しているのは、装潢師と呼ばれる修理技術者である。しかし、修理技術者が実際に修理を行っていく上には、陰の力となって支える多くの職種にわたる職人の存在が必要不可欠である。修理を取り巻く世界に関わりを持っているこれらの職人が一般に紹介される機会は少なく、その仕事の名称はなじみのない場合さえあるように思えるので、ここでは修理に関わっているそれら職人やその仕事内容をみていくことにしたい。

修理の道具製造に携わる人々には、刷毛（打刷毛、撫刷毛、糊刷毛、水刷毛など）や刃物（断包丁、はさみ等→砥石）を作る人々がいる。修理の作業にかかる前に、道具を調えておくことが技術者の心得である。道具がダメなら、腕や技能もダメであるともいわれる。また、手が利くだけではなく、目も利かなくてはならない。つまり、道具の扱い、仕事の仕方、作業の定石など、伝統的な形をしっかりと身につけること、所謂仕事の身構えが求められる。

修理の諸原材料に携わる人々には、①紙類に関する紙漉《かみすき》（補修紙、裏打紙、下張紙、雁皮紙、鳥ノ子紙、間似合紙、混合紙、未晒楮紙、渋紙、典具帖、美濃紙、越前奉書紙、美栖紙、宇陀紙、石州紙など→手漉き用具の桁・竹簀・萱簀づくり）、唐紙師《からかみし》（京唐紙→版木・顔料・布海苔）、型師《かたし》（屏風裏の型紙）、経師《きょうじ》（紙帙、裂帙）、②染色や裂類に関する染師《そめし》（紫師・紅師・茶染師、無地染）、染色（藍染→藍・蒅づくり）、織物（羅、金襴などの古代裂→金銀糸）、紐（組紐・真田紐→絹糸）、塗師《ぬりし》（屏風・額等の漆塗、塗軸、蒔絵、螺鈿、曲物、指物→漆・金粉・夜光貝）、③木工類に関する竹匠（八双竹）、中軸（掛軸・巻物の軸木）、木工匠（屏風・額縁の下地）、木工芸（象牙細工、軸首）、骨師《ほねし》（屏風類の下地骨）、指物師《さしものし》（桐の保存箱、太巻芯→会津桐栽培）、④金工類に関する金物・金具・錺師《かざりし》（錺金具、金軸、金具）、金銀砂子師《すなごし》（→金銀箔）

等の人々がいる。

　このように細かく分けられた専門的で、伝統に裏付けられた職人の技に支えられているからこそ、修理が成り立っているといえる。多種多様な職人の中には、国の選定保存技術保持者として伝統的な技法を堅持するとともに最新の技術を駆使して、新たな命を吹き込んでいる職人もいる。

こうした無形文化財は、国民の生活と密接に結び付き各時代の生活様式、時代感覚のもとに育まれ、磨き上げられ、時代の推移とともに盛行し、あるいは時流に合わずに衰滅の危機にさらされながらも、激しい流れをくぐり抜けて今日まで独自の伝統を築き上げてきている。わが国の文化の精髄を象徴し、古典的な文化財として芸術的価値が高いもの、または国民生活の伝統に根ざし、わが国文化の特質を有し、歴史的な意義のあるものであるといえる。無形の「わざ」は人を媒体として成立するものであるから、「わざ」は人から人へ伝えられ継承されていくことが不可欠な要件となる。

　文化庁では、美術工芸品に関わる文化財保存技術の保護に関して文化財の修理技術、修理技術に関わる関連分野、修理技術に必要な用具・材料の製作技術という視点から保存技術の検討を行い、現地にてその技術が伝統的技法に基づいているか否かの調査を実施し、その調査結果に基づいて文化財保存技術の選定を行い、その技術の保持者である個人及び団体の認定を進めてきている。

　昭和五一年（一九七六）の第一回では、修理技術を中心に選定を行った。彫刻及び工芸の中で欠くことのできない仏像彫刻の中心をなし、彩色や漆箔《うるしはく》・截金《きりかね》などで表面が仕上げられていて他に比べて損傷が起こりやすく保存が難しい木造仏《もくぞうぶつ》の修理技術である木造彫刻修理［財団法人美術院］、漆工品の中でも特に螺鈿《らでん》装飾を用いた文化財を修理する技術である漆工品（螺鈿）［片岡照三郎］、漆工品の中で蒔絵《まきえ》や螺鈿の装飾を施した文化財を修理する技術である漆工品修理［北村久造、北村謙一］、鉄・韋・絹糸・漆などの異なった材質により構成される日本の甲冑《かっちゅう》を総合的に保存修理する技術である甲冑修理［牧田三郎、小澤正実］の各技術を選定・認定した。併せて、用具・材料の製作技術からは装潢修理の表具に際しての裏打（総裏）に用いる厚手の宇陀紙を伝統的技法により製作する技術である表具用手漉和紙（宇陀紙）製作［福西虎一、福西弘行、福西正行］の技術を選定・認定している。手漉和紙を作る職人や手漉用具を作る職人も少なくなっていることから、全国手漉和紙用具製作技術保存会が保持団体として選定され、土佐和紙も国の伝統的工芸品に指定された。

この選定・認定により、美術工芸品の彫刻及び工芸関係の主要な修理技術を保護することができたといえる。絵画・書跡・古文書などの巻子装・掛幅装・屏風・折帖などの表具に仕立てられた文化財を最も数多く修理している装潢修理技術については、関東・関西の多数の修理工房で行われており、その中で個別に各工房を選定・認定することは困難であったため、これらの修理工房が団体としてまとまるまで時期を待つことになったという。装潢修理技術に必要な関連分野の技術や用具・材料の製作技術を先に進めていくという方針のもとで、昭和五二年には装潢修理の表具に際しての裏打（中裏あるいは増裏）に用いる薄手の美栖紙を伝統的技法により製作する技術である表具用手漉和紙（美栖紙）製作〔上窪正一、上窪良二〕、装潢修理の表具に際して古来より表装裂として用いられている金襴《きんらん》・錦・綾《あや》・羅《ら》・紗《しゃ》・緞子《どんす》などの裂地を伝統的技法により製作する技術である表具用古代裂（金襴等）製作〔広瀬敏雄、広瀬賢治〕、表具を中心として厨子《ずし》や御輿《みこし》などの伝統的な工芸品に用いられる飾金具を伝統的技法によりながら修理・新補する技術である上代飾金具製作修理〔金江宗太郎〕を選定・認定し、装潢修理技術に必要な主要な製作技術を保護することができている。

その後も、昭和五四年には美術工芸品を収納する保存桐箱製作〔前田友斎、大坂重雄〕、表装に用いる金襴・紗・綾・羅などの表装裂や装飾経の料紙に用いられる紺紙の補修紙を本藍染めにて染める技術である本藍染〔森卯一、森義男〕、昭和六二年には和歌料紙や襖及び屏風の裏張りなどに用いられる雲母や絵具により木版摺りで文様を施した加工紙である良質の唐紙《からかみ》を製作する技術である唐紙製作〔千田長次郎、千田堅吉、小泉幸雄〕、平成六年には装潢修理の際に用いる本紙の欠損部を補修するための多種多様な繕い紙を伝統的な技法により製作する技術である表具用手漉和紙（補修紙）製作〔井上稔夫、江渕栄貫〕を選定・認定している。紙文化財の本紙は種類や形態など極めて多種多様であり、しかも時代により原料や原料処理方法、塡料の有無、抄紙方法などが異なっており、本紙の風合いに近づけてゆく伝統的な技術が求められている。

平成七年には、修理のたびに新たに必要となる屛風や襖などの骨組下地《ほねぐみしたじ》・縁木《ふちぎ》等の表装建具を製作する技術である表装建具製作［高田三男・山岸光男］を選定・認定するとともに、当初からの懸案事項であった装潢修理技術についても東京・京都の各工房（現在一二社）が加盟した国宝修理装潢師連盟が発足し、装潢修理技術［国宝修理装潢師連盟］を選定・認定している。

さらに平成一〇年には、表具を修理する際に裏打紙を本紙と密着させかつ裏打紙の強度を増すために行う裏打に用いる打刷毛《うちはけ》を製作する技術である表具用打刷毛製作［藤井源次郎］、また表具用刷毛製作［西村和記、田中重己］を選定・認定している。表具用打刷毛の毛には「つくも」が使用されている。西村氏は京刷毛、田中氏は江戸刷毛を得意とする。また、表装裂に使われる金銀糸・平箔製作［鳥原雄治］が新たに認定された。金銀糸は漆を塗った和紙の上に金銀箔を貼って、それを細く糸状に切ったもので、この金銀糸を織り込んだ手織りの表装裂が作られる。今後も、引き続き関連分野が広い装潢修理技術に必要な製作技術について保護を図っていく必要不可欠である。

また、修理技術の中で工芸関係では、昭和六三年に日本刀の拵《こしらえ》に付ける飾金具や甲冑の細かな紐金具・鋲《びょう》・飾金具などを伝統的技法により製作・修理する技術である刀装《とうそう》・甲冑金具製作修理［宮島市郎］、日本刀の刀身柄元に嵌めて刀身が柄にしっかりおさめるとともに鞘《さや》にもきちんと入るための押さえである刀装金具のうちの潤を伝統的技法により製作・修理する技術である刀装金具（潤）製作修理〔赤野栄二〕の刀剣関係の製作修理技術を選定・認定したが、残念ながらその後に後継者が育っていないために現在は解除中である。更に平成一〇年には、木材を基に漆や装飾金具などで製作された文化財を保存修理する技術である木工品修理〔桜井洋〕を選定・認定し、主要な保存修理技術を保護することができている。今後も解除中の分野を含めて、関連する分野の製作修理技術の保護を図っていく必要がある。

これらの選定保存技術の保持者に認定された各技術者個人は、国庫補助事業による技術錬磨・伝承者養成・記録作成の事業を行い技術の伝承に努めている。その成果により、例えば漆工品修理・甲冑修理・表具用手漉和紙（宇陀紙）製作・本藍染・唐紙製作の保存技術では認定者の死亡による解除後に、その技術後継者を保持者として認定し復活を果たし、技術の継承を行っている。

これに対して団体として認定している財団法人美術院と国宝修理装潢師連盟では、それぞれ次のような事業を行って技術の伝承に努めており、それらに対して国庫補助金を交付している。

明治三一年（一八九八）に発足した日本美術院第二部を前身とする財団法人美術院は、昭和四三年に財団法人として認可され、昭和五一年に木造彫刻修理の保持団体として認定され、今日では三〇名を越す職員を擁する組織となっている。同院では彫刻を中心とする文化財の保存修理と伝統技法の継承者を養成するために研修活動を実施している。研修は初級・中級・上級に区分し、一〇年の期間をもって修了する。初期の三年はデッサンや刃物研ぎ、初歩的な削りや寄木《よせぎ》などの実技を研修する。中級は修理現場において実地研修しながら、古文化財の見学や仏教美術についての知識の研鑽を行い、仏頭・仏手などの模刻や漆塗り、木工的組物などの実技を研修している。上級に至るとより高度な研修を行い、実技を通して保存修理の理解を深めていくことを目指している。

国宝修理装潢師連盟は指定文化財の修理に携わっていた、それぞれ独立した個人・会社組織である七工房（東京一、京都五、大阪一）の代表者が参集し、装潢技術の向上を図ることを目的として昭和三四年に設立された組織で、平成七年に装潢修理技術の保持団体として認定された。現在は東京二、静岡一、京都五、大阪一、滋賀一、奈良一、福岡一の一二工房となり、所属する登録修理技術者も一三〇人を超す組織となっている。国宝修理装潢師連盟では、伝承者の養成として毎年講師を招いての研修会を開催、技術・技能の錬磨として（1）劣化絹を作成、（2）特殊原材料の製作、加工等の委託研究、（3）参考原材料の購入、（4）調査研究派遣、伝承技術の記録作成として成果を刊行している。

平成一〇年一月より、「文化財を支える用具・原材料の確保に関する調査」を平成一二年まで実施している。近年、確保が困難になりつつある主に文化財の製作・修理に関わる種々の用具や原材料について、特にその確保の緊急性を要するものを対象として、現在の状況を把握し、その確保方策を検討したものである。

美術工芸品修理分野についても、特殊な用具・原材料が用いられることが多い。その種類も極めて多様で、特定の仕様や一定以上の品質のものが求められている染織品修理、漆工品・彫刻修理、装潢修理、甲冑修理について、多様な用具・原材料の現状を幅広く把握することを一つの目的とし、（1）用具・原材料の製造・生産量、（2）用具・原材料の製造・生産技術の内容、（3）用具・原材料の需要と供給関係、（4）用具・原材料の流通経路、（5）用具・原材料の製造・生産等に係る従業者数、（6）用具・原材料の現在の危機の要因の項目でアンケート調査及び調査員による現地調査を実施している。

調査の結果、多くの専用の用具が用いられている分野では、それらの用具について、多様な原材料とともに入手が困難であり、現在は入手可能で充足しているものであっても、将来の供給に不安が持たれているものも多く報告されている。特に、美術工芸品修理に関しては修理対象となる文化財に応じた最も適切な用具・原材料が要求され、必要量は少量であっても基本的に代替品等の使用が不可能であるため、適切なものの確保が困難になってきているのが現実である。

その原因は大きく、（1）絶対的に不足しているもの、（2）生産量が減少して不足しているもの、（3）品質・産地等望ましいものが入手できないものや、非常に高価なためその使用が現実的でないもの、（4）流通の隘路で流通経路が途絶え不足しているもの、に分類することができるが、これらは相互に関連し合っており複雑な背景を有している。

　美術工芸品の保存修理に用いられる用具・原材料は、その種類が多く、また高品質のものが要求される一方、使用される分量は比較的少なく、大量生産には極めて不向きなものである。これらの多様な用具・原材料が確保されなければ将来にわたって貴重な文化財を保護することができないため、その確保のための積極的な方策を講じることが急務であるといえる。既に、金を磨く椿炭《つばきずみ》の製法や蒔絵に使う鼠毛の筆など亡《ほろ》んだものもあり、技術が生きるようにしなければならない。技術者ひとりに力ませているような体制では問題解決にならず、用具や材料だけでも心配しなくてもいい社会的な受け皿が必要である。

　調査の結果を受けて、平成一二年六月には「文化財を支える用具・原材料の確保に関する調査研究協力者会議」によりその確保方策

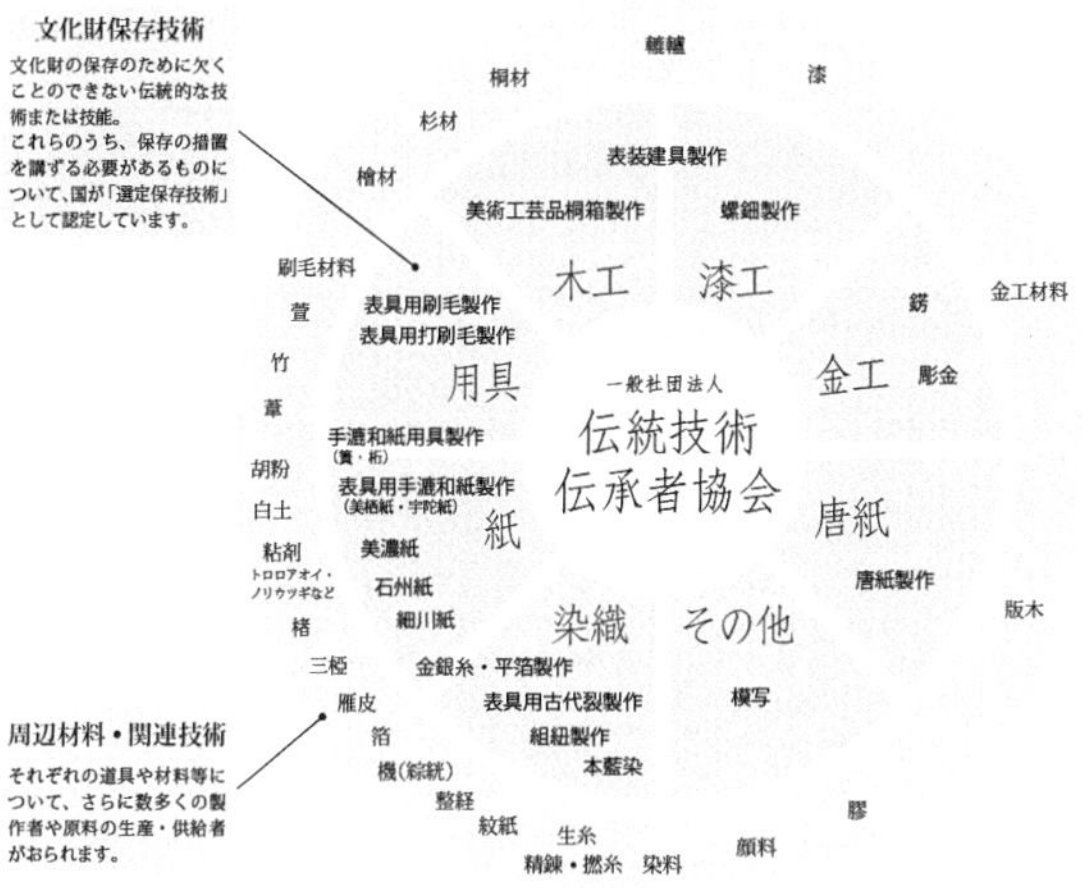

図版1　伝統技術の分野とその材料・道具

が、文化庁長官に提言された。平成二二年には伝統技術伝承者協会が発足し、提言を実現していこうとしている。その設立趣旨を紹介してみると、美術工芸品などの修理に際してなくてはならない「伝統技術を用いて製作される道具・材料類」（口絵8）について伝統技術・材料生産体制の維持・継承及び拡充を図ることを目的としているとする。伝統技術伝承者協会は用具、木工、漆工、金工、紙、唐紙、染色などの分野から構成されている（図版1）。平成三〇年に保持団体として認定された（平成三〇年九月現在の会員一覧は巻末資料を参照）。

第3節　模写・模造

我が国の文化財はその多くが、紙・絹・木等の脆弱な素材を用いている。そのため、光・水・温湿度変化等により、多かれ少なかれ劣化することを阻止することはできない状況下にある。同時に文化財は、不慮の災害による毀損及び滅失の危険を伴っているといえる。特に、社寺等の建造物の壁画など、移動不可能なものも少なくない。現行の文化財行政の出発点となった昭和二四年（一九四九）に発生した奈良県法隆寺金堂壁画の焼損した事件は、模写・模造事業の出発点であった。

文化庁は昭和二八年から国宝を中心とした模写・模造事業を開始している。最初の事業として行われた模写は、京都・平等院鳳凰堂中堂の壁扉絵を対象とした。その後、京都・醍醐寺五重塔初重壁画、京都・法界寺阿弥陀堂内陣壁画と社寺等建造物の壁画模写を行った。

これら模写・模造の手法には、文化財の材質や形態あるいは活用目的によって①現状模写、②型取り模造、③復元模写・模造の三通りの方法が取り入れられた。

そのうち、①の社寺等建造物の壁画模写等で行われる現状模写は、作品の現状を忠実に写し取る方法で、学術的根拠に基づき製作当初の姿を再現する復元模写とは異なるものである。②は立体作品の現状を忠実に写し取る方法である。形状のみならず材質・技法等に関しても原作品の当初の姿に再現する方法が③の復元模造である。③の復元模写・模造には文化財の不測の事態に備えるためという一面もあるものの、作業を通して文化の原像を解明する手がかりを得て、さらに技術の復元と伝承とを確実なものにしていくことにも、眼目があるといえる。

例えば、彩色に用いられる岩絵の具の復元では、経年変化、褪色、全体の調和を総合的に考えて行うことが不可欠である。顔料は一つの岩石から濃淡の異なる十数種におよぶ色を生み出すことになるからである。粗い粒子は濃い色に、細かな粒子は淡い色になる。比重の重い粒子から順番に沈んでいくことを利用して、上澄み液を移し流す作業を繰り返し、色分けを終えて不純物を取り除いていく。一つの色を復元するためには、確実な手作業が求められる。

模造事業として最初に行われたのは、奈良・当麻寺《たいまでら》の当麻曼荼羅厨子軒先板《たいままんだらずしのきさきいた》の復元模造であり、同時にその絵画の模写も行った。平成三から同五年度に実施した倶利伽藍《くりから》龍《りゅう》蒔絵《まきえ》経箱《きょうばこ》の復元模造では、事前調査の結果に基づき、製作当時の姿を復元する一方、同一素材で同一技法を用いて製作されたもので、伝統的な技術の構成の伝承や、修理技術者の養成に大きく寄与している。なお、模造には芸術の仕事としての難しさと面白さとがある。例えば、平安末から鎌倉初期の蒔絵は格調が高く素人の面白さがあるものの、室町時代に高蒔絵の技法が始まって江戸時代にはその技術が高度に発達した結果、品が落ちることになった。そのため、そのころ蒔絵は模造しやすいが、江戸時代の見事な職人芸の技術は真似られないので模造は難しいという。

　このような模写・模造事業には、多くの意義が認められている。まず第一に、劣化しやすい文化財の現状を写し取る現状模写や型取り模造においては、将来の修理や復元の参考に供することがあり、同時に事前に行われる詳細な調査や分析によって、製作技法や構造、材質等に関する新たな知見を得ることができ、美術史や技術史の研究分野に大きく貢献するものであることに相違ない。文化財の模写・模造は仕事の終わりで完成ではなく、仕上がりで五十、使っていくことで百に仕上がっていく。歴史とともに生き続けていくことこそで果たされるといえる。用の美にもつながる考え方であり、大事である。

　さらに、文化財の状況によっては、建造物に付随した壁画や保存環境等の理由により、移動を伴う公開が制限される場合がある。全国で博物館や美術館などの公開施設が整備され、各地で展覧会や常設展示が行われる現状では、直接これら公開施設に出品できない事情も多く、文化財の公開・活用という観点からも模写・模造の役割が増加しているといえる。また、近年では出土文化財でも残されていた情報を記録保存する手段として認識され、修理前に表面に残された錆や付着した土などの情報を、型取り模造によって記録する方法が普及し始めている。

そして、これらの模写・模造の技術は「もの」そのものを甦らせるだけではなく、技術そのものを引き継いでいかなければならない。

なお、文化庁の事業で製作した模写・模造については、平成九年、東京国立博物館において「美の再現　模写・模造展」を開催した。この展覧会では、模写・模造が公開という観点のみではなく、先に述べたように現状記録や製作技法・構造・材質等の解明にも有効な手段であることを、広く伝えることができ、大きな反響を得た。また、平成一二年四月から、地方分権の一環として現状変更と型取り模造を含む、保存に影響を及ぼす行為の制限に関する処理の一部が、都道府県・政令指定都市・中核市の法定受託事務となった。これに伴い、処理基準の参考に資するため、平成一二年には「模写・模造に関する手引」が作成され、地方公共団体等に配布されて具体的な留意点を提示している。この手引によれば、

①文化財の現状をそのままに写し保存することにより、将来における文化財の修理や復元に役立てる。

②模写に伴う文化財の調査・分析の過程において得られる技法や構造、材質などに関する知見を学術的な資料とする。
③文化財と同素材、同技法を用いて製作することにより伝統的な技術の後世への伝承や修理技術者の養成に寄与する。
④建造物に付属した壁画や保存環境によって移動・公開が制限される文化財について、現物に替えて模写などに活用できる。

とする。

これらの営為は、岡倉天心が目指した文化財保護上に明確に位置付けた模写・模造のあり方を継承し、発展させたものであるといえよう。

おわりに――文化財修理の未来――

平成六年三月、京都にある表具屋の宇佐美松鶴堂にて内藤勇氏に出会った。そこで屛風の修理を一から間近に見て学んだ。この時から、私と修理との関係が始まり、それ以来、内藤氏は修理の師匠である。

今、手元にある古びたノートの表紙に「ものの心を知る」との言葉が書かれている。「もの」を知るためには、「もの」になりきることである。そうすると、「もの」の表面だけでなく、内側まで理解できるという。目に見えないものが見えてくる。また、「もの」そのものがいろいろなことを教えてくれる。それは「もの」から伝わることを大切にすることを意味し、そしてまた、伝えてこられた「もの」の心、歴史的な重みにも通じるということである。人の心と魂を表現したのが「もの」で、その「もの」は言葉以上に語りかけてくる。修理に求められているのが何かを正確に、確実に自分のものにできるようにするための心構えであり、内藤氏の大事な教えである。

気持ちを込めて「もの」を直せば、その気持ちは「もの」を通じて必ず人に伝わる――この信念について、修理技術者でもない筆者が、本書で文化財修理の思想と実践を書き残す理由は、文化財を後世に伝えていくための修理という営みの未来像を描くための資料となることを期待したからに他ならない。

文化財修理は根気、細やかさ、美的感覚を問われる仕事であり、未来に生きる文化財を護る大切な仕事である。文化財には多くの先人の心が込められており、その心を伝え続けなければならない。それにも関わらず、文化財保護の埒外《らちがい》からの発言や発想には、疑念を抱かざるを得ない。現在の外圧過剰とでも言うべき文化財を取り巻く状況では、明るい未来を描くことはできない。未来の世代への負担をなくすためには、先行投資としての役割をもつ修理が不可欠であることを本書では述べてきた。つまり、全く新しい解決法を生み出す生産的な思考方法として文化財保護を位置付けることが、何時、いかなる時にも求められることになる。変わりゆく時代の狭間《はざま》で、豊かな文化や丁寧な手仕事、それを受け継いでいく伝統的な思想と実践を堅持していくことが大切である。

我が国が長い歴史と数多くの優れた文化財を有していることは広く世界に認められているところであり、日本全体が一つの文化博物館・文化施設であるといっても過言ではないであろう。多数の優れた文化財を持つことは、我が国の誇りであるとともに、文化財を保護して次代に引き継ぐことも国民の誇りであり、また同時に義務であるといえよう。

人間の文化活動には、伝統の継承と個性の創造とが不可欠な関係にあり、この二つの機能を損なわぬように保存と活用との両面を確保することを忘れてはならないし、文化遺産の保護が社会全般に通ずる公共的な目的であることを自覚することが大事である。

観光資源の開発のため、また観光業者の欲望のための文化財の現状変更が増加の勢いを増すなど、これまでには思いもよらなかった現象が生起しかけている凄まじい現状を前にして、文化財の保存と活用こそが文化財保護行政の両面であり、保存と活用の両者があいまって初めて文化財の完璧な保護ができることを改めて強調しなければならない時に来ている。現存するすべての文化遺産は、外国人の慈しみを受けるよりも前に、日本人自身の心と手とで、暖かく護持されなければない。

歴史は時の流れであり、歴史的な所産は人類の遺産として次の時代に受け継いで行かなければならないものである。文化は人間の存在の証しであり、本来その時々の人たちの私物化できるような性格のものではなく、未来に長く守り伝えていくことこそ、今を生きている人たちの務めである。

本書は、これまで、様々なところで学んできたこと、聞き取りしたこと、発表してきたことを取りまとめたものである。そのため、重複する表現が少なからずあり、整然としない嫌いもあろう。しかし、この表現の重複こそが修理の本質を言い表していると感じている。

文化財は、人の輪の中で生き続けてきた。未来に向けても全く同じである。その先もまた人の輪の中でしか生きられない存在が文化財である。文化財の生死を握っているのは、その時々の人の手の中にあり、その真理を正しく理解し、実現する努力を怠ってはならないのである。

歴史は、過去から現在、現在から未来へと連続する時の流れである。にもかかわらず、今日の文化財を取り巻く環境は、現在のみが優先されすぎており、過去がおろそかにされ、また未来に思いを至らせる余裕を失っている。文化財にとって、現在は通過点にしかすぎない以上、現状できる保護を重視して未来にいかに伝えていくのかが、私たちに課せられた使命である。

目の前にある文化財を歴史の中で、どのように位置付け、どう保存を図っていくのか、修理という現場において真摯に考えていくことが切実な問題となっている。文化財修理の歴史は、机上ではなく、修理技術者の中に歩みを休めず生き続けていくに相違ない。

最後に文化財修理において必要とされる信念を改めて提示しておきたい。まず、進行中の修理に対して絶えず批判的なまなざしを向け、現状追認的であってはならない。特に、「作者の意図」(いったい誰がそれを知りうるのか)や「オリジナル」(いったいどの時点にさかのぼればいいのか)に反するからと言って、後代に加えられた筆の跡、すなわち歴史の証言であり、記憶でもあるものを一切消し去ってしまおうとするのは、真の意味での保存といえるのだろうか。それは、むしろ保存に反する行為といえるだろう。

例えば、書跡・典籍の修理における機能性を考える場合、その本の頁をめくって読むことができる、あるいは巻物を巻き広げて読むことができるようにするものでなければならい。東京・大倉集古館蔵の『古今和歌集序《こきんわかしゅうじょ》』は、途中までしか巻き広げができない様態にあったが、修理後には完全に機能を回復した。形態面が修理されただけでなく、巻子本としての機能も維持され、文化財の持つ情報をより豊かに保つことができた。「機能の維持」という視点は、今後予想される文化財の保存修理を考える上で重要であり、修理技術の検討とともに、基本的な考え方について十分な議論が求められるところである。

修理の対象となる文化財は制作したときの機能よりもむしろ保存に意が払われるとしても、その機能性は、文化財の本来の姿から取り去られるべきではないし、またそうしてはならない。

次に、科学的な実証主義に対しては、常に一定の距離を保っておく必要がある。文化財調査における科学技術の様々な成果を軽んじたり、無視するというわけではなく、問題なのは、その有効性と限界とをはっきりと見極めるということである。

例えば、科学者がある文化財の制作年代を確定しようとした場合に、調査の対象となる文化財について知識もないままに科学的な技術を応用しても、文化財にとっては何の意味もないような結果しか得られないことがある。京都大学蔵『今昔物語集《こんじゃくものがたりしゅう》』の紙縒を使った炭素12による紙の年代測定方法の結果に、その実例をみることができる。

文化財を前にして、私たちはもはや、いかなる場合であれ「オリジナル」を見ているわけではない。時間によって変化させられ、人の手が加えられ、汚れたり傷んだりし、偽装され、配置転換された文脈において、文化財と対面している。つまり、現状自体がある歴史的経緯を反映している場合が多いのである。当然、その歴史的形態の維持は重視されるべきではあるが、物理的な劣化のためにそれが困難なこともある。冊子本はもとの綴穴で綴じるのが望ましいが、解体の結果、紙が脆弱で補紙をして形態を変えなければ維持できないことが判明した、というような検討と選択がそれぞれの文化財ごとに要求されるのである。そのため、修理中でも次にどのような対応や選択肢を取るのが良いのか、常に修理方針を再検討していかなければならない。また、修理後の保存形態も文化財の特性に合わせて個別に工夫をする必要性が多くなってきている。現状維持を重視するか、閲覧などの活用面を重視するかによって、仕上げの形状や保存容器（箱、帙等）の選択なども当然変わってくる。さらに、絵画などの現在我々が見ている文化財の色彩は、当初の状態にはなく、何世紀も経て伝わってきたもので、時間的経過による変容を被っている。科学的成分の変質による経年劣化した文化財であれ、あるいは数世紀の間に加筆されたり、変化を加えられたり、除去されたりした人間の行為の痕をとどめる文化財であれ、時間の作用はそれ自体が文化財に対する歴史的な資料であることを忘れてはならない。

信仰の対象として息づいている仏像などは、数多くの手が加えられながらも、長い歳月を生き抜いた文化財である。仏像などへの接し方の一つは、その来し方を振り返りながら見る方法で、この場合は改作や付加、つまり後から付け加えられたものは削除されず、むしろ評価を受けることになる。それらの事実を通して仏像などが、いかなる時を経て今日に至ったかが明らかになるからである。もう一つは、文化財としての復原という方法がある。もちろんその仏像などが復原に値するものである必要がある。信仰の伝統と結びついている文化財であれば、そのままの姿で残しておく方がよい。

修理は未来に生きる文化財を守る仕事であると考える。大量消費に陰りが見えている今日こそ、身の回りにあるものを大切に扱い、愛着をもってながく使い続けようとする心が求められている。そうした気持ちの持ち方が、身近な文化財の保存につながっていく。文化財には、多くの先人の心が込められており、その心を伝え続けなければならない。日本の文化財を残すにはどうしたら良いのか、この問いを繰り返しながら筆を擱くが、この一書に触発されて文化財保護の必要性を真摯に考え、実践する人が現れることを期待したい。

参考・引用文献

青柳正規『文化立国論――日本のソフトパワーの底力――』(筑摩書房、二〇一五年)
有吉正明・佐味義之「自然発酵法による竹紙の試作」(『高知県立紙産業技術センター報告』一二、高知県立紙産業技術センター、二〇〇七年)
アレッサンドロ・コンティ『修復の鑑――交差する美学と歴史と思想――』(ありな書房、二〇〇二年)
池田寿『書跡・典籍、古文書の修理　日本の美術480』(至文堂、二〇〇六年)
上島有「東寺百合文書と中世アーカイブズ学研究の黎明――百合文書のデジタル画像の公開によせて――」(『京都府立総合資料館紀要』四三号、二〇一五年)
上島有「東寺百合文書とその修理――「もの」としての文書・文字資料としての文書――」(『京都府立総合資料館紀要』四四号、二〇一六年)
植村和堂「国宝平家納経の修理についての疑問」『日本の写経』理工学社、一九八一年)
宇佐美直八監修・山本元『増補改訂　裱具の栞』(芸艸堂、一九七四年)
大林賢太郎『装潢文化財の保存修理』(国宝修理装潢師連盟、二〇一五年)
鬼原俊枝「文化財としての絵画の修理と「伝統」」(『文化財の保存と修復7――伝統ってなに?――』クバプロ、二〇〇五年)
京都府文化財保護基金編『京都の文化財――その歴史と保存――』(一九九〇年)
『久能寺蔵妙典攷証』(『古筆と写経』所収、八木書店、一九八九年)
小池丑蔵『表具屋渡世うちあけばなし』(三樹書房、一九九〇年)
高山寺監修・京都国立博物館編『鳥獣戯画　修理から見えてきた世界』(勉誠出版、二〇一六年)

国立公文書館編『コンサベーションの現在――資料保存修復技術をいかに活用するか――』（日本図書館協会、一九九六年）
後藤昭雄監修・中原香苗・米田真理子・箕浦尚美・赤尾栄慶・宇都宮啓吾・海野圭介編『天野山金剛寺善本叢刊』第二期（勉誠出版、二〇一八年）
修理者協議会『美の修復――京都国立博物館文化財保存修理所創設10周年記念報告書――』（一九九〇年）
高嶋光雪・井上隆史『三十六歌仙絵巻の流転――幻の秘宝と財界の巨人たち――』（日本経済新聞社、二〇〇一年）
高橋寅雄・長谷川信夫・柳川明夫「紙の風合い」（大蔵省印刷局『印刷局研究所報告』五〇、一九八一年）
筒井紘一・柴田桂作・鈴木皓詞『益田鈍翁　風流記事』（淡交社、一九九二年）
デービット・アトキンソン『新・観光立国論』（東洋経済新報社、二〇一五年）
デービット・アトキンソン『国宝消滅』（東洋経済新報社、二〇一六年）
東京文化財研究所・国宝修理装潢師連盟『日本画・書跡の損傷』（オフィスＨＡＮＳ、二〇一三年）
中院一品記修復担当グループ編『東京大学史料編纂所所蔵『中院一品記』修理事業に伴う調査と研究』（二〇一六年）
文化財保護委員会編『文化財保護の歩み』（一九六〇年）
文化庁『指定文化財修理報告書』（一九六五～一九七〇年、一九九四～一九九九年）
橋本初子「東寺百合文書の補修について」（『京都府立総合資料館紀要』創刊号、一九七二年）
早川泰弘「国宝慈光寺経における真鍮泥の利用について」（『保存科学』五六、二〇一七年）
樋口光男「古文書等の修理について」（『史邊』創刊号、一九七六年）

三浦定俊『古美術を科学する――テクノロジーによる新発見――』（廣済堂出版、二〇〇一年）
三輪嘉六編『文化財学の構想』（勉誠出版、二〇〇三年）
名宝刊行会編『田中親美　平安朝美の蘇生に捧げた百年の生涯』（展転社、一九八五年）
森直義『修復からのメッセージ』（ポーラ文化研究所、二〇〇三年）
湯山賢一「文化財としての東寺百合文書」（京都府立総合資料館編『東寺百合文書に見る日本の中世』京都新聞出版センター、一九九八年）
湯山賢一編『文化財学の課題――和紙文化の継承――』（勉誠出版、二〇〇六年）
米田雄介『正倉院宝物の歴史と保存』（吉川弘文館、一九九八年）
渡邊明義編『地域と文化財――ボランティア活動と文化財保護――』（勉誠出版、二〇一三年）
渡邊明義・岡興造・石川登志雄著『装潢史』（国宝修理装潢師連盟、二〇一一年）

参考・引用記録など

『利休居士伝書』『古織公伝書』『三斎公伝書』『甫公伝書』（松山吟松庵校注・熊倉功夫補訂『茶道四祖伝書』所収、思文閣、一九七四年）
『茶道筌蹄』『茶道旧聞録』（中村昌生編著『数寄屋古典集成〈2〉千家流の茶室』所収、小学館、一九八九年）
麻溪山本寛編『宗湛日記』（審美書院、一九二一年）
南坊宗啓『南方録』（岩波文庫、一九八六年）
白嵜顕成『茶道望月集』（思文閣、二〇一三年）

展覧会図録など

京都国立博物館・東京国立博物館『中世の貴族――重要文化財久我家文書修復完成記念――』（一九九六年）
東武美術館『京都大原三千院の名宝展』（二〇〇〇年）
京都国立博物館・奈良国立博物館『修理完成記念　国宝・一遍聖絵』（二〇〇二年）
五島美術館『京都冷泉家「国宝　明月記」』（二〇〇四年）
奈良国立博物館『模造にみる正倉院宝物』（二〇〇五年）
京都国立博物館『修理完成記念　妙顕寺の文書』（二〇〇六年）
奈良国立博物館『復元模写完成記念　国宝　子島曼荼羅』（二〇〇六年）
奈良国立博物館『北村昭斎――漆の技――』（二〇〇六年）
岡山県立美術館『名品とともに楽しむ表装の美』（二〇〇八年）
東京美術館『冷泉家　王朝の和歌守展――冷泉家時雨亭叢書完結記念美術図録――』（二〇〇九年）
滋賀県立琵琶湖文化館『よみがえった文化財――琵琶湖文化館の収蔵品と修復の世界――』（二〇〇九年）
高野山霊宝館『「重要文化財　絹本著色愛染明王像」保存修理事業完成特別公開』（二〇一〇年）
奈良国立博物館『仏像修理一〇〇年』（二〇一〇年）
小津和紙ギャラリー『和紙の匠　福西広行に魅せられた作家たち展』（二〇一〇年）
京都市美術館『親鸞聖人七百五十回忌　親鸞展』（二〇一一年）
九州国立博物館『守り伝える日本の美　よみがえる国宝』（二〇一一年）
大倉集古館『国宝古今和歌集序と日本の書』（二〇一二年）
米沢市上杉博物館『上杉家文書国宝への道――修復と紙の世界――』（二〇一三年）
奈良国立博物館『修理完成記念 国宝　鳥獣戯画と高山寺』（二〇一四年）

埼玉県立歴史と民俗の博物館『慈光寺——国宝法華経一品経を守り伝える古刹——』（二〇一四年）
佐野市立吉澤記念美術館『おかえりなさい、伊藤若冲《菜蟲譜》光学調査・修理完了披露展』（二〇一四年）
奈良国立博物館『まぼろしの久能寺経に出会う　平安古経展』（二〇一五年）
大和文華館『中世の人と美術　特別企画展』（二〇一五年）
石山寺『「石山寺校倉聖教」冊子本　平成大修理完成記念展覧会』（二〇一五年）
静嘉堂文庫美術館『よみがえる仏の美——修理完成披露によせて——』（二〇一六年）
奈良国立博物館『和紙——近代和紙の誕生——』（二〇一六年）
堺市博物館『大寺さん——信仰のかたちをたどる』（二〇一六年）
逸翁美術館『与謝蕪村「奥の細道画巻」文化財保存修理事業完成披露会』（二〇一六年）
東京大学史料編纂所『史料を後世に伝える営み』（二〇一六年）
京都文化博物館・京都大学総合博物館『日本の表装——紙と絹の文化を支える——』（二〇一六年〜二〇一七年）
京都産業大学むすびわざ館『仏像修理の現場——美術院国宝修理所・伝統のわざと新しいわざ——』（二〇一七年）
京都府立丹後郷土資料館『修理報告　天橋立図屏風のすべて』（二〇一七年）
京都文化博物館『保存と修理の文化史』（二〇一八年）
奈良国立博物館『薬師寺の名画——板絵神像と長沢蘆雪筆旧福寿院障壁画：修理完成記念特別陳列——』（二〇一八年）
東京国立博物館『仁和寺と御室派のみほとけ——天平と真言密教の名宝——』（二〇一八年）
京都文化博物館『古社寺保存法の時代』（二〇一九年）

国宝修理装潢師連盟加入工房一覧（五十音順）

・株式会社 岡墨光堂　http://www.bokkodo.co.jp/

・株式会社 桂文化財修理工房

・株式会社 光影堂　http://www.koei-do.co.jp/

・株式会社 坂田墨珠堂　http://www.bokujudo.com/

・株式会社 修護　http://www.shugo.co.jp/

・株式会社 修美　http://www.shu-bi.co.jp/

・修理工房 宰匠株式会社

・株式会社 松鶴堂

・株式会社 半田九清堂

・株式会社 文化財保存　http://www.bunkazaihozon.co.jp/

・株式会社 墨仁堂　http://www4.tokai.or.jp/shuri-center/bokunindo/

・株式会社 前橋修理所

——・——・——・——・——・——・——・——・——

一般社団法人　国宝修理装潢師連盟 web サイト

http://www.kokuhoshuri.or.jp/

伝統技術伝承者協会会員一覧

（平成30年9月11日現在）

※氏名欄の一字下げは後継会員

分野	地区	屋号・工房名等	氏　名	事業／作業内容
紙	高知	井上手漉工房	井上　登美子 　井上　裕之 　井上　みどり	渋紙、表具用（障子紙、その他）
紙	奈良	世界一	上窪　良二 　布谷　晴香	美栖紙
紙	高知	純信和紙工房	江渕　栄貫 　北岡　竜之	補修紙製作
紙	高知	大勝手漉和紙工房	大勝　敬文	手漉和紙の抄造 楮紙・三椏紙・胴貼り紙等
紙	島根	石州和紙久保田	久保田　彰 　久保田　総 　久保田　綾	石州紙（下貼紙など）
紙	岐阜	美濃竹　紙工房	鈴木　竹久	美濃紙（肌裏紙など）
紙	埼玉	東秩父和紙の里	小山　妙子	（細川紙）
紙	高知		田村　寛	手漉和紙製造
紙	高知	田村亮二手漉和紙工房	田村　亮二	県内、国産、楮、雁皮等をソーダ灰・石灰等使用し製紙（天日干し）
紙	島根	西田和紙工房	西田　誠吉 　西田　勝 　前原　亜沙季	石州紙（下貼紙など）
紙	岐阜	長谷川和紙工房	長谷川　聡	美濃紙（肌裏紙など）
紙	高知	浜田兄弟和紙製作所	濵田　治	手漉和紙製造
紙	奈良	福西和紙本舗　福寅	福西　正行	宇陀紙
紙	富山	東中江和紙生産協同組合	宮本　友信 　宮本　謙三	悠久紙（裏打紙・下貼紙など）
唐紙	東京	株式会社　小泉襖紙加工所	小泉　幸雄	江戸唐紙
木工	京都	石塚桐箱	石塚　良二 　石塚　良信	保存箱、太巻添軸
木工	東京	軸箱製作 大坂重雄 工房	大坂　重雄	保存箱、太巻添軸
木工	京都	有限会社　黒田工房	黒田　俊介 　臼井　浩明 　崔　錬秀	襖・屏風・風炉先，和洋額縁，表装建具製作
木工	京都	美術木工　小島	小島　登 　兵働　知也 　小島　秀介	桐箱を主にした箱作り 掛軸・陶器・工芸品用など
木工	埼玉	小早川桐箱製作所	小早川　正二 　小早川　宇一 　小早川　知美	保存箱

伝統技術伝承者協会会員一覧

分野	地区	屋号･工房名等	氏　名	事業／作業内容
木工	京都	本城建具店	本城　巖 本城　均	中軸製作
木工	京都	京指物　友斎	前田　友一(友斎) 前田　泰一	保存箱、太巻添軸
木工	東京	山岸美術木工合同会社	山岸　光男 村上　潤一	下地、椽
染織	東京	市村真田紐	市村　藤一 市村　宏	箱紐など
染織	京都	亀井綜絖株式会社	亀井　剛 福田　佐季	綜絖
染織	京都	株式会社　鳥原商店	鳥原　善博 鳥原　雄治	金箔(平箔･砂子)製造
染織	神奈川	西岡甲房	西岡　千鶴	巻子用組紐
染織	京都	廣信織物有限会社	廣瀬　純一 廣瀬　貴史	表具用古代裂(金襴等)
染織	滋賀	紺九	森　義男 森　芳範	本藍染
染織	京都	有限会社　渡部整経	渡部　勝吾	経糸整経
金工	滋賀	株式会社　小林彫金工芸	小林　正雄 小林　浩之	金具
金工	京都	錺屋　有限会社　松田	松田　聖(潔祀) 松田　浩佑	金具
金工	京都	継　金属工房	君嶋　真珠 貴島 俊史	金具
漆工	奈良	北村昭斎	北村　謙一(昭斎) 小西　寧子 北村　繁	軸首(螺鈿)
漆工	京都	新木漆工房	新木　栄一 新木　郁雄	襖縁･屏風縁等　漆呂色塗
用具	千葉	小林刷毛製造所	田中　重己 田中　宏平	刷毛
用具	京都	西村彌兵衛商店	西村　和記	刷毛
用具	高知	和紙手漉用具製作所	山本　忠義 大原　保	手漉和紙用具(桁･簀)竹ヒゴ、カヤ、金具
用具	岐阜		宮木　真一	

著者略歴

池田　寿（いけだ・ひとし）

昭和32（1957）年生まれ。

日本女子大学非常勤講師、元・文化庁文化財部美術学芸課主任文化財調査官。

専門は日本中世史。

著書に『日本の美術　第480号　書跡・典籍、古文書の修理』（至文堂、2006年）、『日本の美術　第503号　武人の書』（至文堂、2008年）、『紙の日本史ー古典と絵巻物が伝える文化遺産』（勉誠出版、2017年）などがある。

日本《にほん》の文化財《ぶんかざい》
――守り、伝えていくための理念と実践

平成31年3月20日　初版発行

著　者　池田　寿

発行者　池嶋洋次
発行所　勉誠出版株式会社
〒101-0051　東京都千代田区神田神保町3-10-2
TEL：(03)5215-9021(代)　FAX：(03)5215-9025

印　刷
製　本　中央精版印刷

ISBN978-4-585-20064-2　C0000

紙の日本史
古典と絵巻物が伝える文化遺産

長年の現場での知見を活かし、さまざまな古典作品や絵巻物をひもときながら、文化の源泉としての紙の実像、そして、それに向き合ってきた人びとの営みを探る。

池田寿 著・本体二四〇〇円（+税）

古文書料紙論叢

古代から近世における古文書料紙とその機能の変遷を明らかにし、日本史学・文化財学の基盤となる新たな史料学を提示する。

湯山賢一 編・本体一七〇〇〇円（+税）

鳥獣戯画 修理から見えてきた世界
国宝 鳥獣人物戯画修理報告書

近時完了した大修理では、同絵巻に関する新知見がさまざまに見出されることとなった。『鳥獣人物戯画』の謎を修理の足跡をたどることで明らかにする画期的成果。

高山寺 監修／京都国立博物館 編・本体一〇〇〇〇円（+税）

書誌学入門
古典籍を見る・知る・読む

書物はどのように作られ、読まれ、伝えられ、今ここに存在しているのか。「モノ」としての書物に目を向け、人々の織り成してきた豊穣な「知」を世界を探る。

堀川貴司 著・本体一八〇〇円（+税）

文化財学の課題
和紙文化の継承

麻紙、楮紙、檀紙、杉原紙、奉書紙、美濃紙、雁皮紙、鳥ノ子紙、間似合紙、三椏紙…日本が世界に誇る「紙の文化の伝承」を、醍醐寺の史料を中心にまなぶ。

湯山賢一 編・本体三二〇〇円（＋税）

文化財と古文書学 筆跡論

書誌学はもとより、伝来・様式・形態・機能・料紙など、古文書学の視座との連携のなかから、総合的な「筆跡」論へのあらたな道標を示す。

湯山賢一 編・本体三六〇〇円（＋税）

文化財学の構想

考古学、保存科学、美術史、建築史、日本史…個々の学問の枠を超え、衆知を合わせて文化財のための新たな学問「文化財学」を提唱する一冊。

三輪嘉六 編・本体二七〇〇円（＋税）

文化財としてのガラス乾板
写真が紡ぎなおす歴史像

写真史および人文学研究のなかにガラス乾板を位置付ける総論、諸機関の手法を提示する各論を通じて、総合的なガラス乾板の史料学を構築する。

久留島典子・高橋則英・山家浩樹 編
本体三八〇〇円（＋税）